Egner/Demmler (Hrsg.) · Steuerrecht aktuell 1/2026

Inklusive Online-Version und Online-Seminar „Steuerrecht aktuell“

Das kompakte Wissens-Update für die ganze Kanzlei!

Als Käufer dieses Buches haben Sie Zugang zu dessen Online-Version
und zu einem aktuellen Online-Seminar in der NWB Datenbank.

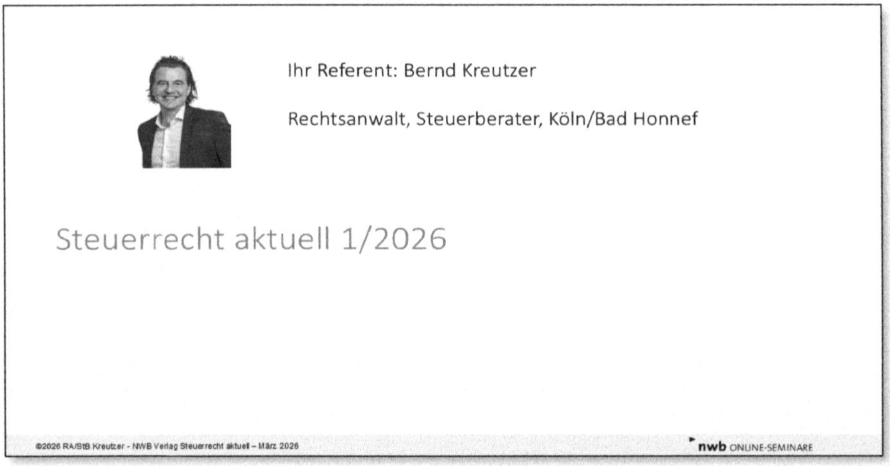

Die Aufzeichnung des Online-Seminars „Steuerrecht aktuell“
ermöglicht effiziente Weiterbildung direkt an Ihrem Arbeitsplatz

Schalten Sie jetzt Ihre Online-Mehrwerte frei:

1. Rufen Sie die Seite **www.nwb.de/go/freischalten** auf.
2. Geben Sie den eingedruckten Freischaltcode ein und folgen Sie dem Anmeldedialog.

Ihr Freischaltcode:
JPKJ-SENY-ICWU-MMST-EBLE-EYN

3. Produkt starten. Fertig!

Die Online-Version von Steuerrecht aktuell 1/2026 steht Ihnen drei Wochen nach Erscheinen der gedruckten Ausgabe zur Verfügung.

Steuerrecht aktuell 1/2026

- Novellierung der staatlich geförderten privaten Altersvorsorge und Zweites Betriebsrentenstärkungsgesetz (Beitrag)
- BMF: Konzeptpapier zur umsatzsteuerlichen Organschaft
- BFH: Ortsübliche Vermietungszeit bei Ferienwohnungen
- BFH: Steuerberatungskosten keine Veräußerungskosten i. S. v. § 17 Abs. 2 EStG
- BFH: Steuervergünstigung nach § 6a GrEStG
- BFH: Nießbrauchrecht als grunderwerbsteuerliche Gegenleistung
- Erbschaftsteuer: Ausblick auf BVerfG-Urteil und Reformvorschläge

Herausgeber:

Prof. Dr. Uwe Demmler ist Professor für Unternehmensbesteuerung, steuerbezogene Digitalisierung und betriebswirtschaftliche Grundlagen an der Hochschule Coburg. Zuvor war er für eine international agierende Unternehmensberatungsgesellschaft im Bereich Tax & Accounting tätig.

Prof. Dr. Thomas Egner ist Inhaber des Lehrstuhls für Betriebswirtschaftslehre, insb. Betriebliche Steuerlehre an der Otto-Friedrich-Universität Bamberg und als Steuerberater aktiv. Zudem ist er Vorstand des IDSt e.V. und leitet dort den Fachausschuss VIII: Aus- und Weiterbildung. Er ist zudem Mitglied der Forschungsgruppe Anwendungsorientierte Steuerlehre (FAST).

nwb

Mitautoren:

Johannes Böttinger, M. Sc. ist als wissenschaftlicher Mitarbeiter am Lehrstuhl für Betriebswirtschaftslehre, insb. Betriebliche Steuerlehre bei Herrn Prof. Dr. Egner an der Otto-Friedrich-Universität Bamberg und als wissenschaftlicher Assistent beim XBRL Verein Deutschland tätig.

Hanne Borst leitet bei WTW in Deutschland den Geschäftsbereich Retirement und ist Mitglied der Geschäftsleitung. Sie ist Mitglied der Deutschen Aktuarvereinigung (DAV), des Instituts der Versicherungsmathematischen Sachverständigen für Altersversorgung (IVS), des Vorstands der Arbeitsgemeinschaft betriebliche Altersversorgung e.V. (aba) sowie der Leitung der Fachvereinigung Mathematische Sachverständige (aba).

Thomas Bruckbauer, LL. M. ist Steuerberater und Teamleiter der Kanzlei KMZ Kullen Müller Zinser Treuhand GmbH und betreut vorwiegend mittelständische Unternehmen. Nach seiner Ausbildung bei der Finanzverwaltung war er zunächst bei einer Big Four-Gesellschaft im Bereich „International Tax Services" und im Anschluss in der Konzernsteuerabteilung einer börsennotierten Aktiengesellschaft tätig, ehe er im Jahr 2020 zu KMZ wechselte. Nebenberuflich ist er Lehrbeauftragter an der Dualen Hochschule Baden-Württemberg (DHBW).

Dr. Iring Christopeit, LL. M. ist Rechtsanwalt und Steuerberater, Fachanwalt für Erbrecht und Steuerrecht, Zertifizierter Berater für Unternehmensnachfolge sowie Zertifizierter T estamentsvollstrecker. Er ist Partner der Kanzlei Peters, Schönberger & Partner und Leiter der Service-Line Nachfolge. Seit Beginn seiner beruflichen Laufbahn bei Freshfields ist er für Private Clients und Familienunternehmen im Bereich Vermögens- und Unternehmensnachfolge tätig.

Dr. Verena Drummer ist als Steuerberaterin für eine mittelständische Steuerberatungsgesellschaft in Bamberg tätig.

Dr. Lars-Oliver Farwick ist Wirtschaftsprüfer und Steuerberater sowie Prüfer für Qualitätskontrolle. Er ist Associate Partner der Rödl & Partner Wirtschaftsprüfungs- und Steuerberatungsgesellschaft GmbH. Neben der Durchführung von Jahres- und Konzernabschlussprüfungen berät er Personen- und Kapitalgesellschaften sowie deren Gesellschafter in steuerlichen und betriebswirtschaftlichen Fragen. Zudem ist er Mitglied im IDW-Arbeitskreis Personengesellschaften.

Prof. Dr. Daniel R. Kälberer, LL. M. ist Professor für Steuerrecht und Digitalisierung an der IU Internationale Hochschule am Standort Berlin. Er verfügt über eine langjährige Forschungs- und Lehrerfahrung zur Besteuerung natürlicher und juristischer Personen sowie zur Digitalisierung der Steuerfunktion. Zudem ist er Mitglied des Instituts für Digitalisierung im Steuerrecht e. V. (IDSt), der Deutschen Vereinigung für Internationales Steuerrecht (IFA Deutschland), der Deutschen Steuerjuristischen Gesellschaft e. V. (DStjG) sowie der European Council for an Energy Efficient Economy (eceee).

Anna Lena Kalb, M. Sc ist als Senior Associate Tax bei PWC tätig.

Christian Kappelmann, Dipl.-Finw. (FH) ist als Steuerberater in der Kanzlei ECOVIS KSO Treuhand- und Steuerberatungsgesellschaft mbH & Co. KG in Köln im Bereich Internationales Steuerrecht tätig. Nach dem Abschluss des Studiums an der Fachhochschule für Finanzen in Nordkirchen trat er zunächst eine Stelle als Steuerinspektor beim Finanzamt Hamm an, bevor er Anfang 2017 die Finanzverwaltung verließ und seitdem als Steuerberater tätig ist. Seit Juli 2022 promoviert er zudem als externer Doktorand am Lehrstuhl für Betriebliche Steuerlehre von Prof. Dr. Thomas Egner an der Otto-Friedrich-Universität Bamberg.

Thomas Lorenz, M. Sc. ist wissenschaftlicher Mitarbeiter am Lehrstuhl für Betriebswirtschaftslehre, insb. Betriebliche Steuerlehre bei Herrn Prof. Dr. Egner an der Otto-Friedrich-Universität Bamberg und zudem in einer mittelständischen Steuerberatungsgesellschaft tätig.

Pia Müller-Schmitt, M. Sc. ist wissenschaftliche Mitarbeiterin am Lehrstuhl für Betriebswirtschaftslehre, ins. Betriebliche Steuerlehre bei Herrn Prof. Dr. Egner an der Otto-Friedrich-Universität Bamberg. Frau Müller ist Stipendiatin der DATEVStiftung Zukunft. Ihr Forschungsschwerpunkt liegt in der Berufsstandsforschung unter Berücksichtigung des Digitalisierungsfortschritts. Sie ist außerdem Teil des BayFiD-Talent-Programms des bayerischen Staatsministeriums für Digitales.

Dr. Martin Sauter ist Senior Director im Geschäftsbereich Retirement bei WTW. Er berät Unternehmen insbesondere bei der Ausgestaltung und der Finanzierung von Versorgungssystemen der betrieblichen Altersversorgung unter Einbeziehung von Rechnungslegung, Arbeits- und Steuerrecht sowie Kapitalanlage.

Prof. Dr. Christoph Schmidt ist Professor für Besitz- und Verkehrsteuern an der Hochschule für öffentliche Verwaltung und Finanzen in Ludwigsburg. Er lehrt gegenwärtig auf dem Gebiet des allgemeinen Abgabenrechts und ist zudem Vorstandsmitglied sowie Vorsitzender des Fachausschusses I (Digitalisierbarkeit von Steuernormen) des Instituts für Digitalisierung im Steuerrecht e. V. (IDSt).

Julian Stettner, M. Sc. ist IT-Consultant bei GKK PARTNERS PartG mbB in München. Zudem ist er externer Doktorand am Lehrstuhl für Betriebswirtschaftslehre, insb. Betriebliche Steuerlehre bei Herrn Prof. Dr. Thomas Egner an der Otto-Friedrich-Universität Bamberg und dort auch als Lehrbeauftragter tätig.

Dr. Johannes Stößel, LL. M. ist Steuerberater und Partner bei der Kanzlei Ulf Schmitt & Partner mbB, Bamberg sowie als Lehrbeauftragter am Lehrstuhl für Betriebliche Steuerlehre von Prof. Dr. Thomas Egner an der Otto-Friedrich-Universität Bamberg tätig.

Niko J. Wolf, M. Sc. ist Director im Geschäftsbereich Retirement bei WTW. Seine Tätigkeits- und Beratungsschwerpunkte sind das Steuerrecht sowie die nationale und internationale Rechnungslegung der betrieblichen Altersversorgung. Des Weiteren ist Herr Wolf in komplexe Beratungsprojekte, u. a. zum De-Risking von Pensionsverpflichtungen (Pension Buyouts / Rentnergesellschaften) eingebunden.

Dr. Sebastian Zerbe ist Wirtschaftsprüfer und Steuerberater sowie von der IHK öffentlich bestellter und vereidigter Sachverständiger für Unternehmensbewertung. Er ist Gesellschafter und Geschäftsführer der Kanzlei KMZ Kullen Müller Zinser Treuhand GmbH und betreut überwiegend mittelständische inhabergeführte Unternehmen und Konzerne. Zudem ist er als Sachverständiger im Bereich der Unternehmensbewertung tätig.

ISBN 978-3-482-**68417**-3

Satz: PMGi Agentur für intelligente Medien GmbH, Hamm
Druck: mediaprint solutions, Paderborn

Die bestimmungsgemäße Handhabung dieses Produkts stellt kein Risiko für die Gesundheit oder Sicherheit im Sinne der Verordnung über die allgemeine Produktsicherheit (EU) 2023/988 (GPSR) dar.

NWB Verlag GmbH & Co. KG · Eschstr. 22 · 44629 Herne · service@nwb.de

Um eine gute Lesbarkeit zu gewährleisten, verwenden wir in Fachtexten in der Regel geschlechtsspezifische Personenbezeichnungen. Selbstverständlich sind damit alle Menschen gleichermaßen gemeint.

VORWORT

Liebe Leserinnen und Leser,

der demografische Wandel sowie veränderte Erwerbsbiografien lassen das Rentenproblem zunehmend virulent werden. Zwar ist die „Rentenlücke" gefühlt seit mindestens 50 Jahren in der Diskussion, doch waren die dagegen auf den Weg gebrachten Modelle der privaten Altersvorsorge und der betrieblichen Altersversorgung nur bedingt erfolgreich. Gerade die sog. Riester-Rente stand immer wieder in der Kritik, zu wenige Rendite zu erwirtschaften, zu teuer und vor allem viel zu komplex zu sein. Der Gesetzgeber hat sich vor diesem Hintergrund zu Reformen entschieden, die unsere Autoren Hanne Borst, Martin Sauter und Niko J. Wolf im Eingangsbeitrag vorstellen und analysieren. Gerade die Frage der Berücksichtigung der Geringverdiener wird von entscheidender Bedeutung für den Erfolg der Reform sein, denn das Risiko der Altersarmut betrifft natürlich vor allem diejenigen Arbeitnehmer, die kaum in der Lage sind, nennenswerte Beiträge aus eigenen Mitteln für die Altersvorsorge aufzubringen.

Darüber hinaus haben die Finanzverwaltung und die Rechtsprechung für hinreichend Diskussionsbedarf gesorgt, während der Gesetzgeber kaum neue Impulse gesetzt hat. Mit Spannung erwartet wird derzeit der Beschluss des Bundesverfassungsgerichts zur Erbschaftsteuer, insbesondere den Begünstigungvorschriften zur Übertragung von Betriebsvermögen. Die politischen Parteien haben bereits begonnen, sich entsprechend zu positionieren, so dass sich erste mögliche Entwicklungslinien ableiten lassen, die vorgestellt werden. Daneben finden sich Kommentierungen zu den „Dauerbrennern", wie z. B. das beSt, sowie zu Fragen wie der ortsüblichen Vermietungszeit bei Ferienwohnungen oder den Steuervergünstigungen nach § 6a GrEStG. Das Bundesfinanzministerium hat mit dem Konzeptpapier zur umsatzsteuerlichen Organschaft für Gesprächsbedarf gesorgt. Auch hierzu wird Stellung genommen.

Wir wünschen Ihnen – wie stets – eine hoffentlich aufschlussreiche Lektüre und einen sonnigen und stressfreien Sommer!

Bamberg/Coburg im April 2026 Die Herausgeber

INHALTSVERZEICHNIS

ABKÜRZUNGSVERZEICHNIS

A

Abs.	Absatz
Abschn.	Abschnitt
abzgl.	abzüglich
AdV	Aussetzung der Vollziehung
AEAO	Anwendungserlass zur Abgabenordnung
a. F.	alte Fassung
AG	Aktiengesellschaft
Alt.	Alternative
AltZertG	Altersvorsorgeverträge-Zertifizierungsgesetz
AmtshilfeRLUmsG	Amtshilferichtlinie-Umsetzungsgesetz
AO	Abgabenordnung
ARGE	Arbeitsgemeinschaft
Art.	Artikel
AStG	Außensteuergesetz
AVmG	Altersvermögensgesetz, Gesetz zur Reform der gesetzlichen Rentenversicherung und zur Förderung eines kapitalgedeckten Altersvorsorgevermögens
Az.	Aktenzeichen

B

bAV	betriebliche Altersversorgung
BBGRV	Beitragsbemessungsgrenze der allgemeinen Rentenversicherung
Bd.	Band
beA	besonderes elektronisches Anwaltspostfach
beBPo	besonderes elektronisches Behördenpostfach
beSt	besonderes elektronisches Steuerberaterpostfach
BetrAVG	Betriebsrentengesetz
BewG	Bewertungsgesetz
BFH	Bundesfinanzhof
BFHE	Sammlung der Entscheidungen des BFH (Zs.)
BGB	Bürgerliches Gesetzbuch
BGBl	Bundesgesetzblatt
BGH	Bundesgerichtshof
BGHZ	Bundesgerichtshof in Zivilsachen
BMAS	Bundesministerium für Arbeit und Soziales
BMF	Bundesministerium für Finanzen
BOLZ	Beitragsorientierte Leistungszusage
BR-Drucks.	Bundesrats-Drucksache
BRSG	Betriebsrentenstärkungsgesetz, Gesetz zur Stärkung der betrieblichen Altersversorgung und zur Änderung anderer Gesetze

bspw.	beispielsweise
BStBK	Bundessteuerberaterkammer
BStBl	Bundessteuerblatt Teil I und II
BT-Drucks.	Bundestags-Drucksache
Buchst.	Buchstabe
BvF	Normenkontrollverfahren
BvL	Bundesverfassungsgericht – Litigation
BvR	Bundesverfassungsgericht – Rechtsbeschwerde
bzgl.	bezüglich
BZML	Beitragszusage mit Mindestleistung
bzw.	beziehungsweise

C

ca.	circa
CDU	Christlich Demokratische Union
CSU	Christilich Soziale Union

D

DATEV-DMS	DATEV – Dokumentenmanagement-System
DAX	Deutscher Aktienindex
DB	Der Betrieb (Zs.)
DBA	Doppelbesteuerungsabkommen
d. h.	das heißt
DSFinV-K	Digitale Schnittstelle der Finanzverwaltung für Kassensysteme
DSGVO	Datenschutz Grundverordnung
DStR	Deutsches Steuerrecht (Zs.)

E

E	Entwurf
EA	Endalter
eAS	elektronisches Aufzeichnungssystem
EFG	Entscheidungen der Finanzgericht (Zs.)
EGAO	Einführungsgesetz zur Abgabenordnung
EGMR	Europäischer Gerichtshof für Menschenrechte
EGVP	Elektronisches Gerichts- und Verwaltungspostfach
ELSTER	Elektronische Steuererklärung
EMRK	Europäische Menschenrechtskonvention
EN	Europäische Norm
ErbBstg	Erbfolgebesteuerung (Zs.)
ErbR	Erbrecht
ErbStG	Erbschaftsteuergesetz
E-Rechnung	Elektronische Rechnung
EStG	Einkommensteuergesetz

etc.	et cetera
ETF	Exchange Traded Fund
EU	Europäische Union
EuG	Gericht der Europäischen Union
EuGH	Europäischer Gerichtshof
EWR	Europäischer Wirtschaftsraum

F

f., ff.	folgende, fortfolgende
FA	Finanzamt
FAQ	Frequently Asked Questions
FG	Finanzgericht
FGO	Finanzgerichtsordnung
FinMin	Finanzministerium

G

GbR	Gesellschaft bürgerlichen Rechts
gem.	gemäß
GewSt	Gewerbesteuer
GewStG	Gewerbesteuergesetz
GG	Grundgesetz
GGF	Gesellschafter-Geschäftsführer
ggf.	gegebenenfalls
ggü.	gegenüber
GmbH	Gesellschaft mit beschränkter Haftung
GmbH & Co. KG	Gesellschaft mit beschränkter Haftung & Compagnie Kommanditgesellschaft
GmbHR	GmbH-Rundschau (Zs.)
GoBD	Grundsätze zur ordnungsmäßigen Führung und Aufbewahrung von Büchern, Aufzeichnungen und Unterlagen in elektronischer Form
GrEStG	Grunderwerbsteuergesetz
GrS	Großer Senat
GRV	Gesetzliche Rentenversicherung

H

HGB	Handelsgesetzbuch
h. M.	herrschende Meinung

I

i. d. F.	in der Fassung
i. H.	in Höhe
IHK	Industrie- und Handelskammer
i. H. v.	in Höhe von

ImmoWertV	Verordnung über die Grundsätze für die Ermittlung der Verkehrswerte von Immobilien und der für die Wertermittlung erforderlichen Daten
inkl.	inklusive
insb.	insbesondere
InvStG	Investmentsteuergesetz
i. R.	im Rahmen
i. R. d.	im Rahmen der/des
i. S.	im Sinne
i. S. d.	im Sinne des
i. S. v.	im Sinne von
i. V. m.	in Verbindung mit

J

JStG	Jahressteuergesetz

K

KapG	Kapitalgesellschaft
KassenSichV	Kassensicherungsverordnung
KG	Kommanditgesellschaft
KSt	Körperschaftsteuer
KStG	Körperschaftsteuergesetz

L

LfSt	Landesamt für Steuern
lt.	laut

M

max.	maximal
mbH	mit beschränkter Haftung
Mio.	Million
MoPeG	Gesetz zur Modernisierung des Personengesellschaftsrechts
m. w. N.	mit weiteren Nennungen
MwStSystRL	Mehrwertsteuersystem-Richtlinie

N

n. F.	neue Fassung
Nr.	Nummer
NV	Nicht veröffentlicht
NWB	Neue Wirtschafts-Briefe (Zs.)

O

o. ä.	oder ähnlich
OFD	Oberfinanzdirektion
o. g.	oben genannt
OZG	Onlinezugangsgesetz

P

p. a.	per annum
pAV	Private Altersvorsorge
pdf	Portable Document Format
phG	persönlich haftender Gesellschafter
PSVaG	Pensions-Sicherungs-Verein Versicherungsverein auf Gegenseitigkeit

Q

QR-Code	Quick Response – Code

R

RentEPPG	Rentenbeziehende-Energiepreispauschale
Rev.	Revision
RNH	Residente não habitual
RNP	Rücknahmepreis
Rz.	Randziffer

S

S.	Seite
SAFE-ID	Secure Access to Federated eJustice/E-Government – Identifikation
SE	Societas Europaea
SGB	Sozialgesetzbuch
sog.	so genannte (r,s)
SolZ	Solidaritätszuschlag
SolZG	Solidaritätszuschlaggesetz
SPD	Sozialdemokratische Partei Deutschlands
StBerG	Steuerberatungsgesetz
StBPPV	Steuerberaterplattform- und -postfachverordnung
Std.	Stunden
Stpfl.	Steuerpflichtige
StuB	Steuern und Bilanzen (Zs.)
SV	Sozialversicherung
SvEV	Sozialversicherungsentgeltverordnung
SvR	Sachverständigenrat zur Begutachtung der gesamtwirtschaftlichen Entwicklung

T

TechDAX	Technology DAX
TSE	Technische Sicherheitseinrichtung
Tz.	Textziffer

U

u. a.	unter anderem
UG	Unternehmergesellschaft
UmwG	Umwandlungsgesetz
UmwStG	Umwandlungssteuergesetz
US, USA	United States, United States of America
UStAE	Umsatzsteuer-Anwendungserlass
UStDV	Umsatzsteuer-Durchführungsverordnung
UStG	Umsatzsteuergesetz

V

v.	vom
vGA	verdeckte Gewinnausschüttung
vgl.	vergleiche
VZ	Veranlagungszeitraum

W

WpHG	Wertpapierhandelsgesetz

Z

z. B.	zum Beispiel
ZEV	Zeitschrift für Erbrecht und Vermögensnachfolge
Ziff.	Ziffer
ZPO	Zivilprozessordnung
Zs.	Zeitschrift
z. T.	zum Teil
zzgl.	zuzüglich

A. Aktuelles zur betrieblichen Altersversorgung und zur privaten Altersvorsorge

(Hanne Borst/Martin Sauter/Niko J. Wolf)

I. Alterssicherung in Bewegung

Die deutsche Alterssicherung ist in Bewegung. Im sog. „Herbst der Reformen" hatte die Bundesregierung Ende letzten Jahres mit dem sog. Rentenpaket 2025 eine Verlängerung der Haltelinie für das Rentenniveau auf 48 % bis zum Jahr 2031 und die Ausweitung der Mütterrente (Stufe 3) (Gesetz zur Stabilisierung des Rentenniveaus und zur vollständigen Gleichstellung der Kindererziehungszeiten v. 22.12.2025, BGBl 2025 I Nr. 362) sowie die Einführung einer Aktivrente (Gesetz zur steuerlichen Förderung von Arbeitnehmerinnen und Arbeitnehmern im Rentenalter (Aktivrentengesetz) v. 22.12.2025, BGBl 2025 I Nr. 361) beschlossen. Des Weiteren wurde mit dem zweiten Betriebsrentenstärkungsgesetz (BRSG 2) (Zweites Gesetz zur Stärkung der betrieblichen Altersversorgung und zur Änderung anderer Gesetze (BRSG II) v. 16.1.2026, BGBl 2026 I Nr. 4) u. a. die Geringverdienerförderung novelliert sowie Abfindungsgrenzen für Betriebsrenten angepasst. Mit dem nun beschlossenen Altersvorsorgereformgesetz (BR-Drucks. 768/25 v. 19.12.2025; BT-Drucks. 21/4996 v. 25.3.2026 (Vorabfassung); BT-Plenarprotokoll 21/69 v. 27.3.2026, S. 8351) strebt die Regierungskoalition an, die staatlich bzw. steuerlich geförderte, kapitalgedeckte private Altersvorsorge zu reformieren. Gleichzeitig soll die sog. Alterssicherungskommission 2026 bis Mitte des Jahres Vorschläge erarbeiten, wie das dreigliedrige Alterssicherungsgesamtsystem – und dabei insbesondere die gesetzliche Rentenversicherung (GRV) – zukunftsfest aufgestellt werden können (vgl. BMAS, Einsetzungsbeschluss Alterssicherungskommission, https://www.bmas.de/SharedDocs/Downloads/DE/Rente/einsetzungsbeschluss-alterssicherungskommission.pdf).

Der Beitrag widmet sich im Folgenden den beschlossenen Neuerungen der betrieblichen Altersversorgung (bAV) sowie der privaten Altersvorsorge (pAV); die GRV ist nicht Gegenstand der Ausführungen. Im Fokus der Untersuchung stehen die Fragen, welche relevanten Neuerungen das BRSG 2 insbesondere für kleine und mittelgroße Unternehmen mit sich bringt, und für welche Bevölkerungskreise die mit dem Altersvorsorgereformgesetz beschlossenen Neuerungen der Riester-Förderung vorteilhaft sind. Hierzu wird das neue Förderregime – auf Basis der am 27.3.2026 im Deutschen Bundestag beschlossenen Ausschussfassung (BT-Plenarprotokoll 21/69 v. 27.3.2026, S. 8351 i. V. m. BT-Drucks. 21/4996 v. 25.3.2026 (Vorabfassung) und BR-Drucks. 768/25 v. 19.12.2025) – der bisherigen Riester-Rente gegenübergestellt und anhand der wesentlichen Merkmale mit ihr verglichen. Dabei werden zunächst die zentralen Unterschiede beider Modelle herausgearbeitet und anschließend die Förderquoten der beiden Regime für unterschiedliche Einkommensklassen auf ihre Vorteilhaftigkeit für den privaten Vorsorgesparer untersucht. Der Aufsatz beschränkt sich auf den Personenkreis der gesetzlich-rentenversichersicherungspflichtigen Beschäftigen, wenngleich in der Beschlussfassung auch Selbständige sowie Freiberufler in den Kreis der Zulagen- bzw. Förderberechtigten aufgenommen wurden. Besonderheiten bei Selbständigen oder Gesellschafter-Geschäftsführern (GGF) sind somit nicht Teil der Untersuchung.

II. bAV: Neuerungen durch das zweite Betriebsrentenstärkungsgesetz (BRSG 2)

Die betriebliche Altersversorgung (bAV) stellt die zweite Säule des deutschen Alterssicherungsgesamtsystems dar und ergänzt die GRV (erste Säule). Die Leistungen der bAV sollen den Versorgungsberechtigten dazu dienen, den im Erwerbsleben erreichten Lebensstandard zu sichern. Die zentrale Rechtsgrundlage bildet das Gesetz zur Verbesserung der betrieblichen Altersversorgung (Betriebsrentengesetz – BetrAVG). Eine bAV liegt demnach vor, wenn ein Arbeitgeber einem Arbeitnehmer Leistungen oder Beiträge zur Alters-, Invaliditäts- oder Hinterbliebenenversorgung aus Anlass des Arbeitsverhältnisses zusagt (§ 1 Abs. 1 Satz 1 und Abs. 2 BetrAVG; für die Definition der Finanzverwaltung, welche auf § 1 BetrAVG rekurriert vgl. BMF, Schreiben v. 12.8.2021 - IV C 5 - IV S 2333/19/10008:71, NWB JAAAH-87150, Rz. 1).

Die Durchführung der bAV kann dabei unmittelbar über den Arbeitgeber (Direktzusage) oder mittelbar durch die Zwischenschaltung eines Versorgungsträges (Unterstützungskasse, Pensionskasse, Pensionsfonds, Direktversicherung) erfolgen (§ 1 Abs. 1 Satz 2 BetrAVG). Gemäß § 1 Abs. 1 Satz 2 BetrAVG haftet der Arbeitgeber für die Erfüllung der zugesagten Leistungen unabhängig davon, ob die Durchführung unmittelbar über ihn selbst oder mittelbar über externe Versorgungsträger erfolgt (sog. Einstandspflicht, Subsidiärhaftung). Ausnahme ist die mit dem Betriebsrentenstärkungsgesetz (Gesetz zur Stärkung der betrieblichen Altersversorgung und zur Änderung anderer Gesetze (BRSG) v. 17.8.2017, BGBl 2017 I Nr. 58 S. 3214) zum 1.1.2019 eingeführte sog. reine Beitragszusage, die neben der bereits bestehenden beitragsorientierten Leistungszusage (BOLZ) (§ 1 Abs. 2 Nr. 1 BetrAVG) sowie der Beitragszusage mit Mindestleistung (BZML) (§ 1 Abs. 2 Nr. 2 BetrAVG) als weitere Zusageart in das BetrAVG aufgenommen wurde. Die reine Beitragszusage steht allerdings unter Tarifvorbehalt, wodurch ihre Verbreitung bislang gering ist (§ 1 Abs. 2 Nr. 2a BetrAVG; zur Begründung vgl. BT-Drucks. 18/11286, S. 31 ff.). Eine bAV kann arbeitgeberfinanziert und/oder arbeitnehmerfinanziert ausgestaltet werden. Für Arbeitnehmer besteht seit dem 1.1.2002 ein individueller Rechtsanspruch auf Entgeltumwandlung nach § 1a BetrAVG. Am 5.12.2025 hat der Bundestag das Zweite Betriebsrentenstärkungsgesetz (BRSG 2) beschlossen, welches mehrere Änderungen für Unternehmen beinhaltet. Ausgewählte Änderungen werden nachstehend vorgestellt.

Erleichterung bei Abfindungsgrenzen: Zwei wesentliche Änderungen betreffen die Regelungen in § 3 BetrAVG, unter welchen Voraussetzungen Anwartschaften auf eine bAV abgefunden werden können. Arbeitgeber sind nun befugt, eine Anwartschaft auf eine bAV

- ohne Zustimmung des Arbeitnehmers abzufinden, wenn der monatliche Betrag der daraus resultierenden laufenden Leistung bei Erreichen der Altersgrenze 1,5 % und bei Kapitalleistungen achtzehn Zehntel der monatlichen Bezugsgröße gem. § 18 SGB IV nicht überschreiten würde (§ 3 Abs. 2 Satz 1 BetrAVG n. F.). Konkret bedeutet dies, dass auf Basis der SV-Rechengrößen 2026 die Grenze für Renten von bislang 39,55 € auf 59,33 € und für Kapitalleistungen von 4.746 € auf 7.119 € angehoben wird.
- mit Zustimmung des Arbeitnehmers ist die Abfindung von Rentenanwartschaften sogar bis 2 % (für 2026: 79,10 €) bzw. bei Kapitalanwartschaften von 12 auf 24 Zehntel (für 2026: 9.492 €) der monatlichen Bezugsgröße (§ 18 SGB IV) dann möglich, wenn die Abfindung vom Arbeitgeber unmittelbar in die gesetzliche Rentenversicherung eingezahlt wird (§ 3

Abs. 2a BetrAVG n. F.). Die neue, erhöhte Abfindungsvorschrift wird gem. § 3 Nr. 55c Satz 2 Buchst. c EStG steuerlich flankiert, wodurch in solchen Abfindungsfällen eine steuerfreie Übertragung auf die gRV möglich ist.

HINWEIS:

Für die betriebliche Praxis sind diese Änderungen relevant und grundsätzlich begrüßenswert, da die Verwaltung von Kleinstanwartschaften bisher einen erheblichen administrativen Aufwand für Unternehmen verursachte. Allerdings ist die Bindung der höheren Abfindungsgrenze an eine Einzahlung in die gRV aus systematischen Gründen bedenklich, da es hier zu einer Vermischung zwischen der ersten und der zweiten Säule des Alterssicherungsgesamtsystems kommt.

Erhöhung und Dynamisierung der Geringverdienerförderung: Die Geringverdienerförderung gem. § 100 EStG wurde im Jahr 2018 durch das BRSG eingeführt (zur Begründung vgl. BT-Drucks. 18/11286 S. 31 ff.). Die Förderung richtet sich an Beschäftigte, deren monatliches Bruttoentgelt einen bestimmten Grenzwert nicht übersteigt. Ziel der Regelung ist es, Arbeitnehmern mit niedrigem Einkommen den Zugang zu einer bAV zu erleichtern und damit bei einer Personengruppe das Risiko der Altersarmut zu reduzieren, bei der häufig keine ausreichenden eigenen Mittel für eine ergänzende Altersvorsorge vorhanden sind. Die Umsetzung erfolgt unbürokratisch und ermöglicht Arbeitgebern, mit geringem administrativem Aufwand die bAV von geringverdienenden Beschäftigten nachhaltig zu fördern.

Die Einkommensgrenze beträgt bislang bzw. betrug bis zum BRSG 2 starr 2.575 € pro Monat (30.900 € p. a.); eine Dynamisierung war nicht vorgesehen. Arbeitgeber erhielten eine finanzielle Unterstützung, sofern sie für diese Mitarbeitenden Beiträge in einen versicherungsförmigen Durchführungsweg (Direktversicherung, Pensionskasse oder einen Pensionsfonds) entrichten. Voraussetzung war ein jährlicher Zusatzbeitrag des Arbeitgebers i. H. v. mindestens 240 € bis maximal 960 € (Stand: 2025), der zusätzlich zum ohnehin geschuldeten Arbeitslohn gewährt wurde. Die staatliche Förderung umfasst in diesem Zusammenhang einen Abzug i. H. v. 30 % des Beitrags (maximal 288 € pro Jahr) direkt von der abzuführenden Lohnsteuer.

Mit dem BRSG 2 wurde die Einkommensgrenze zum 1.1.2027 erhöht sowie dynamisiert. Zukünftig beträgt sie 3 % der Beitragsbemessungsgrenze der allgemeinen Rentenversicherung (BBG RV); für das Jahr 2026 entspricht dies fiktiv 3.042 € pro Monat (36.504 € p. a.) (§ 100 Abs. 3 Nr. 3 EStG-E). Daneben wurde der steuerfreie Arbeitgeberbeitrag auf nun max. 1.200 € angehoben (§ 100 Abs. 6 Satz 1 EStG-E). Der Förderbetragssatz beträgt unverändert 30 %, so dass der maximale Erstattungs- bzw. Förderbetrag für Arbeitgeber nun 360 € p. a. beträgt (§ 100 Abs. 2 Satz 1 EStG-E), wie auch der Abbildung entnommen werden kann.

ABB. 1: Geringverdienerförderung nach § 100 EStG-E (ab 1.1.2027); eigene Darstellung

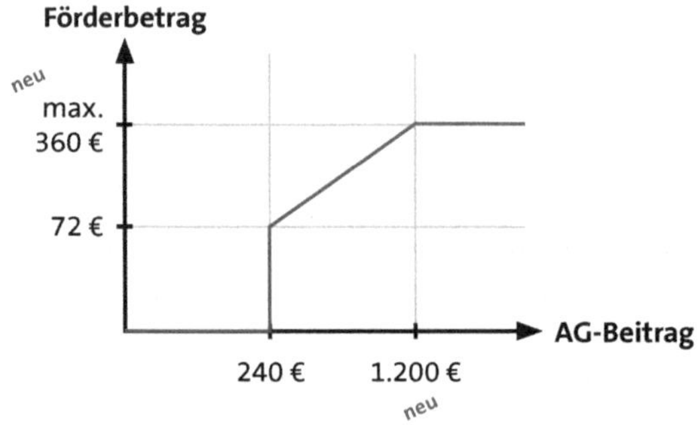

HINWEIS:

Für Arbeitnehmer bleiben diese Beiträge zudem i. R. d. § 1 Abs. 1 Satz 1 Nr. 9 SvEV sozialversicherungsfrei, wodurch die Förderung eine attraktive Alternative zur Gehaltserhöhung darstellen kann. Die neuen Regelungen zur Geringverdienerförderung treten allerdings erst zum 1.1.2027 in Kraft.

Evaluierung der Verbreitung des Sozialpartnermodells: Ein weiterer spannender Punkt ist die vorgezogene Evaluierung der Verbreitung des Sozialpartnermodells. Bereits im Jahr 2027 wird das Bundesministerium für Arbeit und Soziales überprüfen, ob die Öffnung der Sozialpartnermodelle tatsächlich dazu beigetragen hat, dass mehr Menschen an der bAV teilnehmen. Das Ziel ist es, bis dahin die Zahl der Teilnehmenden im Vergleich zu 2025 zu verdoppeln. Falls dieses Ziel nicht erreicht wird, soll die Bundesregierung Vorschläge unterbreiten, wie alle Unternehmen und Beschäftigten Zugang zu einem Sozialpartnermodell erhalten können. Zwar wurden mit dem BRSG 2 einige Anwendungshemmnisse für das Sozialpartnermodell beseitigt; eine rein betriebliche Umsetzung ist aber weiterhin nicht möglich.

III. Private Altersvorsorge und die Reform der Riester-Rente

1. Ziel des Gesetzgebers

Die private Altersvorsorge ist die dritte Säule des deutschen Alterssicherungsgesamtsystems. Am 27.3.2026 hat der Deutsche Bundestag mit dem „Altersvorsorgereformgesetz" (BR-Drucks. 768/25 v. 19.12.2025; BT-Drucks. 21/4996 v. 25.3.2026 (Vorabfassung); BT-Plenarprotokoll 21/69 v. 27.3.2026, S. 8351) eine grundlegende Neuordnung der staatlich geförderten, privaten Altersvorsorge (sog. Riester-Rente) beschlossen. Die Riester-Rente wurde mit dem Altersvermögensgesetz (AVmG) zum 1.1.2002 eingeführt (Gesetz zur Reform der gesetzlichen Rentenversicherung und zur Förderung eines kapitalgedeckten Altersvorsorgevermögens (AVmG) v. 26.6.2001, BGBl 2001 I S. 1310). Ziel der Riester-Rente war es, dass ihre Leistungen, die mit dem AVmG beschlossene Senkung des gesetzlichen Rentenniveaus insoweit kompensieren und darüber hinaus zur Lebensstandardsicherung im Alter beitragen (vgl. BT-Drucks. 14/4595 v.

14.11.2000, S. 37 ff., insb. S. 39 f.). Insbesondere rentenversicherungspflichtige Bürger sollten freiwillig und eigenverantwortlich in speziell hierfür geschaffene, zertifizierte Vorsorgeverträge einzahlen. Der Staat fördert die Vorsorgeanstrengungen der Bürger durch staatliche Zulagen und eine Steuerfreistellung der Beiträge nebst Erträgen in der Ansparphase. Nach anfänglich steigender Teilnahme sank die Nachfrage nach Riester-Produkten vor allem in den Jahren nach 2010, was insbesondere hohen Kosten, stringenten Produktkriterien, niedrigen Renditen sowie einer komplexen und bürokratischen Regulierung zugeschrieben wird.

Die Intention der Bundesregierung bei der Revitalisierung der pAV ist es, *„ein kostengünstiges, einfaches, transparentes und gut erklärbares Angebot an neuen privaten Altersvorsorgeprodukten mit höheren Renditemöglichkeiten zu unterbreiten, das eine breite Bevölkerungsschicht anspricht, eigenverantwortlich zur Sicherung ihres Lebensstandards im Alter eine ergänzende, private Altersvorsorge vorzunehmen“* (BR-Drucks 768/25 v. 19.12.2025, S. 48).

2. Novellierung der staatlich geförderten pAV

a) Bestandteile des Gesetzentwurfs

Die zentralen Elemente des Reformvorschlags umfassen die Einführung einer neuen Produktkategorie – das Altersvorsorgedepot – sowie eine neu strukturierte, beitragsproportionale Förderung:

- Das Altersvorsorgedepot soll während der Ansparphase im Vergleich zu den bisherigen Riester-Produkten höhere Renditen ermöglichen. Dafür werden die Zertifizierungskriterien für staatlich geförderte Vorsorgeprodukte angepasst, beispielsweise entfallen verpflichtende Beitragsgarantien sowie die Pflicht zur primären Auszahlung als lebenslange Rente.
- Die staatliche Förderung in Form von Zulagen bleibt grundsätzlich erhalten, wird jedoch künftig beitragsproportional ausgestaltet, das heißt, die Zulagen richten sich nach der Höhe der Eigenbeiträge und nicht mehr nach festen Euro-Beträgen. Es werden weiterhin Grund- und Kinderzulagen gewährt, wobei die Grundzulage zweistufig ausgestaltet ist: Für Beiträge bis 360 € wird eine höhere Förderquote pro Euro Eigenbeitrag angesetzt als für Beiträge zwischen 360,01 € und 1.800 €. Die volle Kinderzulage erhalten Vorsorgesparer bereits für 300 € Eigenbeitrag Die nachgelagerte Besteuerung sowie die Möglichkeit zum Sonderausgabenabzug bleiben bestehen.

Die Bundesregierung betont die Vorteile des neuen Förderregimes, insbesondere die einfache und transparente Struktur sowie die stärkere Berücksichtigung der Eigenbeiträge der Vorsorgesparer, was zu zusätzlichen Anreizen für eigenverantwortliches Sparen führen soll (BR-Drucks 768/25 v. 19.12.2025, S. 45, 71 f.). Laut BMF bleibt „die bisherige Ausgestaltung der steuerlichen Förderung über Zulagen mit hohen Förderquoten für Altersvorsorgende mit kleinen und mittleren Einkommen und Familien mit Kindern sowie über den Sonderausgabenabzug (= Steuerfreistellung der Beiträge) in der Ansparphase und einer nachgelagerten Besteuerung der Leistungen in der Auszahlungsphase“ erhalten (BMF v. 1.12.2025, https://www.bundesfinanzministerium.de/Content/DE/Gesetzestexte/Gesetze_Gesetzesvorhaben/Abteilungen/Abteilung_IV/21_Legislaturperiode/2025-12-01-Altersvorsorgereformgesetz/0-Gesetz.html).

b) Neue Produktlandschaft

Die unterschiedlichen Vertragstypen sind in § 1 Abs. 1 bis Abs. 1e AltZertG-E aufgeführt. Neben einem Altersvorsorgevertrag, bei dem zu Beginn der Auszahlungsphase mindestens 80 % oder 100 % des gebildeten Kapitals zur Verfügung stehen müssen, wird mit dem Altersvorsorgedepotvertrag ein Vertragstyp ohne Garantien geschaffen. Mit einem Altersvorsorgedepot erhalten Vorsorgesparer künftig die Möglichkeit, monetäre Mittel langfristig und breit gestreut am Kapitalmarkt anzulegen (§ 1 Abs. 1b AltZertG-E). Für das Altersvorsorgedepot gibt es keine Beitragsgarantie (§ 1 Abs. 1b Nr. 4 AltZertG-E.), was potenziell höhere Renditen im Vergleich zu bisherigen geförderten Riester-Produkten verspricht. Die Auszahlung erfolgt künftig nicht mehr zwingend als lebenslange Leibrente, sondern kann alternativ als regelmäßiger Auszahlungsplan (mindestens bis zum 85. Lebensjahr) inkl. Auszahlung des Restkapitals erfolgen (§ 1 Abs. 1 Nr. 4 AltZertG-E).

HINWEIS:

Es ist auch eine Zwischenlösung möglich, bei der das zu Beginn der Auszahlungsphase zur Verfügung stehende Kapital zu 80 % in eine lebenslange Leibrente, der Rest auf Rechnung und Risiko des Vertragspartners angelegt wird, um daraus eine lebenslange Auszahlung in veränderlicher Höhe zu erbringen (§ 1 Abs. 1 Nr. 4 Buchst. bb AltZertG-E).

Für alte Riester-Verträge soll es einen Bestandschutz geben. Vorsorgesparer, die bisher in einen Riester-Vertrag sparen, sollen auf das neue Förderregime optieren können.

Standardprodukt: Jeder Anbieter wird verpflichtet, künftig einen sog. Standarddepotvertrag anzubieten. Das Standarddepot ist gesetzlich reguliert. Zur Kapitalanlage stehen im Standarddepot nur zwei Fonds zu Verfügung: einer mit sehr geringem Risiko (Risikoklasse 1 oder 2) und einer mit mittlerem Risiko (Risikoklasse 3, 4 oder 5). Die Aufteilung der Beiträge zwischen beiden Fonds können Anleger selbst wählen oder sich an der Anbieterempfehlung bzw. der Standardoption orientieren. Im Verlauf der Ansparphase wird das Risiko durch Umschichtung automatisch reduziert, um fünf Jahre vor Auszahlungsbeginn mit max. 50 %, zwei Jahre vorher mit maximal 30 % des Kapitals im risikoreicheren Fonds investiert zu sein. Der Abschluss eines Standarddepots muss elektronisch möglich sein, bspw. über die Homepage des Anbieters (§ 1 Abs. 1c i. V. m. Abs. 1b und Abs. 3 AltZertG-E).

Kostenvorgaben: Um den Wettbewerb unter den Anbietern zu stärken und den Wechsel zwischen Vorsorgeprodukten bzw. Anbietern zu erleichtern (keine doppelten Abschluss- und Vertriebskosten), sollen die Abschlusskosten künftig über die gesamte Laufzeit verteilt werden (§ 1 Abs. 1 Nr. 8 AltZertG-E). Die renditemindernden Effektivkosten eines Standarddepots sind zudem gedeckelt; im Gesetzesentwurf waren noch 1,5 % p. a. vorgesehen (§ 2a Abs. 2 AltZertG-E).

Öffentlich verwaltetes Standarddepot: Neben privatwirtschaftlichen Angeboten soll es künftig auch ein öffentlich verwaltetes Standarddepot geben (§ 1 Abs. 1e AltZertG-E). Letzteres soll eine Alternative zu den privaten Angeboten darstellen und allen Zulagenberechtigten zur Verfügung stehen. Für das öffentliche Standarddepot gelten die Vorgaben zum Altersvorsorgedepot-Vertrag (§ 1b AltZertG-E) sowie ergänzend diejenigen des Standarddepot-Vertrags (§ 1c AltZertG-E).

Auf Beschlussempfehlung des Finanzausschusses werden per Verordnungsermächtigung zunächst die Voraussetzung für die Einführung eines solchen Standarddepots unter öffentlicher Trägerschaft geschaffen (BT-Drucks. 21/4996 v. 25.3.2026, S. 104 f.). Weitere Details waren zum Redaktionsschluss noch nicht bekannt.

c) Neues Förderregime

Erhöhter fixer Mindesteigenbeitrag: Der Mindesteigenbeitrag beträgt künftig 120 € (zuvor: 60 €) (§ 86 EStG-E). Die bisherige Kopplung des Mindesteigenbeitrags an das rentenversicherungspflichtige Bruttogehalt des Vorjahres (4 %) zum Erhalt der vollen Zulagen entfällt. Das macht das Zulagenverfahren deutlich einfacher und erleichtert den Zugang.

Förderung mit vergleichbarem Höchstbetrag: Private Altersvorsorgeverträge werden künftig bis maximal 1.800 € Eigenbeitrag jährlich gefördert. Obwohl der Betrag optisch sinkt (Riester-Rente: 2.100 €), bleibt die Förderung faktisch vergleichbar, da die Zulagen im neuen Förderregime auf den neuen Höchstbetrag addiert werden und gemeinsam mit den Eigenbeiträgen als Sonderausgaben von der steuerlichen Bemessungsgrundlage absetzbar sind (§ 10a Abs. 1 Satz 1 EStG-E). Die von Amts wegen stattfindende Günstigerprüfung bleibt bestehen. Wie im Riester-Regime werden die Beiträge und Erträge erst bei Auszahlung versteuert (nachgelagerte Besteuerung).

Neue Zulagensystematik: Anstelle betragsfixer (€-fester) Zulagen, wie es bei der bisherigen Riester-Förderung der Fall ist, gibt es künftig beitragsproportionale Zulagen. Pro eingezahltem Euro Eigensparleistung bis 360 €/Jahr erhält der Zulagenberechtigte 50 Cent (max. 180 €), und von 360,01 bis 1.800 €/Jahr noch 25 Cent je Euro (max. 360 €). Der maximale Grundzulage beträgt somit 540 €. Im Regierungsentwurf waren noch 30 Cent je Euro für die ersten 1.200 € (ab 2029: 35 Cent) sowie 20 Cent von 1.200,01 bis 1.800 € Eigenbeiträgen vorgesehen (§ 84 EStG-E).

Die Zulagen-Förderung für Kinder bei Kindergeldberechtigung bleibt erhalten; diese ist ebenfalls beitragsproportional und beträgt einen Euro je Euro Eigenbeitrag (Förderquote durch Zulage: 100 %), maximal 300 € pro Kind. Im Regierungsentwurf hätten Vorsorgesparer die volle Kinderzulage (300 €) erst bei 1.200 € Eigenbeitrag erhalten, darunter jeweils 25 Cent je Euro Eigenbeitrag (§ 85 EStG-E). Für junge Menschen, die vor dem 25. Lebensjahr mit Vorsorgesparen beginnen, gibt es auch künftig eine zusätzliche Förderung i. H. v. einmalig 200 €.

Das neue Fördersystem unterscheidet sich damit grundlegend von der bisherigen Riester-Förderung, bei der die Zulagen betragsfix waren und zudem gekürzt wurden, falls der geforderte Gesamtbeitrag inkl. Zulagen i. H. v. 4 % des rentenversicherungspflichtigen Vorjahresbruttoeinkommens nicht erreicht wurde (§ 86 Abs. 1 EStG). Durch den „Fördersplit" von 50 % und 25 % bei der Grundzulage sowie den zum Erhalt der vollen Kinderzulage niedrigen Eigenbeitrag sollen gezielt Personen mit geringer Sparfähigkeit unterstützt werden. Im materiellen Ergebnis bietet die neue Förder-Systematik – wie im nächsten Abschnitt gezeigt wird – im Vergleich zum alten Riester-Regime für die meisten untersuchten Fallgruppen höhere Förderquoten.

Neben den geförderten Beiträgen (1.800 € zzgl. Zulagen) kann der Vorsorgesparer weitere Altersvorsorgebeiträge in seinen Vertrag leisten. Die jährliche Einzahlung ist auf insgesamt 6.840 € pro Vertrag begrenzt. Die oberhalb von 1.800 € liegende zulässige Überzahlung ist aus dem Nettoeinkommen zu leisten; die darauf erwirtschafteten Erträge bleiben in der Ansparphase steuerfrei. In der Leistungsphase erfolgt die Besteuerung in Abhängigkeit der Auszahlungsvariante. Gemäß § 82 Abs. 5 EStG-E kann jeder Steuerpflichtige maximal zwei solcher Verträge abschließen, so dass bis zu 13.680 € angespart werden können. Eine Gegenüberstellung der wesentlichen Unterschiede zwischen alter Riester-Förderung und dem neuem Förderregime findet sich in folgender Tabelle.

TAB. 1: Wesentliche (Produkt-) Merkmale der alten Riester-Förderung und des neuen Förderregimes

Wesentliche Merkmale	**Riester-Altregelung (§§ 10a, 79 ff. EStG)**	**Neues Förderregime (§§ 10a, 79 ff. EStG-E*)**
Produkte	Riester-Produkte mit Garantie der eingezahlten Beiträge [Versicherungen, Banksparpläne, Fonds, u. a.]	Einführung Altersvorsorgedepot ohne Garantiezwang mit Standardoption (Ziel: höhere Rendite); Garantieprodukte optional (80 % oder 100 %) [Fonds / ETFs, Versicherungen u. a.]. Reines Auszahlungsprodukt sowie öffentliches Standardprodukt (§ 1 Abs. 1 bis 1e AltZertG-E)
Garantie	pAV: 100 % Beitragserhaltungszusage zwingend bAV: 100 % Beitragserhaltungszusage zwingend (Ausnahme: reine Beitragszusage)	pAV: Keine Beitragsgarantie nötig; Beitragsgarantie 100 % oder 80 % möglich bAV: 100 % Beitragserhaltungszusage zwingend (Ausnahme: reine Beitragszusage)
Kosten	Keine gesetzliche Obergrenze Verteilung Abschluss- und Vertriebskosten über mindestens 5 Jahre	Max. 1 % Renditeminderung p. a. für Standarddepot Verteilung Abschluss- und Vertriebskosten über Ansparphase
Förderung Zulagen	Grundsatz: Festbeträge Grundzulage: 175 € Kinderzulage: 185 € (ab 2002) bzw. 300 € (ab 2008) pro Kind	Grundsatz: Beitragsproportionale Zulagen Grundzulage auf Eigenbeitrag (max. 540 €) bis 360 €: 50 % (max. 180 €) ab 360,01 bis 1.800 €: 25 % (max. 360 €) Kinderzulage: 1 € pro 1€ (max. 300 €) pro Kind
Förderung Sonderausgabenabzug	Berücksichtigung bis max. 2.100 € (Summe aus Eigenbeitrag und Zulagen)	Berücksichtigung von max. 1.800 € Eigenbeitrag zzgl. Zulagen
Mindesteigenbeitrag	60 € p. a. Mindesteigenbeitrag 4 % des rentenversicherungspflichtigen Vorjahresbrutto für volle Förderung abzgl. Zulagen	120 € p. a. Kopplung an Vorjahresbrutto entfällt
Auszahlungsoptionen	Lebenslange Rente (ggf. als Auszahlungsplan mit anschließender Teilkapitalverrentung) Teilauszahlung (max. 30 % unschädlich) + Verrentung	Auszahlungspläne (Rate) mind. bis zum 85. Lebensjahr mit Auszahlung Restkapital Lebenslange Auszahlungsvarianten bleiben weiterhin möglich

Wesentliche Merkmale	Riester-Altregelung (§§ 10a, 79 ff. EStG)	Neues Förderregime (§§ 10a, 79 ff. EStG-E*)
Förderberechtigte	Unmittelbar förderberechtigt insb.: rentenversicherungspflichtige Arbeitnehmer, Auszubildende, Beamte Mittelbar förderberechtigt: Ehegatten von unmittelbar Förderberechtigten	Erweiterung um Selbständige sowie Freiberufler

d) Schnittstellen zur bAV

Die bAV bleibt weiterhin förderfähig und profitiert von ihren kollektiven Vorteilen. Es ist vorgesehen, dass für die bAV grundsätzlich ausschließlich vollständige Beitragserhaltungsgarantien in der Anwartschaftsphase zulässig sind. Die ursprünglich im Referentenentwurf vorgesehene Lockerung während der Ansparphase wurde nicht in den Regierungsentwurf und nicht in die Ausschussfassung übernommen. Ungeachtet dessen bleibt die neue Förderung – analog zur bisherigen Riesterförderung – auch im Rahmen reiner Beitragszusagen im Sozialpartnermodell anwendbar.

3. Finanzielle Unterschiede zwischen neuem Förderregime und Riester-Rente

a) Annahmen, Kriterien und Modellfälle

Im Folgenden wird die Wirkung des „neuen Förderregimes“ in der vom Bundestag beschlossenen Ausschussfassung zum Altersvorsorgereformgesetz v. 25.3.2026 (BT-Plenarprotokoll 21/69 v. 27.3.2026, S. 8351 i. V. m. BT-Drucks. 21/4996 v. 25.3.2026 (Vorabfassung)) mit der bisherigen Riester-Förderung (Riester alt) (§§ 10a, 82 ff. EStG) verglichen. Der Fokus liegt dabei ausschließlich auf der strukturellen Gestaltung der beiden Fördersysteme, um deren finanzielle Vorteilhaftigkeit zu analysieren und gegenüberzustellen.

Zur Vergleichbarkeit der beiden Förderregime wurde methodisch wie folgt vorgegangen: Zunächst wurde im Rahmen des alten Riester-Systems der notwendige (Netto-)Beitrag zum Erhalt der vollen Zulagen bestimmt und anschließend durch Abzug der Zulagen der (Netto-)Eigenbeitrag ermittelt. Derselbe (Netto-)Eigenbeitrag wurde für das neue Förderregime übernommen und darauf aufbauend die Höhe der entsprechenden Zulagen bestimmt. Aus Vereinfachungsgründen wird eine einmalige Prämie unterstellt, die ins jeweilige Förderregime eingezahlt wird und sowohl Zulagen als auch mögliche Steuervorteile beinhaltet (§ 10a Abs. 1 und Abs. 2 EStG). Aus Vereinfachungsgründen wird unterstellt, dass die Steuererstattung aus der Günstigerprüfung als Zusatzbeitrag ebenfalls in den Vertrag eingezahlt wird.

Entscheidungskriterium für den Vergleich der Förderregime sind die jeweiligen Förderquoten, definiert als das Verhältnis zwischen der gewährten Förderung (Zulagen plus möglicher Steuervorteil durch den Sonderausgabenabzug) und dem Netto-Eigenbeitrag. Im Rahmen der Analyse werden die Förderquoten für verschiedene Einkommensklassen ohne bzw. mit Kindern verglichen. Nachdem die nachgelagerte Besteuerung in beiden Förderregimen zur Anwendung kommt und sich beide Systeme steuerlich – insbesondere in der Auszahlungsphase – nicht unterscheiden, wird auf eine Modellierung der Auszahlungsphase verzichtet.

Modellfälle: Zur Abdeckung eines breiten Bevölkerungsquerschnitts werden Bruttoeinkommen von 25.000 € bis 140.000 € (jeweils in 5.000 €-Schritten) betrachtet. Die Kinderzahl variiert mit „0" und „2". Es wird angenommen, dass die betrachteten Personen abhängig beschäftigt und gesetzlich sozialversichert sind (Mitglieder in der gesetzlichen Rentenversicherung, gesetzlichen Kranken- und Pflegeversicherung sowie Arbeitslosenversicherung). Einkommensteuer und Sozialabgaben werden weitgehend realitätsgetreu, aber vereinfacht berücksichtigt. Für die Modellierung des Sonderausgabenabzugs wurde das zu versteuernde Einkommen und der Grenzsteuersatz auf Basis des Bruttoeinkommens geschätzt. Solidaritätszuschlag und Kirchensteuer bleiben unberücksichtigt.

Einschränkend ist zu erwähnen, dass Untersuchungen zur Vorteilhaftigkeit auf verschiedenen Annahmen basieren. Die folgenden Ergebnisse sind daher als Tendenzaussagen und Diskussionsgrundlage zu verstehen. Nicht berücksichtigt wurden unterschiedliche Produktgestaltungen, Renditeerwartungen, Kosten oder biometrische Faktoren.

b) Ergebnisse Modellfall 1: „ohne Kinder"

Die Resultate für den Modellfall „ohne Kinder" sind in folgender Abbildung dargestellt. Es zeigt sich, dass die Förderquoten des alten Riester-Regimes [Förderquote Riester ALT] und die des neuen Förderregimes [Förderquote NEU] über alle Einkommensklassen hinweg auf einem ähnlichen Niveau liegen. Das neue Förderregime erweist sich dabei als leicht vorteilhaft, da es zu insgesamt höheren, als Sonderausgaben abzugsfähigen Gesamtbeiträgen führt. Der Günstigervergleich kommt in der Modellvariante ohne Kinder für nahezu alle Einkommensklassen (ab 30.000 €) zum Tragen. Für darunterliegende Einkünfte ist die im Laufe des Gesetzgebungsverfahrens nachgebesserte Zulagenförderung vorteilhafter. In der Fassung des Regierungsentwurfs [Förderquote NEU (Reg-E)] war der Sonderausgabenabzug noch für alle untersuchten Einkommensklassen (ab 25.000 €) günstiger.

ABB. 2: Förderquote (Zulagen) ohne Kinder nach Günstigervergleich; eigene Darstellung und Berechnung

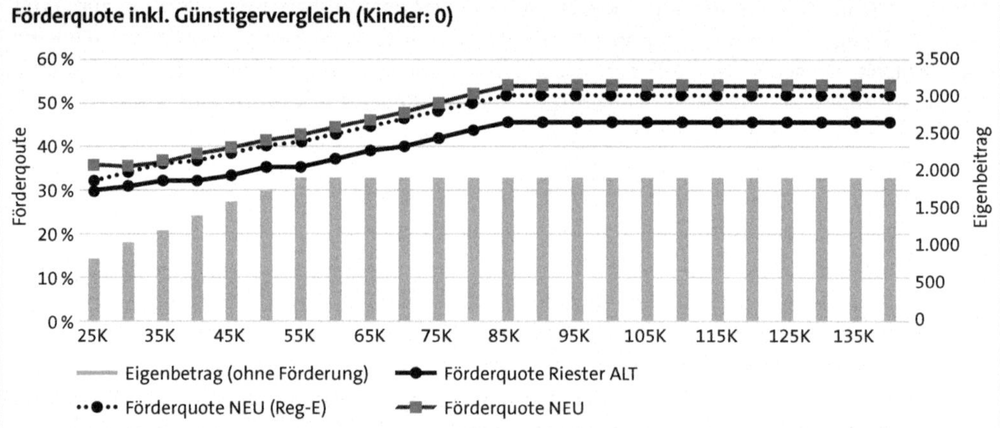

Die Tabelle bietet eine ausführliche Darstellung der jeweiligen Förderquoten des alten im Vergleich zum neuen Förderregime, bezogen auf den Modellfall „ohne Kinder" und ausgewählte Bruttolohnklassen (25.000 €, 50.000 € sowie 85.000 €). Wie in der methodischen Vorbemerkung erklärt, wird der Zusatzbeitrag aus der Günstigerprüfung als Teil des Gesamtbeitrags mitberücksichtigt.

TAB. 2: Bestimmung der Förderquote für Modellfall „ohne Kinder" nach Günstigervergleich; eigene Darstellung und Berechnung

	Bruttoeinkommen	25.000 €		50.000 €		85.000 €	
	Förderregime	Alt	Neu	Alt	Neu	Alt	Neu
(1)	Netto-Eigenbeitrag	825,-	825,-	1.825,-	1.825,-	1.925,-	1.925,-
(2)	Zulagen	175,-	296,-	175,-	540,-	175,-	540,-
(3)	Günstigerprüfung	73,-	0,-	460,-	211,-	707,-	495,-
(4)	Gesamtbeitrag (1)+(2)+(3)	1.073,-	1.121,-	2.460,-	2.576,-	2.807,-	2.960,-
(5)	Förderquote ((2)+(3))/(1)	30 %	36 %	35 %	41 %	46 %	54 %

c) Ergebnisse Modellfall 2: „mit 2 Kindern"

Im Modellfall „mit 2 Kindern", dessen Resultate in der folgenden Abbildung dargestellt sind, wird die im Gesetzgebungsverfahren nachgebesserte Zulagenförderung für Kinder deutlich sichtbar. Die Förderquote im neuen Förderregime liegt zwar im untersten untersuchten Einkommensbereich (25.000 €) immer noch unterhalb der Förderquote des alten Riester-Regimes, allerdings haben sich die Kurven im Vergleich zur Regierungsentwurfs-Fassung deutlich angeglichen. Ab ca. 30.000 € Bruttoeinkommen bzw. einem Eigenbeitrag i. H. v. 425 € zzgl. 796 € Zulagen ist das neue Förderregime im Vergleich zur alten Riesterförderung dank der Nachbesserungen im Gesetzgebungsverfahren vorteilhaft. Im Modellfall mit 2 Kindern ist die Zulagenförderung des neuen Förderregimes über alle untersuchten Einkommensklassen hinweg günstiger als der Sonderausgabenabzug.

ABB. 3: Förderquote (Zulagen) mit 2 Kindern nach Günstigervergleich (Sonderausgabenabzug); eigene Darstellung und Berechnung

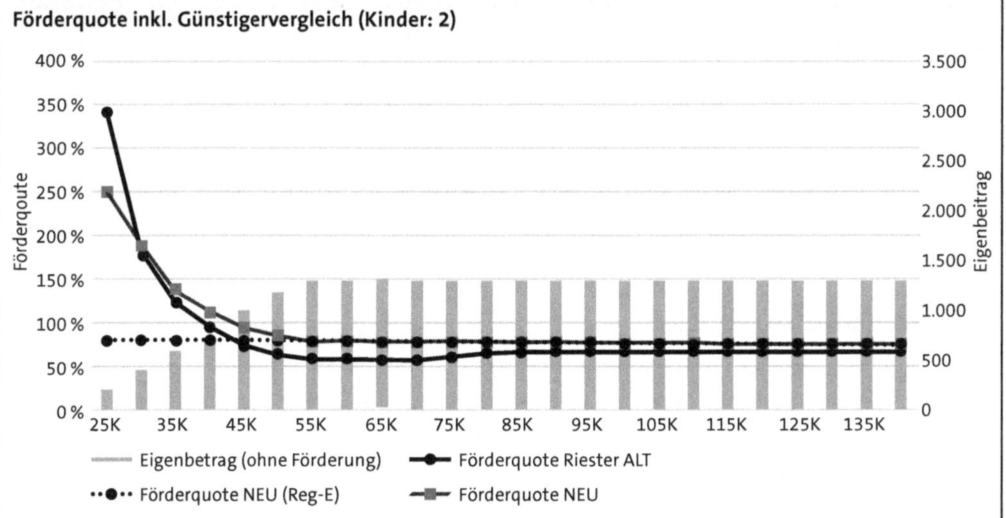

In der Tabelle werden die Förderquoten im **Modellfall „mit 2 Kindern"** für bestimmte Einkommensklassen ausführlich dargestellt:

	Bruttoeinkommen	25.000 €		50.000 €		85.000 €	
	Förderregime	Alt	Neu	Alt	Neu	Alt	Neu
(1)	Netto-Eigenbeitrag	225,-	225,-	1.225,-	1.225,-	1.325,-	1.325,-
(2)	Zulagen	775-	563,-	775,-	996,-	775,-	1.021,-
(3)	Günstigerprüfung	0,-	0,-	0,-	0,-	107,-	0,-
(4)	Gesamtbeitrag (1)+(2)+(3)	1.000,-	788,-	2.000,-	2.221,-	2.207,-	2.346,-
(5)	Förderquote ((2)+(3))/(1)	344 %	250 %	63 %	81 %	67 %	77 %

d) Verknüpfung Altersvorsorgedepot mit Frühstart-Rente

Die Bundesregierung sieht vor, das neue Altersvorsorgedepot mit der Frühstart-Rente (ab 2026 rückwirkend für Kinder vorgesehen) als zentrales, kapitalmarktbasiertes Instrument der privaten Altersvorsorge zu verbinden. Die Frühstart-Rente ist ein staatlich gefördertes Vorsorgemodell zur Förderung der privaten Altersvorsorge, bei dem der Staat monatlich 10 € für Kinder und Jugendliche (Voraussetzung: Kindergeldbezug) in ein kapitalmarktorientiertes Depot einzahlt. Ziel der Frühstartrente ist es, durch Investitionen in Aktien und ETFs bereits im Kindesalter die Grundlage für die eigene Vermögensbildung zu schaffen und durch frühzeitiges Ansparen den Zinseszinseffekt langfristig zu nutzen. Mit der Frühstart-Rente sollen Kinder und Jugendliche zudem frühzeitig an den Kapitalmarkt herangeführt werden und durch die Wissensförderung (Financial Literacy) der Aufbau einer Kapitalmarktkultur gefördert werden. Frühstart-Rente und Altersvorsorgedepot sollen so aufeinander abgestimmt werden, dass ein nahtloser Übergang in die Altersvorsorge im Erwachsenenalter ermöglicht wird.

HINWEIS:

Die konkrete Ausgestaltung der Frühstart-Rente ist noch offen. Die Einführung ist zwar für 2026 vorgesehen, soll jedoch zunächst auf bestimmte Jahrgänge begrenzt werden. Zwischenzeitlich hat die Bundesregierung die Eckpunkte der Frühstart-Rente, die zuvor lediglich im Koalitionsvertrag (Koalitionsvertrag von CDU, CSU und SPD, 2025, S. 19) angerissen wurden, beschlossen (BMF v. 17.12.2025, Eckpunktepapier zur Frühstartrente).

IV. Fazit und Ausblick

Die deutsche Alterssicherung befindet sich im Wandel: Mit dem Rentenpaket 2025 verlängerte die Bundesregierung das Rentenniveau von 48 %, beschloss die dritte Stufe der Mütterrente und führte eine Aktivrente ein. Durch das BRSG 2 wurden u. a. die Förderung für Geringverdiener sowie die Betragsgrenzen, bis wann eine bAV abgefunden werden kann, erhöht. Mit dem Altersvorsorgereformgesetz strebt die Bundesregierung nun eine Reform der privaten, staatlich geförderten Altersvorsorge (Riester-Rente) an.

Zum **BRSG 2** kann festgehalten werden, dass die Reform zwar zahlreiche und überwiegend sinnvolle Maßnahmen für Unternehmen und Beschäftigte – vor allem für Geringverdiener – beinhaltet; der ‚große Wurf' zur weiteren Verbreitung sowie einer Erhöhung der Versorgungsstände der bAV allerdings nicht dabei war. So erhält die klassische bAV außerhalb des Sozialpartnermodells (reine Beitragszusage) zu wenig Aufmerksamkeit. Wichtige Aspekte, wie eine Absenkung von Garantieniveaus im Rahmen einer bAV, wurden nicht adressiert, was insbesondere vor dem Hintergrund der angestrebten Novellierung der pAV und deren Anwendung im betrieblichen Kontext bedauernswert ist. Die höheren Abfindungsgrenzen von bAV-Anwartschaften sind für Unternehmen zwar grundsätzlich begrüßenswert; allerdings sind Abfindungszahlungen in die GRV aus systematischen Gründen bedenklich. Die Verbesserungen bei der Geringverdienerförderung, wie die höheren Förder- und Freibeträge sowie die Dynamisierung der Gehaltsgrenze, sind ein wichtiger Schritt für die Verbreitung der arbeitgeberfinanzierten bAV und eröffnen Beschäftigten mit geringem Einkommen die Möglichkeit auf höhere Einkünfte im Alter. Bedauerlich ist, dass die Änderungen zur Geringverdienerförderung erst ab dem 1.1.2027 gelten.

Die im Bundestag beschlossene Fassung des Altersvorsorgereformgesetzes sieht u. a. die Einführung von Produkten ohne Garantien (Altersvorsorgedepot) vor und schafft damit – im Vergleich zu den bislang geförderten Riester-Produkten, die eine Garantie der eingezahlten Beiträge vorsahen – die Grundlage für potenziell höhere Renditen durch die Nutzung der Kapitalmärkte. Das neue pAV-Förderregime ist im Vergleich zum bisherigen Riester-Förderregime für Personen „ohne Kinder" durchgängig vorteilhaft und für Personen „mit Kindern" – aufgrund der im Gesetzgebungsverfahren beschlossenen Nachbesserungen – bereits ab geringen Einkommen bzw. niedrigen Eigenbeiträgen vorteilhaft. Die neue Förderlogik verknüpft Zulagen direkt mit dem Eigenbeitrag, was dazu führt, dass bei niedrigen Eigenbeiträgen die Zulagen grds. geringer ausfallen als im bisherigen Modell bzw. für eine gleichbleibende Förderhöhe höhere Eigenbeiträge erforderlich wären. Die auf Beschlussempfehlung des Finanzausschuss erhöhten Zulagenquoten für niedrige Eigenbeiträge sowie für Kinder führen insbesondere in niedrigen Einkommensklassen zu hohen Förderquoten. Für Geringverdienende empfiehlt es sich darüber hinaus, verstärkt das Gespräch mit dem Arbeitgeber zu suchen, um beispielsweise die arbeitgeberfinanzierte Geringverdienerförderung nach § 100 EStG in Anspruch zu nehmen, deren Einkommensgrenze sowie der steuerfreie Arbeitgeberbeitrag mit dem BRSG 2 – wie vorstehend beschrieben – zum 1.1.2027 erhöht werden.

In Deutschland ist die private Nutzung kapitalmarktorientierter Anlageformen nach wie vor wenig verbreitet. Laut einer Analyse des Sachverständigenrats zur Begutachtung der gesamtwirtschaftlichen Entwicklung im Kontext der sog. Frühstart-Rente 2025, in deren Rahmen die verstärkte Beteiligung am Kapitalmarkt bereits hervorgehoben wurde, halten deutsche Haushalte rund 37,5 % ihres Geldvermögens in Form von Bargeld oder Bankeinlagen (Malmendier, U./ Schaffranka, C./ Schwarz, M., Generation Frühstart-Rente, Sachverständigenrat zur Begutachtung der gesamtwirtschaftlichen Entwicklung (SVR), SVR-Arbeitspapier 02/2025, S. 3 f.; Deutsche Bundesbank (2025), Geldvermögensbildung und Außenfinanzierung in Deutschland im ersten Quartal 2025). Daraus ergibt sich ein grundsätzlich erhöhter Beratungsbedarf für Vorsorgesparer bezüglich der neuen Produktlandschaft. Ob eine angemessene Beratung gewährleistet werden kann, wenn Abschlusskosten über die Ansparphase bis zum Beginn der Leistungsphase verteilt werden müssen, bleibt abzuwarten.

Mit Blick auf ein ausgewogenes Gesamtkonzept zur Alterssicherung ist festzuhalten, dass die zweite Säule (bAV) und die dritte Säule (pAV) des deutschen Alterssicherungsgesamtsystems weiterhin unterschiedlich behandelt werden. Besonders deutlich zeigt sich dies bei der Förderung für Produkte ohne Garantien sowie bei Auszahlungsformen ohne Verpflichtung zur lebenslangen Rentenzahlung. Hier besteht erheblicher gesetzgeberischer Handlungsbedarf, um ein konsistentes und ausgewogenes Gesamtkonzept zu entwickeln. Zentrales Ziel sollte sein, die Verbreitung der Altersvorsorge insgesamt zu erhöhen, damit beide Vorsorgeformen optimal wirken können. Kannibalisierungseffekte zwischen der zweiten und dritten Säule sollten vermieden werden.

Der Bundesrat hat dem vom Deutschen Bundestag am 27.3.2026 verabschiedeten Altersvorsorgereformgesetz am 8.5.2026 zugestimmt (BR-Drucks. 206/26 v. 8.5.2026). Im weiteren Verlauf des Jahres wird spannend sein zu sehen, welche Vorschläge die Alterssicherungskommission zur zukunftssicheren Ausgestaltung der GRV vorlegt. Mit den Ergebnissen wird Mitte des Jahres gerechnet.

HINWEIS:

Der Beitrag ist eine erweiterte und aktualisierte Fassung eines Aufsatzes derselben Autoren in der BetrAV (Nr. 2/2026 S. 91 ff.) sowie auf Pension Industries (26.10. 2026, auszugsweise auch 10.4.2026). Bearbeitungsstand des Beitrags ist der 27.3.2026.

B. Einkommensteuer

I. Verwaltungsanweisungen

1. Steuerliche Anerkennung von Aufwendungen für die Bewirtung von Personen aus geschäftlichem Anlass in einem Bewirtungsbetrieb als Betriebsausgaben

BMF, Schreiben v. 19.11.2025 - IV C 6 - S 2145/00026/005/033, BStBl 2025 I S. 1938

(Julian Stettner)

a) Hintergrund

Mit Schreiben v. 19.11.2025 ergänzt das BMF die Vorschriften aus dem Schreiben v. 30.6.2021 (BStBl 2025 I S. 908), insbesondere um die obligatorische elektronische Rechnung (E-Rechnung) bei Umsätzen zwischen inländischen Unternehmern ab dem 1.1.2025.

b) Gesetzliche Anforderungen zur ertragsteuerlichen Anerkennung von Bewirtungsaufwendungen

Die ertragsteuerliche Anerkennung von Bewirtungsaufwendungen in angemessener Höhe setzt nach § 4 Abs. 5 Satz 1 Nr. 2 Satz 2 EStG voraus, dass der Steuerpflichtige einen zeitnah erstellten, schriftlichen und unterzeichneten Eigenbeleg als Nachweis über Ort, Tag, Teilnehmer und Anlass der Bewirtung sowie die Höhe der Aufwendungen erbringt.

Erfolgte die Bewirtung in einer Gaststätte, beschränken sich die Angaben auf den Anlass und die Teilnehmenden. Ergänzend ist die Bewirtung dann durch eine ordnungsmäßige Rechnung nachzuweisen, die die Vorschriften des § 14 UStG erfüllt. Wird der Gesamtbetrag von 250 € nicht überschritten, muss der Beleg die Anforderungen an Kleinbetragsrechnungen gem. § 33 UStDV erfüllen.

c) Anforderungen an den Bewirtungsbeleg

Erfolgte die Ausstellung eines Bewirtungsbelegs mittels eines elektronischen Aufzeichnungssystems (eAS) i. S. d. § 146a Abs. 1 AO i. V. m. § 1 Abs. 1 Satz 1 KassenSichV, berechtigt ausschließlich der Nachweis über die Absicherung durch eine technische Sicherheitseinrichtung (TSE) auf dem Beleg zum Betriebsausgabenabzug. Wird der Gesamtbetrag von 250 € überschritten, ist es zulässig, eine sonstige Rechnung in Form eines Kassenbelegs gem. § 6 KassenSichV zu erstellen, der über eine ordnungsmäßige E-Rechnung nachträglich zu berichtigen ist.

Der Steuerpflichtige kann sich auf die Ordnungsmäßigkeit des Belegs berufen, soweit dieser die Transaktionsnummer, die Seriennummer des eAS oder die Seriennummer des Sicherheitsmoduls enthält. Eine Prüfung der vollständigen Pflichtangaben i. S. d. § 6 KassenSichV ist dementsprechend nicht erforderlich. Für den Fall, dass die Erreichbarkeit der TSE bei Belegerstellung nicht zu gewährleisten war, berechtigt eine entsprechende Kennzeichnung auf dem Beleg ebenso zum Betriebsausgabenabzug aus geschäftlichem Anlass.

Die Ausstellung einer Rechnung zu einem späteren Zeitpunkt berechtigt zum Betriebsausgabenabzug, soweit die Bezahlung unbar erfolgt ist und ein Nachweis über die Zahlungsart geführt wird.

d) Anforderungen an digitale Belege

Wird eine Rechnung über die Bewirtung aus geschäftlichem Anlass elektronisch empfangen oder vom Steuerpflichtigen digitalisiert, setzt der Betriebsausgabenabzug voraus, dass der Eigenbeleg digital erstellt oder digitalisiert und mit der Bewirtungsrechnung oder dem Kassenbeleg elektronisch verknüpft wird. Der Eigenbeleg ist vom Steuerpflichtigen über eine digitale Unterschrift oder eine elektronische Genehmigung der entsprechenden Angaben zu autorisieren. Die Anforderungen der Unveränderbarkeit sind bei dem Verfahren zu beachten.

Der Steuerpflichtige hat einen Nachweis über die zeitnahe Erstellung des Eigenbelegs, der die gesetzlichen Anforderungen erfüllt, zu führen. Der Zeitpunkt der Erstellung oder Ergänzung fehlender Angaben sowie der Zeitpunkt der digitalen Signatur oder Genehmigung sind elektronisch aufzuzeichnen. Das Verfahren ist im Rahmen einer Verfahrensdokumentation nach GoBD zu beschreiben.

e) Bewirtung im Ausland

Das BMF stellte weiterhin klar, dass die Vorschriften zur Nachweiserbringung über Bewirtungsaufwendungen auch für den Betriebsausgabenabzug auf Bewirtungen im Ausland gelten. Für den Fall, dass eine detaillierte, maschinell erstellte und elektronisch aufgezeichnete Rechnung nicht zu erhalten war, hat der Steuerpflichtige nachzuweisen, dass der Bewirtungsbetrieb nach dem Gesetz des ausländischen Staates nicht zur Ausstellung eines maschinellen Belegs verpflichtet war.

f) Fazit

Die Ergänzung des BMF-Schreibens v. 30.6.2021 (BStBl 2021 I S. 908) durch das Schreiben v. 19.11.2025 ist zu begrüßen, da das BMF zu Zweifelsfragen zu rechtlichen Vorschriften im Zusammenhang mit der Einführung der obligatorischen E-Rechnungsstellung Stellung nimmt. Insbesondere hervorzuheben ist die Nennung der Voraussetzungen zur digitalen Aufbewahrung des empfangenen Belegs sowie des Eigenbelegs und der Stellenwert der Verfahrensdokumentation nach GoBD.

Weiterhin zweifelhaft sind die Anforderungen an einen Kassenbeleg zur Begründung des Betriebsausgabenabzugs, die vom leistenden Unternehmer zu erfüllen sind. Dem Leistungsempfänger ist es in der Regel nicht möglich, die Ordnungsmäßigkeit vor der Bewirtung zu prüfen. Zudem ist eine regelmäßige Prüfung durch den Leistungsempfänger nur eingeschränkt zu erfüllen, da diese Angaben, wie vom BMF angemerkt, als QR-Code abgebildet werden können. Zum

Auslesen der im QR-Code enthaltenen Daten ist eine entsprechende Software erforderlich. Es kann nicht davon ausgegangen werden, dass Steuerpflichtige hierüber informiert sind.

2. Basiszins zur Berechnung der Vorabpauschale gemäß § 18 Abs. 4 InvStG

BMF, Schreiben v. 13.1.2026 - IV C 1 - S 1980/00230/012/001, BStBl 2026 I S. 155

(*Uwe Demmler*)

a) Hintergrund

Aus Investmentfonds (sog. „Kapitel-2-Fonds") i. S. d. §§ 6 ff. InvStG können drei verschiedene Arten von Investmenterträgen erzielt werden, die zu den Einkünften aus Kapitalvermögen gehören: Ausschüttungen, Vorabpauschalen und Gewinne aus der Veräußerung von Investmentanteilen (§ 20 Abs. 1 Nr. 3 EStG i. V. m. § 16 Abs. 1 InvStG). Die Vorabpauschalen dienen dabei der pauschalen Erfassung und Besteuerung der im Investmentfonds thesaurierten Einkünfte (BT-Drucks. 18/8045 S. 88). Eine der Ausgangsgrößen für die Ermittlung der Vorabpauschale ist der sog. Basiszins, der jährlich gem. § 18 Abs. 4 Satz 3 InvStG vom BMF zu veröffentlichen ist.

b) Veröffentlichung der Basiszinssätze für die Ermittlung der Vorabpauschale

Mit dem Schreiben v. 13.1.2026 gibt das BMF den Basiszins zum 2.1.2026, d. h. den ersten Börsentag des Jahres, bekannt. Es handelt sich dabei um den Zins, den die Deutsche Bundesbank auf diesen Tag anhand der Zinsstrukturdaten für Bundeswertpapiere mit jährlicher Kuponzahlung und einer Restlaufzeit von 15 Jahren errechnet hat. Der Basiszins zur Ermittlung der Vorabpauschale ist für das Jahr 2026 auf 3,20 % gestiegen. Im Zeitverlauf wies der Basiszins in den Jahren seit Einführung des speziellen Steuerregimes für Investmentfonds folgende Werte auf:

TAB. 3:	Basiszinssätze zur Bemessung der Vorabpauschale								
Jahr	2018	2019	2020	2021	2022	2023	2024	2025	2026
Basiszins	0,87 %	0,52 %	0,07 %	(-0,45 %)	(-0,05 %)	2,55 %	2,29 %	2,53 %	3,20 %

In den Jahren mit negativem Basiszins (2021 und 2022) wurde keine Vorabpauschale erhoben.

c) Berechnung der Vorabpauschale

Auf Grundlage des veröffentlichten Basiszinses sowie des Rücknahmepreises der Fondsanteile zum Kalenderjahresbeginn (RNP_0) lässt sich im ersten Schritt der sog. Basisertrag gem. § 16 Abs. 1 Nr. 2 i. V. m. § 18 Abs. 1 InvStG errechnen:

$$\text{Basisertrag} = 70\ \% \times \text{Basiszins} \times RNP_0$$

Die nur 70 %ige Berücksichtigung des Basiszinses erfolgt zur pauschalen Abgeltung der durchschnittlichen Verwaltungskosten auf Fondsebene (BT-Drucks. 18/8045 S. 89). Der Basisertrag ist gedeckelt auf die Veränderung des Fondsanteilswerts im Kalenderjahresverlauf zzgl. der ggf. vorgenommenen Ausschüttungen, d. h. auf:

$$\text{Basisertrag}_{max} = RNP_1 - RNP_0 + \text{Ausschüttungen}$$

Die Vorabpauschale ergibt sich dann aus dem anzusetzenden Basisertrag abzgl. der während des Kalenderjahres vorgenommenen Ausschüttungen; sie beträgt mindestens 0,00 €:

Vorabpauschale = max (Basisertrag – Ausschüttung; 0,00 €)

Ersichtlich ist, dass sich die Vorabpauschale durch eine ausreichend hohe Ausschüttung auf null absenken lässt. Insgesamt stellt sich ein Vereinfachungseffekt für die Fondsanleger dadurch ein, dass bei ihnen zur Ermittlung der Vorabpauschale kein Wissen über die tatsächlichen Einkünfte auf Ebene des Investmentfonds erforderlich ist.

Die errechnete Vorabpauschale gilt den Anlegern gem. § 18 Abs. 3 InvStG am ersten Werktag des folgenden Kalenderjahres, d. h. am 4.1.2027, als zugeflossen. Hintergrund des fingierten Zuflusses unmittelbar zum Beginn des Folgejahres ist, dass die Vorabpauschale als „dry income" aufgrund des bei den Privatanlegern regelmäßig zu diesem Zeitpunkt noch nicht beanspruchten Sparer-Pauschbetrags keinen Liquiditätsabfluss für die Kapitalertragsteuer zzgl. SolZ auslöst (BMF, Schreiben v. 21.5.2019, NWB YAAAH-16454, Ziff. 18.3).

II. Rechtsprechung

1. Keine (Pflicht-)Veranlagung bei Stellung eines Antrags auf Günstigerprüfung nach § 32d Abs. 6 EStG erst nach Ablauf der Festsetzungsfrist

BFH, Urteil v. 14.5.2025 - VI R 17/23, NWB NAAAK-00920

(*Johannes Böttinger*)

a) Zusammenfassung der Entscheidung

Die Kläger und Revisionskläger reichten für die verstorbene Erblasserin in ihrer Eigenschaft als Gesamtrechtsnachfolger am 30.12.2020 die Einkommensteuererklärungen für die Streitjahre 2014 und 2015 ein. Sie erklärten in beiden Jahren Einkünfte aus nichtselbständiger Arbeit, die dem Lohnsteuerabzug unterlagen, sowie Kapitalerträge, die dem inländischen Steuerabzug unterlagen. Im Streitjahr 2015 kamen zusätzlich ausländische Kapitalerträge i. H. v. 2.683 € hinzu, die keinem inländischen Steuerabzug unterlegen hatten. Für beide Streitjahre beantragten die Gesamtrechtsnachfolger die Durchführung der Günstigerprüfung gem. § 32d Abs. 6 EStG. Das FA lehnte die begehrte Veranlagung jedoch unter Hinweis auf den Ablauf der Festsetzungsfrist ab und vertrat die Auffassung, dass auch keine Pflicht zu Veranlagung bestanden habe. Der Einspruch sowie die Klage vor dem FG blieben erfolglos. Im Revisionsverfahren wenden sich die Kläger nun an den BFH und begehren, das FA zu verpflichten, die Erblasserin für die Streitjahre unter Vornahme der Günstigerprüfung zu veranlagen.

b) Entscheidungsgründe

Gemäß § 169 Abs. 1 Satz 1 AO ist eine Steuerfestsetzung sowie ihre Aufhebung oder Änderung nicht mehr zulässig, wenn die Festsetzungsfrist abgelaufen ist. Die Festsetzungsfrist beträgt für die Einkommensteuer gem. § 169 Abs. 2 Nr. 2 EStG grundsätzlich vier Jahre. Sie beginnt gem. § 170 Abs. 1 AO regelmäßig mit Ablauf des Kalenderjahres, in dem die Steuer entstanden ist, es sei denn, eine Steuererklärung ist einzureichen. In diesem Fall beginnt die Festsetzungsfrist nach § 170 Abs. 2 Satz 1 Nr. 1 AO mit Ablauf des Kalenderjahres, in dem die Einkommensteuererklärung eingereicht wird, spätestens jedoch mit Ablauf des dritten dem Kalenderjahr der Steuerentstehung folgenden Kalenderjahres.

Ob eine Einkommensteuererklärung einzureichen gewesen wäre, ergebe sich nach dem BFH aufgrund der Konstellation der Einkünfte nach § 25 Abs. 3 Satz 1 EStG i. V. m. § 56 Satz 1 Nr. 2 Buchst. b EStDV allein aus § 46 Abs. 2 Nr. 1 EStG. Danach bestehe eine Erklärungspflicht nur, wenn die Summe der einkommensteuerpflichtigen Einkünfte, die nicht dem Lohnsteuerabzug unterlegen haben, mehr als 410 € beträgt. Kapitalerträge, die dem inländischen Steuerabzug unterlagen und deren Einkommensteuer gem. § 43 Abs. 5 Satz 1 EStG abgegolten ist, sind bei der Ermittlung der Summe der Einkünfte, die nicht dem Lohnsteuerabzug unterworfenen wurden, gem. § 2 Abs. 5b EStG nicht einzubeziehen.

Die Beantragung der Günstigerprüfung nach § 32d Abs. 6 EStG begründet für sich genommen keine rückwirkende Pflicht zur Abgabe einer Einkommensteuererklärung, auch wenn die Durchführung der Günstigerprüfung die Abgabe einer Steuererklärung voraussetzt. Damit bleibt es beim regulären Beginn der Festsetzungsfrist nach § 170 Abs. 1 AO. Zwar könne ein rückwirkendes Ereignis gem. § 175 Abs. 1 Satz 2 AO den Beginn der Festsetzungsfrist hemmen. Ein solches rückwirkendes Ereignis wäre im Streitfall jedoch nur dann annehmbar gewesen, wenn die Voraussetzungen für eine Antragstellung erstmals nach Eintritt der Bestandskraft der Steuerfestsetzung vorgelegen hätten. Dies war im Streitfall jedoch nicht der Fall. Daher blieb das Klagebegehren hinsichtlich des Streitjahres 2014 ohne Erfolg.

Für das Streitjahr 2015 lagen hingegen die Voraussetzungen für einen erfolgreichen Antrag auf Günstigerprüfung vor. Der BFH führt hierzu aus, dass die ausländischen Kapitalerträge, die keinem inländischen Steuerabzug unterlagen, nicht durch § 2 Abs. 5b EStG am Eingang in die Summe der Einkünfte i. S. d. § 46 Abs. 2 Nr. 1 EStG gehindert werden. § 2 Abs. 5b EStG betrifft lediglich Kapitaleinkünfte, auf die ein Steuerabzug nach § 32d Abs. 1 und § 43 Abs. 5 EStG vorgenommen wurde. Damit war im Streitjahr 2015 – aufgrund der ausländischen Kapitalerträge i. H. v. 2.683 €, die nicht dem inländischen Steuerabzug unterworfen worden waren – der Beginn der Festsetzungsfrist gem. § 170 Abs. 2 Satz 1 Nr. 1 AO gehemmt worden und begann erst mit Ablauf des Jahres 2018.

c) Folgerungen und Fazit

Der BFH bestätigte mit seinem Urteil die Auffassung des FG Nürnberg v. 20.7.2023 (8 K 1062/22, NWB LAAAJ-46467). Der Beginn der Festsetzungsfrist kann im Rahmen der Günstigerprüfung durch ein rückwirkendes Ereignis beeinflusst werden, wenn die tatbestandlichen Voraussetzungen des § 32d Abs. 6 EStG erstmals nach Eintritt der Bestandskraft der Steuerfestsetzung vorliegen. Der BFH betonte, dass durch die Einfügung des § 32d Abs. 3 Satz 3 EStG durch das JStG 2019 (BGBl 2019 I S. 2451) nunmehr – mit Wirkung ab Verkündung des Gesetzes (vgl. KKB/Egner/Gries, § 32d EStG Rz. 24, 11. Aufl. 2026, NWB IAAAK-04516) – in mit dem Streitfall vergleichbaren Konstellationen auch ohne Überschreiten der 410 €-Grenze des § 46 Abs. 2 Nr. 1 EStG eine Pflicht zur Abgabe einer Steuererklärung besteht, sofern Kapitalerträge erzielt wurden, die nicht der Kapitalertragsteuer unterlegen haben. Damit wird in diesen Fällen bei unterlassener Abgabe einer Steuererklärung der Beginn der Festsetzungsfrist gem. § 170 Abs. 2 Satz 1 Nr. 1 AO regelmäßig für drei Kalenderjahre gehemmt.

2. Voraussetzungen von § 20 Abs. 4a Satz 3 EStG

BFH, Urteil v. 3.6.2025 - VIII R 9/22, NWB RAAAK-00923
(im Wesentlichen inhaltsgleich mit BFH, Urteil v. 3.6.2025 - VIII R 35/23, NWB WAAAK-00917 sowie mit BFH, Urteil v. 3.6.2025 - VIII R 18/23, NWB SAAAK-00914)

(*Uwe Demmler*)

a) Vorbemerkungen

Die Regelung in § 20 Abs. 4a Satz 3 EStG betrifft sonstige Kapitalforderungen mit eingebetteten Optionsrechten (z. B. Strukturierte Anleihen und Zertifikate; nachfolgend: Strukturierte Anleihe), die der Gläubiger im Privatvermögen hält (Umkehrschluss zu § 20 Abs. 8 Satz 2 EStG). Es kann sich hierbei einerseits um Rechte handeln, die dem Gläubiger im Fälligkeitszeitpunkt die Wahl lassen, anstatt der Rückzahlung eines Geldbetrags die Lieferung von Wertpapieren vom Emittenten zu verlangen (z. B. Wandelanleihe). Andererseits kann es sich um Rechte handeln, die dem Emittenten im Fälligkeitszeitpunkt die Möglichkeit geben, dem Gläubiger anstatt eines Geldbetrags bestimmte Wertpapiere anzudienen (z. B. Aktienanleihe). Für den Fall, dass der Gläubiger oder der Emittent sein Recht ausübt und Wertpapiere „zurückgezahlt" werden, gilt das ursprüngliche Entgelt für den Erwerb der Strukturierten Anleihe sowohl als deren Veräußerungspreis als auch als Anschaffungskosten der gelieferten Wertpapiere. Im Ergebnis wird durch den Austausch der Strukturierten Anleihen gegen die gelieferten Wertpapiere kein Erfolg realisiert. Die Erfolgsrealisation erfolgt vielmehr erst in dem (späteren) Zeitpunkt, in dem die gelieferten Wertpapiere veräußert werden oder ein Ersatzrealisationstatbestand greift.

Für den hier vorgestellten Fall bedeutsam ist auch der zweite Halbsatz in § 20 Abs. 4a Satz 3 EStG. Über einen Verweis regelt dieser, dass Zahlungen, die ergänzend zur Lieferung der Wertpapiere im Fälligkeitszeitpunkt der Strukturierten Anleihe an den Gläubiger gezahlt werden (insb. als Spitzenausgleich), im Zuflusszeitpunkt als steuerpflichtige Einkünfte aus Kapitalvermögen erfasst und regelmäßig mit dem gesonderten Tarif gem. § 32d Abs. 1 EStG („Abgeltungssteuertarif") besteuert werden.

Die Vorbemerkungen abschließen soll der Hinweis, dass § 20 Abs. 4a Satz 3 EStG durch das JStG 2020 (Gesetz v. 21.12.2020, BGBl 2020 I S. 3096) eingeschränkt wurde. Um in den Genuss eines steuerneutralen Tauschs zu kommen, muss es sich bei den gelieferten Wertpapieren seit dem VZ 2021 um solche i. S. d. § 20 Abs. 1 Nr. 1 EStG, d. h. um Dividendenpapiere wie Aktien, handeln. Im Jahr 2015, dem nachfolgend relevanten Streitjahr, galt diese Ergänzung jedoch noch nicht. In dem Jahr mussten für die Steuerneutralität des Tauschvorgangs lediglich „Wertpapiere" geliefert werden.

b) Zusammenfassung der Entscheidung

Der VIII. Senat des BFH hatte zu entscheiden, ob § 20 Abs. 4a Satz 3 EStG auch Anwendung findet, wenn nach den Anleihebedingungen weder der Emittent noch der Inhaber das Recht haben, anstelle der Rückzahlung der Anleihe in Geld einseitig Wertpapiere anzudienen oder die Lieferung von Wertpapieren zu verlangen. Stattdessen war die Wertpapierlieferung im Streitfall abhängig vom Stand eines bestimmten Referenzwerts zu einem vordefinierten Zeitpunkt. Der BFH urteilt, dass diese Ausgestaltung den Voraussetzungen des § 20 Abs. 4a Satz 3 EStG nicht genügt, ein steuerneutraler Tausch mithin also nicht stattfinden kann.

Der Kläger und Revisionsbeklagte hatte am 8.12.2015 Teilschuldverschreibungen einer Indexanleihe (nachfolgend „Indexanleihe") zum Preis von 30,01 Mio. € erworben. Neben einer Verzinsung von 15,74 % p. a. sahen die Anleihebedingungen vor, dass die Tilgung am Rückzahlungstermin entweder (a) allein in Geld oder (b) in TechDAX-Zertifikaten zzgl. einer Geldzahlung erfolgte. Ob die Rückzahlungsvariante (a) oder (b) einschlägig war, richtete sich nach dem Schlusskurs des TechDAX am 18.12.2015. Da der an diesem Tag festgestellte Kurs (Referenzwert) im Bereich von 85 % bis unter 100 % des Basispreises (= Indexstand des TechDAX von 12.912 Punkten) lag, wurde Rückzahlungsvariante (b) ausgelöst. Der Kläger erhielt somit am Tag der Fälligkeit der Indexanleihe (28.12.2015) neben einer Zinszahlung von 0,25 Mio. € eine Tilgung in Form von TechDAX-Zertifikaten (Wert: 4,20 Mio. €) und eine Geldzahlung von 24,63 Mio. €. Aufgrund von § 20 Abs. 4a Satz 3 EStG 2015 galt – so die Auffassung des Klägers – die Indexanleihe zu 30,01 Mio. € (ursprüngliches Entgelt) als veräußert und die TechDAX-Zertifikate zu diesem Wert als angeschafft. Die erhaltenen TechDAX-Zertifikate verkaufte der Kläger am 29.12.2015 für 4,23 Mio. € an eine GmbH, bei der er Alleingesellschafter war. Aus der Veräußerung resultierte ein Veräußerungsverlust von 25,78 Mio. €. Die zeitliche Struktur des Sachverhalts ist in der nachfolgenden Abbildung nochmals dargestellt.

ABB. 4: Zeitliche Struktur des Sachverhalts

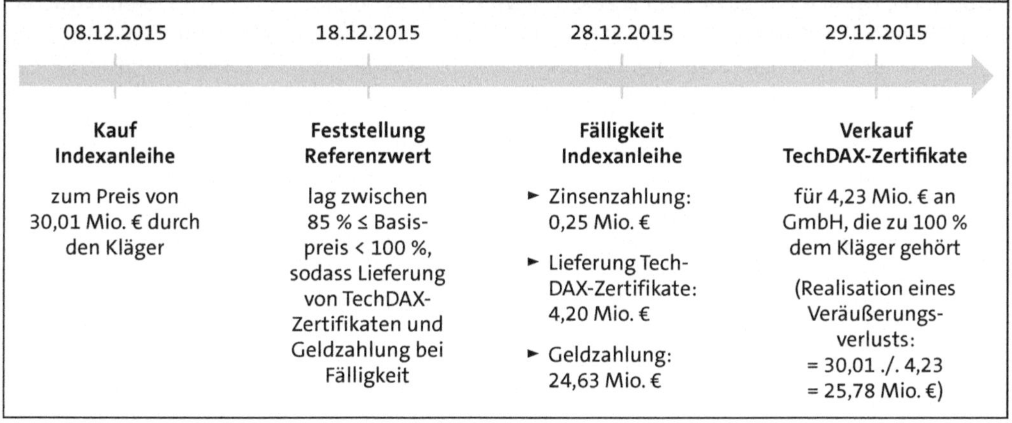

Insgesamt hat der Kläger einen Gesamtverlust i. H. v. 0,9 Mio. € erzielt. Dieser setzt sich zusammen aus den Zinsen (+0,25 Mio. €), der Geldzahlung (+24,63 Mio. €) und dem Verlust aus der Veräußerung der TechDAX-Zertifikate an die GmbH (-25,78 Mio. €). Grundsätzlich unterliegen Einkünfte aus Kapitalvermögen im Privatvermögen dem gesonderten Tarif des § 32d Abs. 1 EStG. Im Falle eines Verlustes in den Einkünften aus Kapitalvermögen dürfen diese laut § 20

Abs. 6 Satz 1 EStG generell nicht mit positiven Einkünften aus anderen Einkunftsarten ausgeglichen werden. Da die TechDAX-Zertifikate jedoch an die zu 100 % im Eigentum des Klägers stehende GmbH verkauft wurden, griff die Missbrauchsbekämpfungsnorm in § 32d Abs. 2 Nr. 1 Satz 1 Buchst. b Satz 1 EStG ein. Diese suspendiert die Anwendung des gesonderten Tarifs des § 32d Abs. 1 EStG für Einkünfte aus den betroffenen Fällen.

Im Ergebnis wurden die positiven Bestandteile des Gesamtverlusts, d. h. die Zinsen (+0,25 Mio. €) und die Geldzahlung (+24,63 Mio. €), dem „Abgeltungssteuertarif" unterworfen. Der negative Bestandteil des Gesamtverlusts, d. h. der Verlust aus der Veräußerung der TechDAX-Zertifikate an die eigene GmbH (-25,78 Mio. €), konnte wegen der greifenden Missbrauchsbekämpfungsnorm mit Einkünften aus anderen Einkunftsarten verrechnet werden, die andernfalls dem progressiven Regel-Einkommensteuertarif unterworfen worden wären.

Nach einer Außenprüfung vertrat das zuständige Finanzamt die Auffassung, es liege ein Gestaltungsmissbrauch vor und § 32d Abs. 2 Nr. 1 Satz 1 Buchst. b Satz 1 EStG sei deshalb nicht anwendbar. Der Gesamtverlust von 0,9 Mio. € sei mit dem „Abgeltungssteuertarif" zu besteuern, wobei im Verlustfall die Verlustverrechnungsbeschränkung des § 20 Abs. 6 Satz 1 EStG greife. Der unter dem Vorbehalt der Nachprüfung stehende Einkommensteuerbescheid wurde auf Grundlage von § 164 Abs. 2 Satz 1 AO entsprechend geändert. Der eingelegte Einspruch blieb erfolglos. Im Klageverfahren gab das FG Nürnberg (Urteil v. 30.3.2022 - 3 K 1470/19, NWB XAAAJ-21751) jedoch dem Steuerpflichtigen Recht. Hiergegen richtet sich die Revision des Finanzamts.

c) Entscheidungsgründe

Einkünfteerzielungsabsicht lag vor. Zum einen wird diese gemäß der Rechtsprechung des BFH bei Einkünften aus Kapitalvermögen nach Einführung der Abgeltungsteuer widerlegbar vermutet (BFH, Urteil v. 8.5.2024 - VIII R 28/20, NWB EAAAJ-74517, Rz. 29). Zum anderen hatte das FG mit bindender Wirkung für den BFH (§ 118 Abs. 2 FGO) festgestellt, dass es sich bei den Indexanleihen um übliche Kapitalanlagen gehandelt habe, bei denen ein wirtschaftlicher Gewinn für den Anleger möglich war.

Der BFH wendet sich dann einer ausführlichen Prüfung der Anwendbarkeit von § 20 Abs. 4a Satz 3 EStG im vorliegenden Fall zu. Nach den vereinbarten Anleihebedingungen und der am 18.12.2015 durchgeführten Bewertung stand für beide Seiten fest, dass die Tilgung der Anleihe in Form von TechDAX-Zertifikaten und einem Geldbetrag bestand. Zu diesem Zeitpunkt hatten beide Parteien keine Entscheidungsgewalt zur Auslösung oder Nichtauslösung der Wertpapierlieferung. Überdies hatte keine Partei die Möglichkeit, die vorgesehenen Erfüllungsmodalitäten einseitig zu ändern.

Der BFH untersucht daher im weiteren Verlauf, ob § 20 Abs. 4a Satz 3 EStG überhaupt ein einseitiges Recht voraussetzt und, falls ja, ob dieses Recht durch den Emittenten auch antizipativ durch einseitige Ausgestaltung der Anleihebedingungen ausgeübt werden kann. Der VIII. Senat gelangt auf Basis einer am Wortlaut orientierten Auslegung der Norm zum Ergebnis, dass die Kapitalforderung selbst mit einem Gestaltungs- oder Andienungsrecht ausgestattet sein muss. Ein solches einseitiges Recht muss also in den Anleihebedingungen vorgesehen sein. Das heißt, eine Vertragspartei muss in einem bestehenden Rechtsverhältnis (Forderung muss bereits existieren) berechtigt, aber nicht verpflichtet sein, der anderen Vertragspartei Wertpapiere zum Erwerb anzubieten. Die andere Vertragspartei darf dieses Angebot nicht ablehnen können.

Wenn bei der Ausgestaltung eines erst noch zu unterschreibenden zweiseitigen Vertrags vorgesehen wird, dass eine Partei abhängig vom Stand eines Referenzwerts zu einem bestimmten Zeitpunkt verpflichtet ist, der anderen Partei Wertpapiere zu liefern, kann nicht von einem (einseitigen) Andienungsrecht gesprochen werden. Darüber hinaus existiert in dieser vorvertraglichen Phase noch keine Rückzahlungspflicht in Geld, die der Emittent durch Ausübung eines Rechts in eine Andienung von Wertpapieren umwandeln kann. Wäre der Emittent in der Lage, die Anlagebedingungen in dieser Phase in seinem Interesse einseitig zu bestimmen, dann würde er von einer faktischen Machtposition Gebrauch machen, aber kein „Andienungsrecht" (antizipativ) ausüben. Ein vorvertragliches Andienungsrecht kann es nach Überzeugung des VIII. Senats somit nicht geben.

d) Folgerungen und Fazit

Vor dem Hintergrund der aufgezeigten Entscheidungsgründe des BFH hält die Einschätzung des FG Nürnberg, § 20 Abs. 4a Satz 3 EStG sei im vorliegenden Fall anwendbar, einer revisionsrechtlichen Überprüfung nicht stand. Die Vorentscheidung wird aufgehoben und der VIII. Senat entscheidet in der Sache selbst.

Das Finanzamt hatte das Gesamteinkommen aus der zu beurteilenden Konstruktion (-0,9 Mio. €) dem gesonderten Tarif gem. § 32d Abs. 1 EStG unterworfen. Das heißt, es ging davon aus, dass zwar § 20 Abs. 4a Satz 3 EStG im Fälligkeitszeitpunkt der Indexanleihe anzuwenden sei, dass andererseits § 32d Abs. 2 Nr. 1 Satz 1 Buchst. b Satz 1 EStG (Nichtanwendung des gesonderten Tarifs) bei Weiterveräußerung der TechDAX-Zertifikate an die eigene GmbH aber nicht greife.

Der BFH erklärt indes § 20 Abs. 4a Satz 3 EStG im vorliegenden Fall für nicht anwendbar (vgl. Entscheidungsgründe), § 32d Abs. 2 Nr. 1 Satz 1 Buchst. b Satz 1 EStG andererseits aber für einschlägig (Kläger war zu ≥ 10 % an der GmbH beteiligt). Bei rechtskonformer Anwendung der Regelungen ergäbe sich lt. BFH hieraus ein dem gesonderten Tarif unterliegender Verlust von 0,93 Mio. €, der sich aus dem Einlösungserfolg der Indexanleihe von -1,18 Mio. € (= 4,20 Mio. € + 24,63 Mio. € - 30,01 Mio. €) und den gezahlten Zinsen (+0,25 Mio. €) zusammensetzt. Dem progressiven Einkommensteuertarif wäre im Zuge der Veräußerung der TechDAX-Zertifikate an die GmbH ein Gewinn von 0,03 Mio. € (= 4,23 Mio. € - 4,20 Mio. €) zu unterwerfen. Der angefochtene Einkommensteuerbescheid ist somit zugunsten des Steuerpflichtigen teilweise rechtswidrig. Da der BFH aber an das Klagebegehren gebunden ist und das Verböserungsverbot gem. § 96 Abs. 1 Satz 2 FGO beachten muss, kann er den Einkommensteuerbescheid nicht zum Nachteil des Steuerpflichtigen ändern.

e) Praxishinweise

Dem BFH-Urteil v. 3.6.2025 liegt eine sehr interessante Fallkonstruktion zugrunde. Diese zeigt einmal mehr, dass in einem nicht entscheidungsneutral ausgestalteten Besteuerungssystem (hier: Nebeneinander von proportionalem „Abgeltungssteuertarif" und progressivem Regeltarif) selbst Regelungen, die spezifisch zur Unterbindung von Gestaltungen eingeführt wurden (hier:

die Suspendierung des gesonderten Tarifs in bestimmten Fällen), für gestalterische Zwecke genutzt werden können. Ob die Konstruktion im vorliegenden Fall bewusst mit dem Ziel der Generierung eines steuerlichen Vorteils initiiert wurde, kann dahingestellt bleiben. Wichtig ist allein, dass die beabsichtigte Wirkung nur daran scheiterte, dass die Anleihebedingungen kein explizites Andienungsrecht vorsahen und daher § 20 Abs. 4a Satz 3 EStG nicht anwendbar war. Wäre die Andienung der TechDAX-Zertifikate nicht bereits – abhängig vom Referenzwert – in den Bedingungen der Indexanleihe fest vorgesehen gewesen, sondern hätte der Emittent die Andienung einseitig auslösen müssen, dann wäre die Aufspaltung eines moderaten Gesamtverlustes in ein hohes, dem günstigen „Abgeltungssteuertarif" unterliegendes positives Einkommen und in ein hohes, im progressiven Regeltarif entlastetes negatives Einkommen geglückt. Ein Arbitragegewinn i. H. der mit dem verlagerten Verlust multiplizierten Differenz aus persönlichem Einkommensteuersatz und Abgeltungssteuersatz wäre das Ergebnis gewesen. Unter Beachtung der Änderung in § 20 Abs. 4a Satz 3 EStG durch das JStG 2020, wonach die anzudienenden Wertpapiere solche gem. § 20 Abs. 1 Nr. 1 EStG sein müssen, besteht die Gestaltungsmöglichkeit somit weiterhin.

3. Zur Besteuerung der Einlösung eines Gold-Warrants als sonstige Kapitalforderung

BFH, Urteil v. 3.6.2025 - VIII R 5/24, NWB HAAAK-00922
(im Wesentlichen inhaltsgleich mit BFH, Urteil v. 3.6.2025 - VIII R 23/24, NWB CAAAK-00915 sowie mit BFH, Urteil v. 3.6.2025 - VIII R 33/23, NWB MAAAK-00916)

(*Uwe Demmler*)

a) Zusammenfassung der Entscheidung

Mit seinem Urteil v. 3.6.2025 entscheidet der VIII. Senat des BFH, ob es gegen das Vorliegen einer sonstigen Kapitalforderung spricht, wenn der Inhaber das Recht hat, die Erfüllung in anderer Weise als in Geld zu verlangen und ob in der Ausübung dieses Erfüllungswahlrechts bereits ein steuerbarer Vorgang liegt. Der BFH gelangt zum Ergebnis, dass es sich bei einer solchen Forderung um eine sonstige Kapitalforderung handeln kann und dass die Ausübung des Erfüllungswahlrechts kein steuerbarer Vorgang ist. Wird eine verbriefte Kapitalforderung vereinbarungsgemäß in anderer Weise als durch die Zahlung von Geld erfüllt, dann handelt es sich hierbei begrifflich um eine Einlösung.

Dem BFH-Urteil liegt eine Sachverhaltsgestaltung zugrunde, die darauf abzielte, weitgehend korrespondierende Gewinne und Verluste so entstehen zu lassen, dass die Gewinne – letztlich aus der Veräußerung von Gold – außerhalb der einjährigen Veräußerungsfrist gem. § 23 Abs. 1 Satz 1 Nr. 2 EStG mangels Steuerbarkeit steuerlich unbelastet blieben und die Verluste mit anderen Einkünften aus Kapitalvermögen verrechnet werden konnten.

Der Kläger und Revisionskläger erwarb im Privatvermögen am 11.11.2015 von der X-Bank 28 BULL-Zertifikate und 28 BEAR-Zertifikate für jeweils insgesamt 28.030.000 €. Art und Höhe der Tilgung der Zertifikate richtete sich nach der Höhe des Gold-Preises während des Beobachtungszeitraums (23.11. bis 27.11.2015). Konkret waren bei beiden Zertifikatsarten drei vom

Goldpreis abhängige, aufeinander abgestimmte Rückzahlungsszenarien vorgesehen. Diese führten entweder zu einer Rückzahlung in bar oder – in einem der drei Szenarien optional – zur Lieferung eines Warrants je Zertifikat. Die Warrants wiederum berechtigten den Inhaber, von der X-Bank ein „cash settlement" (Default-Variante) oder ein „physical settlement" durch Gutschrift von Gold auf einem Metallkonto zu verlangen.

Die Entwicklung des Goldpreises führte dazu, dass die BULL-Zertifikate am 2.12.2015 durch Zahlung eines Geldbetrags von 826.000 € getilgt wurden. Der aus diesen Zertifikaten resultierende Verlust von 27.204.000 € (= 826.000 € - 28.030.000 €) wurde in den VZ 2016 und VZ 2017 innerhalb der Einkünfte aus Kapitalvermögen mit Dividendenerträgen verrechnet. Er wurde somit faktisch in Höhe des gesonderten Tarifs gem. § 32d Abs. 1 EStG entlastet.

Der eigentliche Streit entzündete sich an einer Kette von Ereignissen, die mit den BEAR-Zertifikaten in Verbindung standen. So verlangte der Kläger bei deren Fälligkeit, die Lieferung von Warrants anstatt einer Tilgung in bar. Die gelieferten Warrants wurden danach ausgeübt und physisches Gold wurde ins Metallkonto des Klägers bei der X-Bank eingebucht. Das physische Gold wurde – wertmäßig abgesichert durch Kauf- und Verkaufsoptionen – nach einer Haltedauer von mehr als einem Jahr verkauft. Die relevanten Daten werden in der folgenden Abbildung skizziert.

ABB. 5: Zeitlicher Ablauf des Sachverhalts

Der Kläger ging davon aus, dass die BEAR-Zertifikate nach Ausübung des Wahlrechts zur Lieferung von Warrants wegen § 20 Abs. 4a Satz 3 EStG a. F. als zu ihren ursprünglichen Anschaffungskosten (28.030.000 €) veräußert und die Warrants zu diesem Wert als angeschafft galten („roll over"). Er ging im Weiteren davon aus, dass sich die Anschaffungskosten des nach Ausübung der Warrants gelieferten Goldes aus den Anschaffungskosten der Warrants (28.030.000 €) und dem gezahlten Ausübungspreis von 7.000.000 € zusammensetzen (wirtschaftliche Einheitsbetrachtung von Warrants und Gold gem. BFH, Urteil v. 12.1.2016 - IX R 48/14, NWB EAAAF-67949, Rz. 17; BFH, Urteil v. 20.11.2018 - VIII R 37/15, NWB UAAAH-09524, Rz. 17). Ein Veräußerungsgewinn sei somit weder bei Lieferung der Warrants noch bei Lieferung des Goldes entstanden. Erst im Zeitpunkt des Verkaufs des physischen Goldes resultierte – so die Auffassung des Klägers – ein Veräußerungsgewinn von 27.790.762,13 € (= 62.820.762,13 € - 7.000.000 € - 28.030.000 €), der nach Ablauf der einjährigen Veräußerungsfrist gem. § 23 Abs. 1 Satz 1 Nr. 2 EStG jedoch steuerfrei vereinnahmt werden konnte.

Das zuständige Finanzamt beschied den Sachverhalt zunächst erklärungsgemäß. Nach einer Außenprüfung beim Kläger vertrat es aber die Auffassung, dass bereits die Lieferung der Warrants bei Fälligkeit der BEAR-Zertifikate am 2.12.2015 zu einem Einlösungsgewinn i. H. v. 27.168.500 € (= 62.198.500 € - 7.000.000 € - 28.030.000 €) geführt hatte. Dieser sei mit dem gesonderten Tarif gem. § 32d Abs. 1 EStG zu belasten. Der hiergegen durch den Kläger eingelegte Einspruch blieb erfolglos. Im sich anschließenden Klageverfahren entschied das FG München (Urteil v. 6.12.2023 - 9 K 1034/22, NWB MAAAJ-63481), dass nicht die Lieferung der Warrants, sondern deren Einlösung am 10.12.2015 (Goldlieferung) zu einem dem gesonderten Tarif gem. § 32d Abs. 1 EStG unterliegenden Gewinn i. H. v. 25.297.384,31 € (= 60.327.384,31 € - 7.000.000 € - 28.030.000 €) geführt hatte. Hiergegen richtet sich die Revision des Klägers.

b) Entscheidungsgründe

Der BFH beschäftigt sich zunächst mit den BEAR-Zertifikaten und deren Einlösung durch Lieferung der Warrants; mit den Aspekten also, die Außenprüfung und Finanzamt angegriffen hatten. Unter die sonstigen Kapitalforderungen i. S. d. § 20 Abs. 1 Nr. 7 EStG fallen alle auf eine Geldleistung gerichteten Forderungen, deren Steuerbarkeit sich nicht bereits aus einem anderen Tatbestand (§ 20 Abs. 1 Nr. 1 bis 6 oder 8 bis 11 EStG) ergibt. Die Rückzahlung des Kapitalvermögens oder ein Entgelt für die Überlassung des Kapitalvermögens zur Nutzung muss zugesagt oder geleistet werden, selbst wenn die Rückzahlung oder das Entgelt von einem ungewissen Ereignis abhängt. Forderungen, die unmittelbar und ausschließlich auf eine Sachlieferung gerichtet sind, fallen nicht unter § 20 Abs. 1 Nr. 7 EStG (u. a. BFH, Urteil v. 16.6.2020 - VIII R 7/17, NWB GAAAH-61065, Rz. 11). Hat der Forderungsinhaber jedoch vereinbarungsgemäß das Recht, wahlweise anstatt der Erfüllung in Geld etwas anderes (z. B. Wertpapiere oder Sachleistungen) zu verlangen, steht dies der Zugehörigkeit zu § 20 Abs. 1 Nr. 7 EStG nicht entgegen. In der Norm wird schließlich explizit von Kapitalforderungen „jeder Art" gesprochen. Vorliegend sah ein einzelnes BEAR-Zertifikat auch im für den Anleger schlimmstmöglichen Szenario eine Kapitalrückzahlung von 29.500 € vor. Selbst wenn diese Rückzahlung nur 2,95 % des Nominalbetrags eines Zertifikats i. H. v. 1.000.000 € ausmachte, genügte dies den Anforderungen. Die BEAR-Zertifikate verbrieften somit sonstige Kapitalforderungen i. S. d. § 20 Abs. 1 Nr. 7 EStG.

Eine solche sonstige Kapitalforderung kann – so der BFH – vereinbarungsgemäß auch in anderer Weise als durch Geldzahlung eingelöst werden. Die Ersatzrealisationstatbestände des § 20 Abs. 2 Satz 2 EStG, hier insb. der Begriff „Einlösung", seien weit auszulegen. Seit Einführung der Abgeltungsteuer im Jahr 2009 sei es nämlich Zielsetzung, Wertveränderungen im Zusammenhang mit Kapitalanlagen vollständig steuerrechtlich zu erfassen (BFH, Urteil v. 20.11.2018 - VIII R 37/15, NWB UAAAH-09524, Rz. 26). Für eine solche weite Auslegung des Begriffs „Einlösung" spreche im Übrigen auch die schiere Existenz von § 20 Abs. 4a Satz 3 EStG. Darin enthalten sind explizite Anweisungen für Kapitalforderungen i. S. d. § 20 Abs. 1 Nr. 7 EStG, deren Erfüllung wahlweise auch in Wertpapieren erfolgen kann. Würde ein solches Wahlrecht die Einordnung der Forderung als Kapitalforderung i. S. d. § 20 Abs. 1 Nr. 7 EStG ausschließen, wäre § 20 Abs. 4a Satz 3 EStG ein Widerspruch in sich. Der BFH hält jedoch auch fest, dass in der bloßen Ausübung des Erfüllungswahlrechts durch den Inhaber noch kein steuerbarer Vorgang liegt. Zur Einlösung führt erst die Erfüllung der verbrieften Kapitalforderung, z. B. durch die gewählte Lieferung eines anderen Wertpapiers (BFH, Urteil v. 8.5.2024 - VIII R 28/20, NWB EAAAJ-74517, Rz. 36).

Der Erfolg aus der steuerbaren und steuerpflichtigen Einlösung der sonstigen Kapitalforderung (§ 20 Abs. 2 Satz 1 Nr. 7, Abs. 2 Satz 2 EStG) ermittelt sich – grundsätzlich – nach § 20 Abs. 4 Satz 1 EStG (= Einnahmen – Veräußerungskosten – Anschaffungskosten). Bei den Einnahmen aus der Einlösung der BEAR-Zertifikate handelt es sich um Sacheinnahmen i. S. d. § 8 Abs. 1 EStG in Form der Warrants. Diese Sacheinnahmen sind – grundsätzlich – mit ihrem Wert im Zeitpunkt ihrer Einbuchung ins Depot des Klägers zu bewerten (§ 8 Abs. 2 Satz 1 EStG). Die Sondervorschrift des § 20 Abs. 4a Satz 3 EStG a. F. „überschreibt" diese grundsätzlichen Regelungen allerdings. Die Norm ist im Streitfall einschlägig, da der Inhaber (= Kläger) einer sonstigen Kapitalforderung i. S. d. § 20 Abs. 1 Nr. 7 EStG (= BEAR-Zertifikat) sein vertragliches Recht ausgeübt hat, vom Emittenten (= X-Bank) bei Fälligkeit anstelle der Zahlung eines Geldbetrags die Lieferung von Wertpapieren (= Warrants) zu verlangen. Folglich beträgt der Einlösungsgewinn nach Maßgabe von § 20 Abs. 4a Satz 3 EStG a. F. 0 €. Anders als Betriebsprüfung und Finanzamt meinten, resultierten aus der Einlösung der BEAR-Zertifikate somit keine positiven, steuerpflichtigen Einkünfte.

Im weiteren Verlauf der Entscheidungsbegründung wendet sich der BFH den Charakteristika der Warrants, deren Ausübung und der Gutschrift des Goldes auf dem Metallkonto zu. Der Begriff des Termingeschäfts ergab sich im Streitjahr aus § 2 Abs. 2 Nr. 1 WpHG a. F. (heute: § 2 Abs. 3 WpHG). Termingeschäfte waren und sind demnach u. a. Festgeschäfte oder Optionsgeschäfte, die zeitlich verzögert zu erfüllen sind und deren Wert sich unmittelbar oder mittelbar vom Preis oder Maß eines bestimmten Basiswerts ableitet (s. auch BFH, Urteil v. 24.10.2017 - VIII R 35/15, NWB GAAAG-70594, Rz. 13, m. w. N.). Steuerrechtlich werden von § 20 Abs. 2 Satz 1 Nr. 3 Buchst. a EStG nur Termingeschäfte erfasst, die (in jedem Fall) auf die Erzielung eines Differenzausgleichs gerichtet sind; d. h., eine effektive Lieferung darf nicht vereinbart worden sein (BFH, Beschluss v. 7.6.2024 - VIII B 113/23 (AdV), NWB XAAAJ-69756, Rz. 23; BFH, Urteil v. 24.10.2017 - VIII R 35/15, NWB GAAAG-70594, Rz. 14 f.).

Diese Voraussetzungen erfüllen die Warrants im Streitfall nicht. Zum einen war eine physische Lieferung wahlweise vorgesehen. Zum anderen fehlte es an einer zeitlich verzögerten Erfüllung i. S. einer späteren Goldlieferung gegen ein im Voraus fest vereinbartes Entgelt (oder Ausgleich der Differenz zwischen späterem Goldwert und vereinbartem Entgelt). Die dem Kläger zur „Tilgung" der BEAR-Zertifikate gelieferten Warrant verbrieften vielmehr einen Rückzahlungsanspruch, nämlich den Anspruch auf Zahlung eines Geldbetrags i. H. des Goldgegenwerts bei Fälligkeit des Warrants am 10.12.2015 (Default-Rückzahlungsvariante). Das Recht des Klägers, sich anstatt der Geldzahlung bei Fälligkeit des Warrants Gold liefern zu lassen, führt – wie bereits im Zusammenhang mit den BEAR-Zertifikaten erläutert – nicht dazu, dass die Warrants Sachlieferungsansprüche verkörpern.

Im Ergebnis handelte es sich bei den Warrants somit nicht um Termingeschäfte i. S. d. § 20 Abs. 2 Satz 1 Nr. 3 EStG, sondern um sonstige Kapitalforderungen i. S. d. § 20 Abs. 1 Nr. 7 EStG, die durch die letztlich gewählte Goldlieferung lediglich eingelöst wurden (vgl. zur weiten Auslegung des Begriffs „Einlösung", der auch Sachleistungen umfasst, die im Text oben gemachten Ausführungen). Explizit weist der VIII. Senat auf die Unterschiede des Warrants im Vergleich zu

„Gold Bullion Securities“ Inhaberschuldverschreibungen hin, mit denen er sich im Urteil v. 16.6.2020 (VIII R 7/17, NWB GAAAH-61065) zu beschäftigen hatte. Bei diesen handelte es sich nicht um Kapitalforderungen i. S. d. § 20 Abs. 1 Nr. 7 EStG, da sie primär auf die Lieferung von physischem Gold (= Sachleistung) gerichtet waren. Lediglich als Zusatzleistung zu diesem Sachleistungsanspruch war der Anleger berechtigt, anstatt der Goldlieferung den Erlös aus dem Verkauf des Goldes zu verlangen. In Abgrenzung hierzu erfolgte die Erfüllung der Warrants im vorliegenden Fall primär durch eine Geldzahlung, die nicht Folge einer Veräußerung von „zuvor geliefertem“ Gold war. Lediglich bei der Ermittlung der Höhe der zu erfüllenden Forderung wurde auf den Goldpreis abgestellt.

Anders als bei den BEAR-Zertifikaten, die – nach entsprechender Wahl – durch Lieferung von Wertpapieren eingelöst wurden, erfolgte die Einlösung der Warrants durch Lieferung von Gold. Die Voraussetzungen der „Roll-over-Regelung“ in § 20 Abs. 4a Satz 3 EStG waren deshalb nicht erfüllt. Die Einlösung der Warrants durch Goldlieferung führte daher am 10.12.2015 zu Einnahmen i. H. des Goldwerts, d. h. 60.327.384,31 €. Abzüglich der infolge der steuerneutralen Einlösung der BEAR-Zertifikate am 2.12.2015 faktisch auf die Warrants „übertragenen“ Anschaffungskosten der BEAR-Zertifikate i. H. v. 28.030.000 € sowie der am 2.12.2015 gezahlten Ausübungsgebühr i. H. v. 7.000.000 € ergibt die Einlösung der Warrants laut BFH einen steuerpflichtigen Gewinn i. H. v. 25.297.384,31 €.

c) Folgerungen und Fazit

Zusammenfassend kommt der VIII. BFH-Senat damit zum Ergebnis, dass

- die BEAR-Zertifikate sonstige Kapitalforderungen i. S. d. § 20 Abs. 1 Nr. 7 EStG verbriefen, die durch die Lieferung der Warrants eingelöst wurden, wobei sich aufgrund von § 20 Abs. 4a Satz 3 EStG a. F. ein Einlösungsgewinn von 0 € ergab, und
- die Warrants keine Termingeschäfte i. S. d. § 20 Abs. 2 Satz 1 Nr. 3 EStG sind, sondern ebenfalls sonstige Kapitalforderungen i. S. d. § 20 Abs. 1 Nr. 7 EStG verbriefen. Da diese aber nicht – wahlweise – durch Wertpapierlieferung, sondern durch Goldlieferung eingelöst wurden, war § 20 Abs. 4a Satz 3 EStG nicht anwendbar. Es entstanden steuerpflichtige Einkünfte aus Kapitalvermögen.

Der BFH schließt sich mit seinem Urteil damit uneingeschränkt der Rechtsauffassung der Vorinstanz an. Die Revision wird als unbegründet zurückgewiesen.

d) Praxishinweise

Wie schon im Rahmen der Kommentierung des BFH-Urteils zu den Voraussetzungen von § 20 Abs. 4a Satz 3 EStG (Urteil v. 3.6.2025 - VIII R 9/22, NWB RAAAK-00923), in Steuerrecht aktuell 1/2026 erwähnt, soll auch hier nochmals darauf hingewiesen werden, dass § 20 Abs. 4a Satz 3 EStG durch das JStG 2020 (Gesetz v. 21.12.2020, BGBl 2020 I S. 3096) eingeschränkt wurde. Ein steuerneutrales „roll over“ der Anschaffungskosten der BEAR-Zertifikate auf die Gold-Warrants wäre heute nicht mehr möglich. § 20 Abs. 4a Satz 3 EStG n. F. gestattet nämlich ein solches „roll over“ nur noch auf Wertpapiere i. S. d. § 20 Abs. 1 Nr. 1 EStG, d. h. auf Dividendenpapiere. In einem mit dem vorliegenden Fall vergleichbaren Sachverhalt würde nach heutiger Rechtslage bereits aus der Einlösung der BEAR-Zertifikate durch Lieferung der Warrants ein steuerpflichtiger Gewinn resultieren.

4. Besteuerung von Zahlungen aus einem US-amerikanischen 401(k)-Pensionsplan

BFH, Urteil v. 25.6.2025 - X R 23/22, NWB SAAAK-06899

(*Christian Kappelmann*)

a) Zusammenfassung der Entscheidung

Der BFH entschied im Urteil v. 25.6.2025, dass Auszahlungen aus einem US-amerikanischen 401(k)-Pensionsplan steuerlich wie Leistungen aus einer betrieblichen Altersversorgung nach § 22 Nr. 5 Satz 2 EStG behandelt werden. Für Auszahlungen bis einschließlich 2024 gilt diese Einordnung. Ab 2025 greift jedoch die nachgelagerte Besteuerung, so dass Auszahlungen aus 401(k)-Plänen in Deutschland vollständig zu versteuern sind.

Der Kläger arbeitete in den Jahren 1999 bis 2007 in den USA und zahlte in dieser Zeit in einen 401(k)-Pensionsplan ein. Sein Arbeitgeber leistete Beiträge i. H. v. 15 % des Arbeitslohns in den Plan, der über einen US-Trust verwaltet wurde. Eine Auszahlung der angesparten Beträge war grundsätzlich erst nach Vollendung des 59,5. Lebensjahres vorgesehen.

Nach seiner Rückkehr nach Deutschland erhielt der Kläger eine Auszahlung aus dem Pensionsplan, die in den USA nicht der Einkommensteuer unterlag. In seiner Einkommensteuererklärung erklärte er diese Zahlung als steuerfreie Einkünfte. Das Finanzamt besteuerte jedoch einen Teilbetrag nach § 22 Nr. 5 Satz 2 Buchst. b EStG.

Das erstinstanzliche Finanzgericht gab der Klage teilweise statt. Es sah die Auszahlung aus dem 401(k)-Plan zwar als sonstige Einkünfte nach § 22 Nr. 5 Satz 1 EStG, hielt jedoch § 22 Nr. 5 Satz 2 Buchst. b EStG für nicht anwendbar, da die ausländische Versorgungseinrichtung nicht dem deutschen Versicherungsaufsichtsgesetz unterliegt. Daher wandte es die Auffangregelung des § 22 Nr. 5 Satz 2 Buchst. c EStG an und übertrug entsprechend § 20 Abs. 1 Nr. 6 Satz 2 EStG. Da die Auszahlung nach Vollendung des 60. Lebensjahres und nach Ablauf von zwölf Jahren seit Vertragsabschluss erfolgte, sah das Gericht die Voraussetzungen dieser Regelung als erfüllt an.

Das Finanzamt legte Revision ein und argumentierte, dass § 22 Nr. 5 Satz 2 Buchst. b EStG auch auf ausländische Versorgungseinrichtungen anzuwenden sei, sofern diese funktional der betrieblichen Altersversorgung entsprechen. Ein 401(k)-Plan sei daher mit den dort genannten Durchführungswegen vergleichbar und dürfe nicht unter die Auffangvorschrift fallen.

Der Kläger widersprach der Revision, hielt jedoch seine frühere Auffassung einer vollständigen Steuerfreiheit nicht mehr aufrecht, da ihm keine ausreichenden Vertragsunterlagen mehr vorlagen. Er vertrat weiterhin die Ansicht, dass mangels struktureller Vergleichbarkeit die Auffangregelung des § 22 Nr. 5 Satz 2 Buchst. c EStG einschlägig sei. Dadurch wurde lediglich die Hälfte des Unterschiedsbetrags der Besteuerung unterworfen.

b) Entscheidungsgründe

Der BFH gab der Revision statt, hob das Urteil des Finanzgerichts auf und verwies den Rechtsstreit zur erneuten Verhandlung und Entscheidung zurück.

Leistungen aus Altersvorsorgeverträgen, Pensionsfonds, Pensionskassen sowie Direktversicherungen stellen gem. § 22 Nr. 5 Satz 1 EStG **sonstige Einkünfte** dar und unterliegen der Einkommensteuer. Der steuerrechtliche Tatbestand erfasst dabei nicht nur laufende Rentenzahlungen, sondern ebenso einmalige Kapitalleistungen oder Abfindungen. Der Anwendungsbereich des § 22 Nr. 5 EStG kann darüber hinaus auch Leistungen aus **ausländischen Versorgungssystemen** erfassen, sofern diese nach ihrer rechtlichen Struktur sowie den im Versorgungsfall vorgesehenen Leistungen im Wege eines Rechtsvergleichs mit inländischen Pensionsfonds, Pensionskassen oder Direktversicherungen vergleichbar sind. Aufgrund des Protokolls v. 1.6.2006 zur Änderung des Doppelbesteuerungsabkommens zwischen Deutschland und den USA werden für Zwecke dieser Vergleichbarkeitsprüfung die nach § 401(a) des Internal Revenue Code errichteten US-amerikanischen Altersvorsorgepläne – einschließlich der sog. 401(k)-Pläne – als Systeme anerkannt, die den in § 1 BetrAVG geregelten Formen der betrieblichen Altersversorgung entsprechen.

Im Streitfall gelangte der BFH zu der Auffassung, dass Auszahlungen aus einem 401(k)-Plan nach § 22 Nr. 5 Satz 2 Buchst. b EStG steuerlich zu erfassen sind, da diese Pläne mit der externen betrieblichen Altersversorgung vergleichbar sind. Eine Anwendung der Auffangregelung des § 22 Nr. 5 Satz 2 Buchst. c EStG lehnte das Gericht ab, da diese Vorschrift lediglich Leistungen aus Altersvorsorgeverträgen erfasst, die nicht auf Versicherungsverträgen beruhen. Aufgrund der in § 22 Nr. 5 Satz 2 Buchst. b EStG enthaltenen Verweisung ist vielmehr § 20 Abs. 1 Nr. 6 EStG in der zum Zeitpunkt des Vertragsabschlusses maßgeblichen Fassung anzuwenden.

Nach der im Jahr 2004 geltenden Fassung des § 20 Abs. 1 Nr. 6 EStG kommt eine vollständige Steuerfreistellung der ausgezahlten Leistung grundsätzlich in Betracht. Voraussetzung hierfür ist gem. § 20 Abs. 1 Nr. 6 Satz 2 EStG insbesondere, dass der betreffende Plan als Versicherung i. S. d. § 10 Abs. 1 Nr. 2 Buchst. b EStG zu qualifizieren ist und eine Mindestlaufzeit von zwölf Jahren aufweist. Vor diesem Hintergrund verwies der BFH die Sache an das Finanzgericht zurück, um zu klären, ob diese Voraussetzungen im konkreten Fall erfüllt sind und ob die streitgegenständliche Auszahlung tatsächlich aus dem im Jahr 1999 begründeten Altersvorsorgeplan stammt.

c) Folgerungen und Fazit

Die Entscheidung sorgt für eine klarere Einordnung der steuerlichen Behandlung von Auszahlungen aus 401(k)-Plänen. Nach der Rechtsprechung des BFH fallen derartige Leistungen grundsätzlich in den Anwendungsbereich des § 22 Nr. 5 Satz 2 Buchst. b EStG. Für Auszahlungen, die vor dem 1.1.2025 erfolgen, kann sich hieraus im Einzelfall sogar eine vollständige Steuerfreiheit ergeben. Maßgeblich ist dabei insbesondere, ob der jeweilige 401(k)-Plan als Versicherung im Sinne des früheren § 10 Abs. 1 Nr. 2 Buchst. b EStG zu qualifizieren ist und zudem eine Mindestlaufzeit von zwölf Jahren erfüllt. Die Beurteilung kann gegebenenfalls eine vertiefte Prüfung der einschlägigen Regelungen des US-amerikanischen Rechts erfordern.

Für noch nicht ausgezahlte 401(k)-Guthaben gelten hingegen ab dem Jahr 2025 geänderte steuerliche Rahmenbedingungen. Da Leistungen aus zuvor steuerlich geförderten Beiträgen regelmäßig der vollständigen Besteuerung in Deutschland unterliegen, gewinnt die zeitliche Gestaltung der Auszahlung sowie die steuerliche Ansässigkeit der betroffenen Person an Bedeutung. Vor diesem Hintergrund ist insbesondere zu prüfen, ob eine Auszahlung vor oder erst nach einem möglichen Wegzug aus Deutschland steuerlich vorteilhaft sein kann.

5. Mitunternehmerstellung des durch einen Nießbrauch an einem Kommanditanteil Begünstigten

BFH, Urteil v. 2.7.2025 - IV R 36/22, NWB LAAAK-02464

(*Lars-Oliver Farwick*)

a) Zusammenfassung der Entscheidung

In dem vorliegenden Urteil des IV. Senats des BFH (im Wesentlichen inhaltsgleich mit dem Urteil IV R 37/22 am gleichen Tag) standen zwei zentrale Fragestellungen im Mittelpunkt der Entscheidung: Ist ein Nießbraucher, der seinen Mitunternehmeranteil an seinen Erben zu Lebzeiten unter Nießvorbehalt übertragen hat, weiterhin Mitunternehmer i. S. d. § 15 Abs. 1 Satz 1 Nr. 2 EStG. Und weiterhin die Frage, ob eine auflagenbedingte Übertragung mit Nießbrauch zu einer entgeltlichen Übertragung des Kommanditanteils führt und dadurch die Aufstellung einer Ergänzungsbilanz zu erfolgen hat. Vorausgegangenen war dem BFH-Urteil die Entscheidung des Schleswig-Holsteinisches FG v. 17.2.2022 (3 K 41/21, NWB UAAAJ-49500).

Der dem Urteil lag ein Sachverhalt zugrunde, bei dem der Kläger und Revisionskläger zunächst alleiniger Kommanditist einer X-KG und ebenso Geschäftsführer und alleiniger Gesellschafter der Komplementär GmbH war. Im Jahr 2013 schenkte er im Rahmen der vorweggenommenen Erbfolge seinen Kommanditanteil zu jeweils einem Drittel an seine drei Söhne. Die Schenkung war mit den Auflagen verbunden, dass an den Kommanditanteilen zugunsten der V-KG ein „unentgeltlicher quotaler Ertragsnießbrauch“ zu einem Anteil von 70 % bestellt werden soll und weiterhin sollten die geschenkten Kommanditanteile unverzüglich nach Abschluss des Nießbrauchvertrags gegen Gewährung von Gesellschaftsrechten in die F Vermögensverwaltungs-GmbH & Co. KG (F-KG) eingebracht werden, so dass diese in der Folge alleinige Kommanditistin werden sollte. Beide Auflagen waren wesentlicher Bestandteil des Schenkungsvertrages. Aus der Urteilsbegründung der Vorinstanz lassen sich die Gründe der beiden Auflagen entnehmen: so diente die Nießbrauchbestellung zur Altersabsicherung des Klägers und durch die Einbringung der Anteile in die F-KG sollte eine Bündelung der Anteile erfolgen, um das Vermögen gemeinschaftlich zu verwalten.

Nachdem die entsprechenden notariellen Verträge (Schenkungs- und Einbringungsverträge) geschlossen und die Übertragungen vollzogen wurden, erließ das Finanzamt Schenkungsteuerbescheide. Weiterhin wurde für das Jahr 2014 ein Bescheid über die gesonderte und einheitliche Feststellung von Besteuerungsgrundlagen, in dem der Gewinn so wie in der Steuererklärung deklariert, festgestellt wurde und bei dessen Berechnung die Nießbrauchverpflichtung der KG gewinnmindernd berücksichtigt wurde. Da der Bescheid unter dem Vorbehalt der Nachprüfung erging, kam es in der Folge zu einer Außenprüfung, in der der Betriebsprüfer zu der Auffassung vertrat, dass der Kläger trotz seines Ausscheidens als alleiniger Kommanditist weiterhin als verdeckter Mitunternehmer anzusehen sei. Die ihm (über die V-KG) in Gestalt des Ertragsquotennießbrauchs zuzurechnenden Gewinnanteile der Klägerin stellten originäre gewerbliche Einkünfte des Klägers dar.

Gegen den durch das Finanzamt geänderten Bescheid legte die V-KG Einspruch ein. In der Einspruchsentscheidung des Finanzamtes wurde nicht die KG als Mitunternehmer i. S. d. § 15 Abs. 1 Satz 1 Nr. 2 EStG eingestuft, sondern der ehemalige alleinige Kommanditist. Demnach sei die V-KG mangels Mitunternehmerinitiative keine Mitunternehmerin geworden. Der Vater sei nach der Übertragung der Kommanditanteile auf seine Söhne weiterhin als Mitunternehmer anzusehen. Sowohl der Vater als auch die V-KG klagten hiergegen und begründeten die Klage damit, dass die steuerliche Zurechnung des Gewinns unzutreffend sei, da die Reichweite des Nießbrauchrechts falsch gewürdigt sei. Es handele sich nicht um eine (verdeckte) Mitunternehmerschaft des Vaters, da die erforderlichen Merkmale des Mitunternehmerrisikos und der Mitunternehmerinitiative nicht vorlägen. Entgegen der Ansicht des Finanzamtes könne auf das Merkmal einer Verlustbeteiligung nicht gänzlich verzichtet werden. Dieses gelte ebenso für das Fehlen des Merkmals einer stark ausgebildete Mitunternehmerinitiative als mögliche Kompensation.

Ergänzend hierzu wurde von den Klägern erstmalig vorgetragen, dass wegen des auflagenbedingten Nießbrauchs ein voll entgeltlicher Erwerb vorläge. Die zivilrechtliche Einordnung als vorweggenommene Erfolge sei für die steuerliche Beurteilung unbedeutend. Die Vermutung für eine unentgeltliche Übertragung der Kommanditanteile sei deshalb widerlegt, weil Leistung und Gegenleistung wie unter fremden Dritten gegeneinander abgewogen worden seien. Dass das Kapitalkonto übersteigende Entgelt wurde von den Klägern in einer Ergänzungsbilanz aktiviert. Dabei wurde auch der Umstand berücksichtigt, dass die Veräußerungen gegen gewinnabhängige Leistungen erfolgen. Für das Klageverfahren vor der ersten Instanz wurden von den Klägern berichtigte Steuererklärungen samt Ergänzungsbilanzen vorgelegt.

Das Schleswig-Holsteinische Finanzgericht wies die Klage als unbegründet zurück. Die Kläger legten hiergegen die Revisionsklage ein.

b) Entscheidungsgründe

Die Antragssteller führten in ihrem Antrag die Begründungen aus dem Klageverfahren aus der ersten Instanz vor. Das Finanzamt beantragte die Revision als unbegründet zurückzuweisen.

Der IV. Senat des BFH gab der Revisionsklage teilweise statt und hob die Entscheidung der Vorinstanz auf. In seiner Urteilsbegründung verwiesen die Bundesrichter darauf, dass das Schleswig-Holsteinisches Finanzgericht übersehen hatte, dass nicht ausschließlich die Frage der Mitunternehmerstellung zu klären war, sondern auch die des Ergänzungsverlustes als Ausprägung des Mitunternehmerrisikos. Hinsichtlich der Korrektur des Gesamthandsgewinns durch die Ergänzungsbilanz sah der BFH allerdings die Klage als unbegründet an, denn es fehle an einer unmittelbaren und entgeltlichen Übertragung des Kommanditanteils auf die F-KG.

Die Frage, ob der Vater weiterhin eine Mitunternehmerstellung auch nach Übertragung der Kommanditanteile innehat, verneinte der IV. Senat. Hier verweisen die Richter auf den Grundsatz, dass bei Einräumung eines Nießbrauchs am Anteil an einer Personengesellschaft der Begünstigte nur dann weiterhin Mitunternehmer i. S. d. § 15 Abs. 1 Satz 1 Nr. 2 EStG sein kann, wenn er Mitunternehmerinitiative entfalten kann und ein Mitunternehmerrisiko trägt. Daraus folgt, dass ein Nießbraucher, der Mitunternehmer ist, Einfluss auf wesentliche unternehmerische Entscheidungen nehmen kann. Darüber hinaus muss er wirtschaftlich am Erfolg wie auch am Misserfolg teilnehmen. Im vorliegenden Sachverhalt stellt das Gericht fest, dass der Nießbrauchberechtigte weder an den stillen Reserven im Gesellschaftsvermögen noch unmittelbar am Verlust der Gesellschaft beteiligt ist. Das Kriterium des Mitunternehmerrisikos erfüllt der Nießbrauchberechtigte daher nicht. Da der Kläger aufgrund der Vertragsgestaltung nicht am Verlust und nicht an den stillen Reserven der KG beteiligt war, verneinte der BFH seine Mitunternehmereigenschaft. Der Nießbrauch gewährte lediglich einen Anspruch auf Gewinnanteile bis zu 70 % des entnahmefähigen Gewinns, nicht aber eine Teilhabe am Vermögen oder an Verlusten. Im Zuge dessen stellte der BFH zugleich klar, dass das auch bei Vorliegen einer besonders ausgeprägten Mitunternehmerinitiative des Klägers die fehlende Risikobeteiligung allein nicht ersetzen kann. In diesem Punkt korrigierte das höchstrichterliche Urteil die Auffassung der ersten Instanz und hob dessen Urteil auf. Der Gewinn war im Ergebnis ausschließlich den verbleibenden Mitunternehmern – der Familienholding (F-KG) und der Komplementär-GmbH – zuzurechnen.

Der zweite bedeutsame Teilaspekt und die zu klärende zentrale Frage war, ob die Anteilsübertragung, so wie von den Klägern vorgetragen, voll unentgeltlich erfolgte und im Zuge dessen Ergänzungsbilanzen aufzustellen waren. Der BFH verneinte das Vorliegen eines entgeltlichen Vorgangs, da im notariellen Vertrag ausdrücklich eine Schenkung ohne Gegenleistung vorläge. Vielmehr diene der vereinbarte Nießbrauch ausschließlich der wirtschaftlichen Versorgung des Vaters. In deiner Urteilsbegründung führte der BFH folgende zentrale Aussage als Begründung an: *„Die Übertragung eines Wirtschaftsguts unter Vorbehalt eines Nutzungsrechts lässt die Unentgeltlichkeit der Vermögensübertragung unberührt, denn der Erwerber erwirbt von vornherein nur das mit dem Nießbrauch belastete Wirtschaftsgut."* Daraus folgt, dass es sich bei der Übertragung um einen Vorbehaltsnießbrauch handelt, aber nicht um einen Zuwendungsnießbrauch. Die neuen Kommanditisten erhalten von Beginn an ein Wirtschaftsgut, welches mit dem Nießbrauch belastet ist. Das stellt nach Auffassung des BFH kein Entgelt gar, sondern es handele sich vielmehr um eine Gestaltungsvariante.

Der IV. Senat nutzte in diesem Urteil zugleich die sich bietende Gelegenheit zur Klarstellung des Urteils v. 6.5.2010 (IV R 52/08, BStBl 2011 II S. 261), welches in der Vergangenheit teilweise (wie auch vom Kläger) missverstanden wurde und daher als falsche Begründung teilweise herangezogen wird. Aus dem Urteil sei nicht abzuleiten, dass die Übertragung von Kommanditanteilen unter dem Vorbehalt eines Ertragsnießbrauchs stets als entgeltlich einzustufen sei. In der Entscheidung aus dem Jahr 2010 sei die Entgeltlichkeit nur deshalb bejaht worden, weil wesentliche Betriebsgrundlagen des Sonderbetriebsvermögens nicht mitübertragen worden waren. Für die Beantwortung der Frage der Entgeltlichkeit eines Übertragungsvorgangs käme es nicht darauf an, welches Wirtschaftsgut übertragen würde, sondern ob beziehungsweise in welcher Weise der Erwerber eine Gegenleistung für die Übertragung des Wirtschaftsguts zu erbringen habe. Im Sachverhalt des Jahres 2010 lag ein Sonderfall vor, der im aktuellen Verfahren jedoch nicht zum Tragen käme. Der Nießbrauch begründe im Ergebnis keine Gegenleistung, sondern mindere lediglich den Wert des übertragenen Wirtschaftsguts.

c) Folgerungen und Fazit

In dem vorliegenden Fall ging es einmal mehr um die Frage, ob ein Steuerpflichtiger als Mitunternehmer im Sinne der Vorschrift des § 15 Abs. 1 Satz 1 Nr. 2 EStG anzusehen ist, oder nicht. Diese Fragestellung beschäftigt die Finanzgerichte immer wieder und auch in diesem Fall zeigt es sich einmal mehr, dass es bei der Auslegung der beiden wichtigsten Merkmale (Mitunternehmerinitiative und Mitunternehmerrisiko) auf Feinheiten ankommt. Beide Merkmale müssen zwingend vorliegen, damit überhaupt eine Einordnung als Mitunternehmer in Betracht kommt. Dabei ist es nicht erforderlich, dass beide Merkmale gleichstark ausgeprägt sind. Das Urteil folgt der ständigen Rechtsprechung des BFH und stellt das Fehlen des Mitunternehmerrisikos fest, denn dieses beinhaltet, dass der Mitunternehmer sowohl am Gewinn als auch am Verlust sowie den stillen Reserven beteiligt ist. Dieses lag beim Kläger (Vater) seit seinem Ausscheiden als Kommanditist nicht mehr vor (Leitsatzzitat: *„Ist der Nießbrauch dem gesetzlichen Leitbild folgend so ausgestaltet, dass der Nießbrauchberechtigte weder an den stillen Reserven im Gesellschaftsvermögen noch unmittelbar am Verlust der Gesellschaft beteiligt ist, trägt der Nießbrauchberechtigte kein Mitunternehmerrisiko.(...) Nur dann, wenn der Nießbrauchberechtigte abweichend vom gesetzlichen Leitbild in anderer Weise ein unternehmerisches Verlustrisiko trägt, durch das sein Vermögen belastet werden kann, trägt er ein Mitunternehmerrisiko.")*. Der Umstand, dass der Nießbraucher u. U. mittelbar Verluste trägt, reicht für die Annahme eines Mitunternehmerrisikos nach Auffassung des BFH nicht aus. Nur dann, wenn der Nießbrauchberechtigte abweichend vom gesetzlichen Leitbild in anderer Weise ein unternehmerisches Verlustrisiko trägt, durch das sein Vermögen belastet werden kann, trägt er ein Mitunternehmerrisiko. Hieraus kann geschlossen werden, dass der Nießbraucher nach Auffassung der Rechtsprechung ebenfalls zum Ausgleich von Verlusten verpflichtet sein müsste und dass eine normale Ausgestaltung des Nießbrauchs, bei der der Nießbraucher an den entnahmefähigen Gewinnen ein Nutzungsrecht hat, ertragsteuerlich nicht zur Annahme von Mitunternehmerrisiko führt.

Bedeutsam für die Praxis ist dem Urteil der Hinweis aus dem Urteil zu entnehmen, dass die Übertragung von Wirtschaftsgütern unter dem Vorbehalt eines Nutzungsrechts die Unentgeltlichkeit nicht berührt. Es handelt sich um eine Fehlannahme, wenn davon ausgegangen wird, dass das Nießbrauchrecht eine Gegenleistung für den Erhalt des Wirtschaftsgutes darstellt. Das Nießbrauchrecht belastet das Wirtschaftsgut und mindere unter Umständen dessen Wert. Die Richter des BFH nutzten die Gelegenheit zur Klarstellung eines älteren Urteils, welches teilweise auch in der Literatur falsch ausgelegt wurde.

d) Praxishinweise

Aus dem Urteil folgt für die Praxis die Erkenntnis, dass ein Nießbrauchrecht, welches ausschließlich Ertragsaussichten für den Begünstigten in Aussicht stellt, keine Mitunternehmerschaft begründet, weil es am Kriterium des Mitunternehmerrisikos fehlt. Der Nießbrauch stellt auch kein Entgelt (keine Gegenleistung) für die Hingabe von Wirtschaftsgütern dar, sondern ist in der Regel dazu gedacht den Nießbrauchempfänger wirtschaftlich zu versorgen.

Für den Nießbraucher sind die ihm zufließenden Beträge Gewinnverwendungen, die steuerlich jedoch zunächst den Mitunternehmern zuzurechnen sind. Sie sind keine Betriebsausgaben der Gesellschaft und mindern daher nicht den Gewinnanteil. Vielmehr stellen sie eine Ergebnisverwendung dar, die nach der Ermittlung des Jahresergebnisses erfolgt.

6. Ortsübliche Vermietungszeit bei Ferienwohnungen

BFH, Urteil v. 12.8.2025 - IX R 23/24, NWB FAAAK-02025

(*Christian Kappelmann*)

a) Zusammenfassung der Entscheidung

Bei der Vermietung einer ausschließlich fremdgenutzten Ferienwohnung ist grundsätzlich von einer Einkünfteerzielungsabsicht auszugehen, wenn die ortsübliche Vermietungszeit nicht um mehr als 25 % unterschritten wird. Maßgeblich ist dabei ein Vergleich der Vermietungszeiten über einen zusammenhängenden Zeitraum von drei bis fünf Jahren.

Die Klägerin vermietete seit 2008 eine in einer Ferienregion gelegene Wohnung ausschließlich an wechselnde Feriengäste für kurzfristige Aufenthalte. Nach einer Renovierung im Jahr 2016 wurde die Ferienwohnung erneut vermietet. In den Jahren ab 2016 erzielte die Klägerin aus der Vermietung durchgehend Verluste, die auf Werbungskostenüberschüsse zurückzuführen waren.

Das Finanzamt erkannte diese Verluste zunächst an, erließ die Einkommensteuerbescheide jedoch gem. § 165 AO mit einem Vorläufigkeitsvermerk. Nach weiterer Prüfung verneinte das Finanzamt das Vorliegen einer Einkünfteerzielungsabsicht, da die ortsübliche Vermietungszeit in zwei Jahren um mehr als 25 % unterschritten wurde. Es änderte die Bescheide entsprechend. Einspruch und Klage vor dem FG blieben erfolglos, da das FG die ortsübliche Vermietungszeit im Jahr 2016 als unterschritten ansah.

b) Entscheidungsgründe

Der BFH in seiner Entscheidung v. 12.8.2025 gab der Revision der Klägerin statt, hob das Urteil des FGs auf und verwies die Sache zur erneuten Entscheidung an das FG zurück.

Nach ständiger Rechtsprechung des BFH ist bei Einkünften aus Vermietung und Verpachtung grundsätzlich von einer Einkünfteerzielungsabsicht auszugehen, wenn eine auf Dauer angelegte Vermietungstätigkeit vorliegt. Dies gilt auch für ausschließlich fremdgenutzte Ferienwohnungen, sofern deren Vermietungszeit die ortsübliche Vermietungszeit nicht wesentlich unterschreitet.

Der BFH stellt klar, dass die individuelle Vermietungszeit mit der durchschnittlichen ortsüblichen Vermietungszeit zu vergleichen ist. Eine wesentliche Unterschreitung liegt vor, wenn die ortsübliche Vermietungszeit um mehr als 25 % unterschritten wird. Um zufällige Schwankungen auszuschließen, ist dieser Vergleich über einen Zeitraum von drei bis fünf zusammenhängenden Jahren vorzunehmen. Erst bei einer wesentlichen Unterschreitung ist in einem zweiten Schritt eine Prognose zur Einkünfteerzielungsabsicht erforderlich.

Im Streitfall hatten Finanzamt und Finanzgericht die 25 %-Grenze lediglich jahresbezogen geprüft und damit einen unzutreffenden Maßstab angewandt. Aus diesem Grund hob der BFH die Entscheidung auf.

c) Folgerungen und Fazit

Die Entscheidung schafft Klarheit zur Anwendung der 75 %-Grenze bei ausschließlich fremdgenutzten Ferienwohnungen. Wird diese Grenze eingehalten, ist regelmäßig ohne weitere Prognose von einer Einkünfteerzielungsabsicht auszugehen.

HINWEIS:

Bei teilweiser Eigennutzung oder bei Unterschreitung der Grenze ist hingegen eine Überschussprognose über einen Zeitraum von regelmäßig 30 Jahren erforderlich.

7. Besteuerung deutscher Rentner in Portugal – Status des „residente não habitual" im DBA-Portugal

BFH, Urteil v. 3.9.2025 - X R 1/24, NWB UAAAK-03887

(*Christian Kappelmann*)

a) Zusammenfassung der Entscheidung

Der BFH hat entschieden, dass Rentenzahlungen, die ein früherer Freiberufler aus einem berufsständischen Versorgungswerk erhält, unter die Auffangklausel des Art. 22 DBA-Portugal fallen und nicht als Einkünfte aus selbständiger Arbeit (Art. 14 DBA-Portugal) anzusehen sind. Zudem ist die in Art. 22 Abs. 1 Satz 2 DBA-Portugal enthaltene Rückfallklausel (Subject-to-tax-Klausel) dahingehend auszulegen, dass das Besteuerungsrecht für diese aus Deutschland gezahlten Renten, welches grundsätzlich beim Ansässigkeitsstaat Portugal liegt, an Deutschland zurückfällt.

Dies ist der Fall, wenn der Steuerpflichtige als neu nach Portugal zugezogene Person aufgrund eines vor dem 1.4.2020 gestellten Antrags den Status eines „residente não habitual" besitzt und seine Renteneinkünfte dort in den ersten zehn Jahren steuerfrei gestellt werden. Da Portugal sein Besteuerungsrecht durch dieses Sonderregime faktisch nicht ausübt, greift der völkerrechtliche Mechanismus zur Vermeidung weißer Einkünfte, wodurch der deutsche Steuerzugriff als Quellenstaat wieder auflebt.

Im Streitfall bezog ein seit Ende 2018 in Portugal lebender Steuerpflichtiger im Jahr 2019 Rentenzahlungen in erheblicher Höhe von einem deutschen berufsständischen Versorgungswerk sowie einer privaten Lebensversicherung. Da der Kläger in Portugal über den Sonderstatus eines „residente não habitual" (RNH) verfügte, der ihm für einen Zeitraum von zehn Jahren eine vollständige Steuerfreistellung für seine ausländischen Renteneinkünfte garantierte, wandte er sich gegen die deutsche Einkommensteuerfestsetzung. Er vertrat die Auffassung, dass das Besteuerungsrecht gem. Art. 22 Abs. 1 Satz 1 DBA-Portugal ausschließlich dem Ansässigkeitsstaat Portugal zustehe.

Die Finanzverwaltung hielt jedoch an der Besteuerung in Deutschland fest und stützte sich dabei auf die Rückfallklausel des Art. 22 Abs. 1 Satz 2 DBA-Portugal. Demnach fällt das Besteuerungsrecht an den Quellenstaat Deutschland zurück, wenn die Einkünfte im Ansässigkeitsstaat

Portugal faktisch nicht effektiv besteuert werden. Da das portugiesische Steuerrecht aufgrund des RNH-Status auf den Steuerzugriff verzichtete, greife dieser Mechanismus der „Subject-to-tax-Klausel“, um die Entstehung sog. weißer Einkünfte – also einer doppelten Nichtbesteuerung – zu verhindern.

b) Entscheidungsgründe

Der BFH sah die Revision des Klägers als unbegründet an und wies diese daher zurück. In seiner Entscheidung stellt der BFH zunächst fest, dass der Kläger mangels inländischen Wohnsitzes zwar nicht unbeschränkt, jedoch gem. § 1 Abs. 4 i. V. m. § 49 Abs. 1 Nr. 7 EStG beschränkt einkommensteuerpflichtig ist. Die Renten aus dem Versorgungswerk und der Lebensversicherung werden als sonstige Einkünfte i. S. d. § 22 Nr. 1 Satz 3 Buchst. a EStG qualifiziert, da sie von inländischen Zahlstellen gewährt wurden. Auf der Ebene des Abkommensrechts prüfte der BFH sodann die einschlägigen Verteilungsnormen des DBA-Portugal.

Eine Einordnung unter Art. 18 DBA-Portugal (Ruhegehälter) lehnte das Gericht ab, da dieser Begriff nach deutschem Rechtsverständnis (gem. Art. 3 Abs. 2 DBA) auszulegen ist und ausschließlich Bezüge aus früheren Dienstverhältnissen, also unselbständiger Arbeit, erfasst. Da der Kläger jedoch freiberuflich tätig war, schied diese Norm aus. Ebenso verneinte der BFH die Anwendung von Art. 14 DBA-Portugal (Selbständige Arbeit). Er begründete dies damit, dass die Rentenzahlungen nicht unmittelbar „aus“ der freiberuflichen Tätigkeit fließen, sondern auf einem eigenständigen, beitragsfinanzierten Versicherungsverhältnis beruhen, das rechtlich von der ursprünglichen Berufsausübung entkoppelt ist.

Mangels einer speziellen Zuweisungsnorm fielen die Renten somit als „andere Einkünfte“ in den Anwendungsbereich der Auffangklausel des Art. 22 Abs. 1 Satz 1 DBA-Portugal. Diese weist das Besteuerungsrecht zwar grundsätzlich dem Ansässigkeitsstaat Portugal zu, allerdings unter dem entscheidenden Vorbehalt der Rückfallklausel (Subject-to-tax-Klausel) in Satz 2 der Vorschrift. Danach darf der Quellenstaat Deutschland die Einkünfte dennoch besteuern, wenn diese im Ansässigkeitsstaat „nicht der Steuer unterliegen“. Der BFH legte dieses Merkmal im Sinne einer effektiven Besteuerung aus. Eine bloß formale Steuerpflicht, die aufgrund des RNH-Sonderregimes faktisch zu einer Nullbelastung führt, genügt nach Ansicht des Senats nicht, um den deutschen Steuerzugriff auszuschließen.

c) Folgerungen und Fazit

Das Gericht betonte in seiner Urteilsbegründung ausdrücklich den völkerrechtlichen Zweck von Doppelbesteuerungsabkommen, der nicht nur in der Vermeidung einer Doppelbelastung, sondern auch in der Verhinderung „weißer Einkünfte“ (doppelte Nichtbesteuerung) besteht. Da Portugal durch die Anwendung der Freistellungsmethode (método da isenção) materiell auf seinen Steueranspruch verzichtet hatte, musste Deutschland als Quellenstaat das Besteuerungsrecht wieder ausüben können.

Auch der Einwand des Klägers, die Einkünfte würden in Portugal zumindest dem Progressionsvorbehalt unterliegen, ließ der BFH nicht gelten: Eine lediglich mittelbare steuerliche Auswirkung durch die Erhöhung des Steuersatzes für andere Einkünfte stellt keine Besteuerung der Renten selbst dar und kann den Rückfall des Besteuerungsrechts an den Quellenstaat nicht verhindern. Damit sicherte der BFH den deutschen Steuerzugriff auf Renten aus berufsständischen Versorgungswerken in allen Fällen, in denen Portugal aufgrund des RNH-Status auf eine effektive Besteuerung verzichtet.

HINWEIS:

Der Autor weist abschließend darauf hin, dass diese vorteilhafte Regelung für Zeiträume nach 2019 gesetzlich verschärft wurde: Anstelle der vollständigen Befreiung tritt nunmehr eine Besteuerung von 10 %, sofern der RNH-Status nicht bereits vor dem 1.4.2020 beantragt worden war.

8. Steuerberatungskosten keine Veräußerungskosten i. S. v. § 17 Abs. 2 EStG

BFH, Urteil v. 9.9.2025 - IX R 12/24, NWB CAAAK-05328

(Thomas Bruckbauer)

a) Zusammenfassung der Entscheidung

Steuerberatungskosten, die im Zusammenhang mit der Erstellung der Einkommensteuererklärung für die Ermittlung eines Veräußerungsgewinns aus der Veräußerung einer Kapitalgesellschaftsbeteiligung entstehen, stellen keine Veräußerungskosten i. S. d. § 17 Abs. 2 EStG dar.

Im Streitfall wurden die Eheleute A und B im Rahmen der Einkommensteuer zusammen veranlagt. Die Klägerin und Revisionsbeklagte B veräußerte im Jahr 2021 eine im Privatvermögen gehaltene Beteiligung an der C-AG in Höhe von 5,93 %. Für die Erstellung der Einkommensteuererklärung 2021 beauftragten die Eheleute den Steuerberater D. Dieser ermittelte u. a. den Veräußerungsgewinn nach § 17 Abs. 2 EStG und stellte hierfür ein angemessenes Honorar in Rechnung.

Das Finanzamt erkannte die hierfür angefallenen Steuerberatungskosten nicht als Veräußerungskosten bei der Ermittlung des Veräußerungsgewinns an. Der hiergegen eingelegte Einspruch blieb erfolglos.

Das zuständige Finanzgericht gab der anschließend erhobenen Klage statt. Nach Auffassung des Finanzgerichts setze der Begriff der Veräußerungskosten keinen unmittelbaren sachlichen Zusammenhang zwischen Aufwendungen und Veräußerung voraus. Maßgeblich sei vielmehr ein Veranlassungszusammenhang, der auch mittelbar durch den Veräußerungsvorgang ausgelöste Aufwendungen erfasse. Die Steuerberatungskosten seien durch die Veräußerung veranlasst, da der auslösende Moment für deren Entstehung im Veräußerungsvorgang liege.

Gegen diese Entscheidung legte das Finanzamt Revision ein und rügte die Verletzung materiellen Bundesrechts. Nach seiner Auffassung setzt der Begriff der Veräußerungskosten i. S. d. § 17 Abs. 2 Satz 1 EStG einen unmittelbaren sachlichen Zusammenhang mit der Veräußerung voraus. Diese Auslegung ergebe sich insbesondere aus einem Vergleich mit § 20 Abs. 4 Satz 1 EStG. Selbst bei Anwendung eines weiteren Veranlassungsbegriffs seien die streitigen Kosten nicht durch die Veräußerung, sondern durch die Pflicht zur Abgabe der Steuererklärung veranlasst.

Das Finanzamt beantragte daher, das Urteil des FG Hessen v. 22.2.2024 aufzuheben und die Klage abzuweisen. Die Kläger beantragten, die Revision zurückzuweisen.

b) Entscheidungsgründe

Der BFH gab der Revision statt, hob das Urteil des Finanzgerichts auf und wies die Klage ab.

Zwar habe das Finanzgericht zutreffend festgestellt, dass der Verkauf der Anteile an der C-AG dem Grunde nach einen steuerbaren Veräußerungsvorgang nach § 17 EStG darstellt. Rechtsfehlerhaft sei jedoch die Annahme, dass die von der Klägerin getragenen Steuerberatungskosten Veräußerungskosten i. S. d. § 17 Abs. 2 Satz 1 EStG seien.

Der Begriff der Veräußerungskosten ist weder in § 17 Abs. 2 Satz 1 EStG noch in anderen Vorschriften des EStG ausdrücklich definiert. Nach der Rechtsprechung des BFH umfasst er jedoch grundsätzlich Aufwendungen, die durch die Veräußerung eines Wirtschaftsguts oder einer Gesamtheit von Wirtschaftsgütern veranlasst sind.

Nach Auffassung des Senats ist der Begriff der Veräußerungskosten einheitlich auszulegen. Maßgeblich ist daher, ob die Aufwendungen bei wertender Betrachtung ihren auslösenden Moment im Veräußerungsvorgang haben und eine größere Nähe zur Veräußerung als zu den laufenden Einkünften aufweisen.

Ob ein solcher Veranlassungszusammenhang besteht, ist anhand der Gesamtumstände des Einzelfalls zu beurteilen. Dabei sind die für die Kostenentstehung maßgeblichen Umstände zu gewichten und gegeneinander abzuwägen.

Der BFH verweist insoweit auch auf seine frühere Rechtsprechung. In seinem Urteil v. 9.10.2013 (IX R 25/12) hatte der Senat die Kosten eines abkommensrechtlichen Verständigungsverfahrens nicht als Veräußerungskosten i. S. d. § 17 Abs. 2 Satz 1 EStG anerkannt. Entscheidend sei gewesen, dass der auslösende Moment für die Kosten nicht in der Veräußerung selbst, sondern in der steuerlichen Behandlung des Veräußerungsvorgangs gelegen habe.

Der BFH stellt klar, dass ein unmittelbarer sachlicher Zusammenhang zwischen Aufwendungen und dem Rechtsgeschäft der Veräußerung nicht zwingend erforderlich ist. Auch mittelbar durch den Veräußerungsvorgang veranlasste Kosten können grundsätzlich Veräußerungskosten darstellen, sofern ein entsprechender Veranlassungszusammenhang besteht.

Dieser Auslegung steht nach Auffassung des Senats auch die Regelung des § 20 Abs. 4 Satz 1 Halbsatz 1 EStG nicht entgegen. Ob der dort geforderte „unmittelbare sachliche Zusammenhang" ebenfalls auf den auslösenden Moment abstellt, konnte der Senat offenlassen. Dem Gesetzgeber steht es frei, den Abzug veräußerungsbedingter Aufwendungen im Rahmen des § 20 EStG anders zu regeln als im Anwendungsbereich des § 17 EStG. Eine vollständige Belastungsgleichheit zwischen beiden Einkunftsarten besteht bereits aufgrund der unterschiedlichen tariflichen Behandlung nicht.

c) Folgerungen und Fazit

Ausgehend von diesen Grundsätzen hat das Finanzgericht zwar zutreffend einen steuerbaren Veräußerungsvorgang nach § 17 Abs. 1, Abs. 2 EStG angenommen und für die Einordnung von Aufwendungen als Veräußerungskosten auf den auslösenden Moment der Kostenentstehung abgestellt. Die weitere Feststellung des Finanzgerichts, der auslösende Moment für die streitigen Steuerberatungskosten liege im Veräußerungsvorgang selbst, hält jedoch der revisionsrechtlichen Überprüfung nicht stand.

Nach Auffassung des BFH sind diese Aufwendungen vielmehr Folge der steuerlichen Erfassung des Veräußerungsvorgangs und der daraus resultierenden Verpflichtung zur steuerlichen Deklaration. Der maßgebliche Anlass für die Kostenentstehung liegt somit nicht in der Veräußerung selbst, sondern in der Erstellung der Steuererklärung und der Erfüllung steuerlicher Erklärungspflichten.

d) Praxishinweise

Das Urteil sorgt für eine klarere Abgrenzung bei privat gehaltenen Kapitalgesellschaftsbeteiligungen i. S. d. § 17 EStG. Kosten, die erst nach der Veräußerung entstehen und der steuerlichen Deklaration dienen, stellen danach keine Veräußerungskosten dar. Hierzu gehören insbesondere:

- Steuerberatungskosten für die Erstellung der Steuererklärung
- Kosten für die steuerliche Dokumentation des Veräußerungsgewinns
- Kosten eines Einspruchsverfahrens gegen die steuerliche Erfassung des Veräußerungsvorgangs.

Demgegenüber können weiterhin als Veräußerungskosten berücksichtigt werden:

- Rechts- und Beratungskosten zur Vorbereitung und Durchführung der Veräußerung
- Notar- und Vertragskosten
- Kosten für Unternehmensbewertungen
- Makler- und Vermittlungsprovisionen.

Die Entscheidung hat darüber hinaus Bedeutung über den Anwendungsbereich des § 17 EStG hinaus. Die vom BFH entwickelten Grundsätze zur Abgrenzung von Veräußerungskosten können insbesondere auch für die Gewinnermittlung nach § 16 Abs. 2 EStG, § 8b Abs. 2 Satz 2 KStG sowie § 23 Abs. 3 EStG relevant sein.

9. Kein Zufluss von Darlehenszinsen bei Prolongation vor Fälligkeit

BFH, Urteil v. 17.9.2025 - VIII R 30/23, NWB OAAAJ-57320

(Sebastian Zerbe)

a) Zusammenfassung der Entscheidung

Der Zeitpunkt des Zuflusses von Vergütungen wie Gewinnausschüttungen, Darlehenszinsen oder Tantieme einer Kapitalgesellschaft an ihren beherrschenden Gesellschafter ist in vielfältiger Weise oft ein Streitpunkt im Steuerrecht. Im vorliegenden Sachverhalt hatte der BFH zu entscheiden, zu welchem Zeitpunkt Darlehenszinsen bei einem beherrschenden Gesellschafter bei Vereinbarung einer Prolongation der Zinsansprüche zugeflossen sind.

Der Kläger war im Streitjahr zu 80 % und seine beiden Kinder jeweils zu 10 % an einer spanischen Kapitalgesellschaft beteiligt. Die Ehefrau des Klägers war Geschäftsführerin der Gesellschaft. Im Jahr 2007 hatte der Kläger der Gesellschaft ein verzinsliches Darlehen mit einer Laufzeit von zehn Jahren gewährt. Die Zinsen waren bei Fälligkeit des Darlehens am 31.12.2017 zahlbar.

Mit notariellem Vertrag v. 14.6.2011 verzichtete der Kläger auf die Darlehensrückzahlungsforderung gegenüber der Gesellschaft und leistete eine Einlage in die Gesellschaft. Mit diesem Debt-Equity-Swap galt das Darlehen als getilgt. Die Zinsverbindlichkeiten gegenüber dem Kläger hat die Gesellschaft in den Folgejahren unverändert bilanziert. Mit Datum v. 14.11.2017 prolongierten die Parteien das Darlehen zu den gleichen Konditionen um weitere fünf Jahre bis zum 31.12.2022. Auch die aufgelaufenen Zinsen wurden in die Prolongation einbezogen und waren demnach erst zum 31.12.2022 fällig und wurden somit im Streitjahr 2017 nicht an den Kläger ausgezahlt.

Aufgrund der Vereinbarung v. 14.11.2017 ging das Finanzamt davon aus, dass dem Kläger Zinsen zugeflossen seien, und setzte die entsprechenden Einkünfte aus Kapitalvermögen in der privaten Einkommensteuererklärung des Gesellschafters fest. Auch das FG Nürnberg (Urteil v. 24.2.2022 - 6 K 720/21, NWB DAAAJ-41633) schloss sich der Auffassung der Finanzverwaltung an und wies die eingereichte Klage als unbegründet zurück.

ABB. 6: Darstellung des Sachverhalts

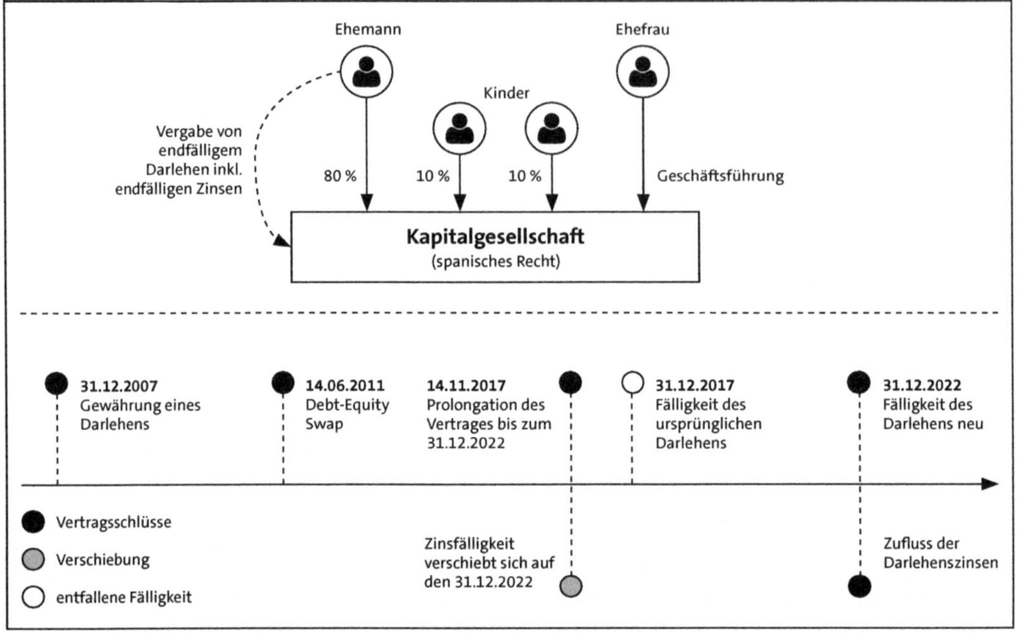

b) Entscheidungsgründe

Gemäß § 11 Abs. 1 Satz 1 EStG sind Einnahmen aus Kapitalvermögen i. S. d. § 20 Abs. 1 Nr. 7 EStG erst dann zugeflossen, wenn der Steuerpflichtige die wirtschaftliche Verfügungsmacht über die in Geld oder Geldeswert bestehenden Güter erlangt hat. Grundsätzlich fließen Geldbeträge dadurch zu, dass sie bar ausgezahlt oder einem Konto des Empfängers bei einem Kreditinstitut gutgeschrieben werden. Hingegen führt das Innehaben von (fälligen) Ansprüchen oder Rechten nach ständiger Rechtsprechung noch nicht zum Zufluss von Kapitaleinkünften, da dieser grundsätzlich erst mit der Erfüllung des Anspruchs eintritt.

Der BFH hat bei seiner Entscheidung die Prolongation klar von der Novation abgegrenzt. So könnte ein Zufluss vorliegen, wenn Schuldner und Gläubiger gesondert vereinbaren, dass eine bestehende Forderung künftig auf einem anderen rechtlichen Grund beruhen soll (Novation). Voraussetzung dafür ist der übereinstimmende Wille der Parteien, das alte Schuldverhältnis durch ein neues (anderes) zu ersetzen und damit zugleich das alte Schuldverhältnis aufheben zu wollen und die Parteien somit nicht mehr auf das ursprüngliche Vertragsverhältnis zurückgreifen können.

Davon abzugrenzen ist das einvernehmliche Hinausschieben der Fälligkeit des Zinsanspruchs (Prolongation). Dies wirkt steuerlich lediglich wie eine Stundung und rechtfertigt nicht die Annahme einer den Zufluss begründenden Verfügung des Gläubigers über die Kapitalerträge. Der BFH weist darauf hin, dass im Zweifel durch Auslegung des Vertrages zu bestimmen ist, ob eine Novation oder eine Prolongation vorliegt.

Insofern war der BFH überzeugt, dass entgegen der Auffassung des FG Nürnberg und der Finanzverwaltung auch ein nach dem Erlöschen der Darlehensrückzahlungsschuld stehengebliebener Zinsanspruch zivilrechtlich wirksam prolongiert werden könne und hob das Urteil des FG Nürnberg auf. Der entscheidende Senat führt weiter aus, dass das FG rechtsfehlerhaft angenommen hat, dass die isolierte Zinsschuld nicht prolongiert werden könnte und auch die daraus folgende Annahme, dass die Vereinbarung v. 14.11.2017 deshalb als (zuflussbegründende) Novation ausgelegt werden müsse rechtsfehlerhaft ist. Vielmehr lieferten weder der Inhalt der Vereinbarung noch die Umstände ihres Zustandekommens Hinweise darauf, dass statt der ausdrücklich vereinbarten Verlängerung des Zinsanspruchs vor dessen Fälligkeit eine schuldrechtliche Umgestaltung beabsichtigt gewesen sein könnte.

Auch können nach Ansicht des BFHs die Darlehenszinsen dem Kläger nicht aufgrund seiner beherrschenden Stellung zugeflossen sein. Wie eingangs bereits erwähnt, fließen Gewinnausschüttungen einem beherrschenden Gesellschafter in der Regel bereits im Zeitpunkt der Beschlussfassung über die Gewinnverwendung zu, weil es der beherrschende Gesellschafter regelmäßig in der Hand hat, sich die ihm von der Gesellschaft geschuldeten Beträge (jederzeit) auszahlen zu lassen. Auch auf Tantiemen oder eben schuldrechtliche Vergütungen wie Darlehenszinsen wird diese Rechtsprechung angewandt. Voraussetzung für den Zufluss ist jedoch, dass der gegen die Gesellschaft gerichtete Anspruch fällig ist. Dagegen unterstellt die Rechtsprechung keinen Zugriff des beherrschenden Gesellschafters auf einen noch nicht fälligen Anspruch.

Der Kläger und die Gesellschaft haben noch vor dem Eintritt der Fälligkeit des Zinsanspruchs dessen Fälligkeit einvernehmlich und zivilrechtlich wirksam auf den 31.12.2022 hinausgeschoben. Insofern kann im vorliegenden Fall kein Zufluss angenommen werden, da der Anspruch des Klägers gegen die Gesellschaft im Streitjahr zu keinem Zeitpunkt fällig war.

Aus Sicht des BFH ist es zudem nicht entscheidungserheblich, ob auch ein fremder Dritter der Prolongation unter denselben Umständen zugestimmt hätte. So sind zwar Gewinnausschüttungen und Tantieme an beherrschende Gesellschafter mit der Beschlussfassung grundsätzlich fällig und gelten als zugeflossen. Hingegen liegt bei der Prolongation der Fälligkeit eines noch nicht fälligen anderen schuldrechtlichen Anspruchs keine dazu vergleichbare Ausgangslage vor.

Abschließend führt der BFH aus, dass auch kein fiktiver Zufluss aufgrund einer verdeckten Einlage vorliege, da eine verdeckte Einlage nur dann in Betracht käme, wenn der Gesellschafter infolge einer Verzichtsleistung auf Forderungen eine Einlage in die Gesellschaft leiste. Dies wird damit begründet, dass auch der von einem Gesellschafter einer Kapitalgesellschaft gewährte Vorteil, ein Darlehen zinslos nutzen zu können, steuerrechtlich kein einlagefähiges Wirtschaftsgut darstellt.

c) Folgerungen und Fazit

Der BFH hat mit seiner Entscheidung die Abgrenzung zwischen Novation und Prolongation nochmals geschärft und die steuerliche Behandlung einer Prolongation eines Darlehens zwischen Gesellschafter und Kapitalgesellschaft bestätigt. Der Zeitpunkt des Zuflusses ist unverändert eng mit der Fälligkeit verbunden. Eine zivilrechtlich wirksame Novation stellt einen Zufluss dar, wohingegen die Prolongation in der Regel keinen Zufluss darstellt, selbst dann, wenn dies mit einem beherrschenden Gesellschafter vereinbart wird.

HINWEIS:

Für die Praxis wird nochmals sehr klar deutlich, dass eine aus wirtschaftlichen Gründen sinnvolle Entscheidung auch steuerlich die gewünschten Folgen erzielt, wenn die Vereinbarung dazu rechtzeitig getroffen wird und vertraglich gut dokumentiert wird.

10. Zur Grenzgängereigenschaft gemäß Art. 15a DBA-Schweiz 1971/2010

BFH, Beschluss v. 19.9.2025 - VI B 3/25, NWB SAAAK-01267

(*Christian Kappelmann*)

a) Zusammenfassung der Entscheidung

Der BFH hat mit Beschluss v. 19.9.2025 entschieden, dass die im Rahmen der Grenzgängerregelung des Doppelbesteuerungsabkommens zwischen Deutschland und der Schweiz vorgesehenen Nichtrückkehrtage im Falle krankheitsbedingter Abwesenheiten nicht zeitanteilig zu kürzen sind.

Unterschreitet die Anzahl der Tage, an denen der Arbeitnehmer aufgrund seiner beruflichen Tätigkeit nicht an seinen Wohnsitz zurückkehrt, im Kalenderjahr die Grenze von 60 Tagen, verbleibt das Besteuerungsrecht für den Arbeitslohn nach der Grenzgängerregelung beim Ansässigkeitsstaat.

Der Kläger hatte seinen Wohnsitz und gewöhnlichen Aufenthalt in Deutschland und unterlag daher der unbeschränkten Einkommensteuerpflicht. Im Rahmen seines Arbeitsverhältnisses übte er seine berufliche Tätigkeit regelmäßig in der Schweiz aus und pendelte zu diesem Zweck zwischen Deutschland und der Schweiz. Das Besteuerungsrecht für die Einkünfte aus nichtselbständiger Arbeit stand bislang dem Tätigkeitsstaat zu, da die Arbeitsleistung überwiegend in der Schweiz erbracht wurde.

Im Streitjahr war der Kläger jedoch infolge einer länger andauernden Erkrankung an der Ausübung seiner Tätigkeit gehindert. Aufgrund dieser krankheitsbedingten Abwesenheit hielt er sich an nicht mehr als 60 Tagen in der Schweiz auf, an denen er nicht zu seinem Wohnsitz in Deutschland zurückkehrte.

Damit lagen die Voraussetzungen der Grenzgängerregelung gem. Art. 15a des Doppelbesteuerungsabkommens zwischen Deutschland und der Schweiz nicht mehr vor, so dass das Besteuerungsrecht für den gesamten Arbeitslohn Deutschland zufiel. Gegen diese steuerliche Behandlung wandte sich der Kläger im Einspruchs- sowie im anschließenden Klageverfahren, jedoch ohne Erfolg.

b) Entscheidungsgründe

Der BFH wies die Beschwerde des Klägers als unbegründet zurück und folgte somit der Entscheidung des Finanzgerichts.

Die Zuweisung des Besteuerungsrechts für Einkünfte aus nichtselbständiger Arbeit richtet sich grundsätzlich nach Art. 15 DBA-Deutschland/Schweiz. Nach Art. 15 Abs. 1 DBA-Deutschland/Schweiz steht das Besteuerungsrecht für diejenigen Arbeitstage, an denen der Steuerpflichtige seine Tätigkeit im Ansässigkeitsstaat ausübt, vorbehaltlich der besonderen Regelungen der Art. 15a bis 19 DBA-Deutschland/Schweiz, dem Ansässigkeitsstaat zu.

Eine abweichende Regelung ergibt sich aus der Grenzgängerbestimmung des Art. 15a DBA-Deutschland/Schweiz. Danach sind Gehälter und Löhne von Grenzgängern grundsätzlich in dem Staat zu besteuern, in dem der Steuerpflichtige ansässig ist, auch wenn die Tätigkeit im anderen Vertragsstaat ausgeübt wird. Als Grenzgänger gilt jede in einem Vertragsstaat ansässige Person, die ihre Arbeitsstätte im anderen Vertragsstaat hat und von dort regelmäßig an ihren Wohnsitz zurückkehrt. Erfolgt eine solche regelmäßige Rückkehr nicht, steht das Besteuerungsrecht dem Tätigkeitsstaat zu. Eine regelmäßige Rückkehr wird insbesondere dann verneint, wenn der Arbeitnehmer an mehr als 60 Arbeitstagen aufgrund der Arbeitsausübung nicht an seinen Wohnsitz zurückkehrt.

Nach Auffassung des BFH war die im Streitfall aufgeworfene Rechtsfrage bereits geklärt, so dass die Revision gegen die Entscheidung des Finanzgerichts nicht zuzulassen war. Als Nichtrückkehrtage sind ausschließlich solche Tage zu berücksichtigen, an denen der Steuerpflichtige aus beruflichen Gründen nicht an seinen Wohnsitz zurückkehrt. Nichtrückkehrtage aus privaten Gründen – etwa infolge von Krankheit oder Urlaub – bleiben hingegen außer Betracht. Eine anteilige Kürzung der maßgeblichen Nichtrückkehrtage kommt lediglich bei Teilzeitbeschäftigungen oder bei unterjährigem Beginn bzw. Ende der Tätigkeit in Betracht.

Eine Reduzierung der Grenze von 60 Nichtrückkehrtagen war im Streitfall daher nicht vorzunehmen. In den Vorjahren stand das Besteuerungsrecht für den Arbeitslohn der Schweiz zu, da der Kläger an mehr als 60 Tagen aus beruflichen Gründen nicht an seinen Wohnsitz zurückkehrte. Im Streitjahr wurde diese Grenze jedoch aufgrund der krankheitsbedingten Abwesenheit nicht überschritten, so dass das Besteuerungsrecht für den Arbeitslohn auf den Ansässigkeitsstaat Deutschland zurückfiel.

c) Folgerungen und Fazit

Die Grenzgängerregelung gem. Art. 15a DBA-Deutschland/Schweiz war in der Vergangenheit wiederholt Gegenstand finanzgerichtlicher Auseinandersetzungen. Streitpunkte betrafen insbesondere die Auslegung des Begriffs der regelmäßigen Rückkehr sowie die Behandlung sog. Nichtrückkehrtage.

Der BFH hat in seiner Rechtsprechung mehrfach klargestellt, dass die in Art. 15a DBA-Deutschland/Schweiz vorgesehene Grenze von 60 Nichtrückkehrtagen eine feste, typisierende Grenze darstellt. Danach entfällt die Grenzgängereigenschaft grundsätzlich, wenn der Arbeitnehmer an mehr als 60 Arbeitstagen im Kalenderjahr aus beruflichen Gründen nicht an seinen Wohnsitz zurückkehrt. Eine anteilige Kürzung dieser Grenze kommt nach der Rechtsprechung nur in eng begrenzten Ausnahmefällen in Betracht, insbesondere bei einer Teilzeitbeschäftigung oder bei einem unterjährigen Beginn oder Ende der Tätigkeit.

Darüber hinaus hat der BFH wiederholt betont, dass ausschließlich solche Nichtrückkehrtage zu berücksichtigen sind, die auf beruflichen Gründen beruhen. Tage, an denen der Arbeitnehmer aus privaten Gründen – etwa infolge von Krankheit, Urlaub oder sonstiger persönlicher Umstände – nicht an seinen Wohnsitz zurückkehrt, bleiben für die Berechnung der maßgeblichen 60-Tage-Grenze außer Betracht.

11. Passivierung von Anzahlungen: Gewinnrealisierung durch Teilleistungen bei Bauträgervertrag – Übergang der Preisgefahr

FG Düsseldorf, Urteil v. 24.9.2025 - 10 K 459/23, NWB MAAAK-03667

(Lars-Oliver Farwick)

a) Zusammenfassung der Entscheidung

Die Richter des FG Düsseldorf hatten darüber zu entscheiden, ob die Klägerin im Streitjahr (2017) vom Erwerber eines Grundstücks erhaltene Kaufpreisraten als erfolgsneutral behandeln durfte oder ob dadurch Teilleistungen vergütet wurden, die zu einer Gewinnrealisierung geführt haben.

Die Klägerin im zugrunde liegenden Sachverhalt ist eine Personengesellschaft in der Rechtsform einer GmbH & Co. KG, deren persönlich haftendende Gesellschafterin die U-GmbH ist. Kommanditisten sind die natürlichen Personen H und B. Gegenstand des Unternehmens der Klägerin ist der An- und Verkauf, die Projektierung und die Sanierung von Immobilien. Die Klägerin erwarb durch notariell beurkundeten Kaufvertrag ein bebautes Grundstück. Der Kaufpreis betrug 150.000 €. Es war der Klägerin beim Kauf bekannt, dass sich das Objekt in einem sanierungsbedürftigen Zustand befand. Durch notariell beurkundeten Bauträgervertrag veräußerte die Klägerin das Grundstück. Die Klägerin verpflichtete sich, als Bauherrin im eigenen Namen und auf eigene Kosten und Gefahr Sanierungsmaßnahmen an dem Objekt durchzuführen. Hinsichtlich der Bezahlung vereinbarten die Vertragsparteien, dass bei Vorliegen bestimmter Voraussetzungen einzelne Teilzahlungen des Kaufpreises fällig seien. Die Klägerin stellte im Mai die erste Kaufpreisrate in Rechnung und im August des gleichen Jahres eine zweite, die beide durch Überweisung vom Käufer beglichen wurden.

Die Klägerin aktivierte die Anschaffungs- und Baukosten als unfertige Erzeugnisse/unfertige Leistungen in ihrer Bilanz. Die erhaltenen Zahlungen passivierte sie als erhaltene Anzahlungen auf Bestellungen. Einen Betrag i. H. v. 30.000 € behandelte sie in der Gewinn- und Verlustrechnung für das Streitjahr gewinnerhöhend als „Bestandsveränderung Bauaufträge". Die Einkünfte der Klägerin wurden für das Streitjahr zunächst so, wie von der Klägerin deklariert, festgestellt und durch einen Bescheid unter Vorbehalt der Nachprüfung mitgeteilt.

Im Rahmen einer Außenprüfung bei der Klägerin im Jahr 2021 wurden die gesondert und einheitlich festzustellenden Besteuerungsgrundlagen der Jahre 2015 bis 2017 überprüft. Dabei stellte die Betriebsprüferin fest, dass erhebliche Buchhaltungsmängel vorliegen würden, u. a.

mangels Festschreibung der Buchführung und mangels besonderer Baukonten für die Abgrenzung teilfertiger Arbeiten. Den erklärten Gewinn minderte sie um den gebuchten Erlös i. H. v. 30.000 €, weil diese Buchung nach Aussage des Steuerberaters der Klägerin zur Ergebnisneutralisierung erfolgt sei. Es handele sich weder um Einnahmen noch um Ausgaben (keine Fertigungsgemeinkosten).

In dem BP-Bericht führte sie aus: *„(...) Es wird davon ausgegangen, dass die Teilleistungen entsprechend der ausgestellten Rechnungen fertiggestellt waren. Dies ergibt sich auch aus dem vorliegenden Notarvertrag. Der Kaufpreis ist demnach in Raten fällig und zahlbar. Die jeweilige Rate entspricht der dazugehörigen Bauleistung. Erst nach Fertigstellung des jeweiligen Bauabschnittes ist eine Rechnung auszustellen. Am 5.5.2017 und am 23.8.2017 wurden Teilrechnungen für erbrachte Leistungen ausgestellt. Die Teilrechnungen sind sofort erfolgswirksam zu berücksichtigen. Da keine geeigneten Unterlagen vorgelegt wurden, werden die bisher gebuchten Beträge als Aufwand für die erstellten Teilrechnungen berücksichtigt."* In der Folge änderte das Finanzamt den Bescheid für das Jahr 2017 gewinnerhöhend um die festgestellten Beträge.

Gegen den Bescheid legte die Klägerin zunächst Einspruch ein und begründete diesen damit, dass es sich bei den Zahlungen nach ihrer Ansicht um bloße Abschlagszahlungen handele, die zu keiner Gewinnrealisierung führten. Für das Objekt seien in den Folgejahren noch erhebliche Kosten angefallen, die erst in einem späteren zivilrechtlichen Verfahren per Vergleich zwischen den Vertragsparteien geklärt wurden. Das Finanzamt wies den Einspruch zurück, so dass die Gesellschaft eine Klage beim Finanzgericht einreichte, um den geänderten Bescheid über die gesonderte und einheitliche Feststellung von Besteuerungsgrundlagen für 2017 ändern zu lassen.

b) Entscheidungsgründe

Das FG Düsseldorf sah in seinem Urteil v. 24.9.2025 die Klage als zulässig und begründet an. Zunächst stellten die Richter fest, dass es sich um eine buchführungspflichtige Gesellschaft handelt, die nach dem HGB und nach § 5 Abs. 1 Satz 1 EStG ihren Gewinn zu ermitteln hat.

Betreffend die Frage, ob es sich im Jahr 2017 um erfolgswirksame Sachverhalte oder erfolgsneutrale Anzahlungen handelt, führte das Gericht aus, dass nach dem Grundsatz des § 252 Abs. 1 Nr. 4 HGB Gewinne nur zu berücksichtigen sind, wenn sie am Abschlussstichtag realisiert sind. Ein Gewinn gilt als realisiert, wenn der Leistungsverpflichtete die von ihm geschuldete Erfüllungshandlung erbracht hat, d. h. seine Verpflichtung „wirtschaftlich erfüllt" hat. Damit steht dem Leistenden der Anspruch auf die Gegenleistung (die Zahlung) so gut wie sicher zu. Bei Kaufverträgen wird eine Gewinnrealisierung in diesem Sinne angenommen, wenn der verkaufte Gegenstand ausgeliefert, der Anspruch auf die Gegenleistung entstanden und die Gefahr des zufälligen Untergangs (sog. Preisgefahr) auf den Käufer übergegangen ist. Die Forderung aus dem Verkauf eines Grundstücks ist demnach realisiert mit dem Übergang von Besitz, Gefahr, Nutzen und Lasten. Das ist der Zeitpunkt der Übergabe.

Für den vorliegenden Sachverhalt wird festgestellt, dass der Leistungsverpflichtete bisher nur Teilleistungen erbracht hat. Die Gewinnrealisierung ist zu bejahen, soweit es sich um Teilleistungen handelt, die der Leistungsempfänger bereits nutzen bzw. verwerten kann und auf deren Vergütung insbesondere nach den Abmachungen der Beteiligten ein Anspruch besteht. Kann der Leistungsverpflichtete die für die selbständig abrechenbare und vergütungsfähige Teilleistung verdiente Vergütung ohne Verlust des bisher verdienten Honorars behalten, auch wenn es nicht mehr zur Erbringung der restlichen Teilleistungen kommt, bestehen keine Zweifel an dem Vergütungsanspruch. Von einer (Teil-)Gewinnrealisierung kann dann nicht ausgegangen werden, wenn es sich bei dem für die (Teil-)Leistung entstandenen Anspruch lediglich um einen solchen auf Zahlung eines Abschlags oder eines Vorschusses handelt.

Nach den dargelegten Grundsätzen folgert das Gericht, dass es sich bei den erbrachten Zahlungen lediglich um Anzahlungen und nicht um Vergütungen für von der Klägerin erbrachte selbständige Teilleistungen, die zu einer Gewinnrealisierung i. S. v. § 252 Abs. 1 Nr. 4 HGB geführt haben, handelt. Bei den Leistungen, die die Klägerin bis zur Erteilung der Rechnungen in 2017 erbracht hatte, handelt es sich zwar im weiteren Sinne um Teilleistungen im Rahmen der Erfüllung des Bauträgervertrags von dessen Abschluss an bis zur vollständigen Erfüllung durch Übergabe des Kaufgegenstandes an den Erwerber. Diese Teilleistungen waren aber nicht selbständig in dem Sinne, dass der Leistungsempfänger sie bereits nutzen bzw. verwerten konnte. Damit handelt es sich bei den Kaufpreisraten um bloße Anzahlungen auf Bestellungen, die erfolgsneutral zu passivieren waren. Eine Gewinnrealisierung durch das Erbringen von Leistungen zur Erfüllung des Bauträgervertrags ist danach im Streitjahr nicht eingetreten.

c) Folgerungen und Fazit

Der vorliegende Sachverhalt zeigt, dass die vertraglichen Bestimmungen von Fall zu Fall zu würdigen sind und ggf. darüber entscheiden, ob Teilleistungen abgerechnet werden, die erfolgswirksam zu erfassen sind, oder ob Abschlagszahlungen oder Anzahlungen zunächst erfolgsneutral bilanziell erfasst werden.

12. Behandlung von GmbH-Anteilen des Mitunternehmers als Sonderbetriebsvermögen II bei der Mitunternehmerschaft

BFH, Urteil v. 25.9.2025 - IV R 12/23, NWB MAAAK-07701

(Thomas Bruckbauer)

a) Zusammenfassung der Entscheidung

Der BFH hat entschieden, dass eine Beteiligung eines Mitunternehmers an einer Kapitalgesellschaft nur unter engen Voraussetzungen als notwendiges Sonderbetriebsvermögen II bei der Personengesellschaft einzuordnen ist. Allein der Umstand, dass die Personengesellschaft selbst an der Kapitalgesellschaft beteiligt ist, reicht hierfür nicht aus.

Im Streitfall war die Klägerin eine GmbH & Co. KG. Alleiniger Kommanditist war der Beigeladene, der zugleich Alleingesellschafter der Komplementär-GmbH war. Die Klägerin hielt zunächst sämtliche Anteile an der A-GmbH, die wiederum an mehreren Tochtergesellschaften beteiligt war.

Der Kommanditist gewährte der A-GmbH zunächst ein Darlehen, das bei der GmbH & Co. KG als Sonderbetriebsvermögen behandelt wurde. Im Jahr 2011 wurde das Stammkapital der A-GmbH erhöht. Der Kommanditist übernahm einen neu geschaffenen Geschäftsanteil von 3,8 % und brachte hierzu seine Darlehensforderung als Sacheinlage ein. Die Differenz zwischen dem Wert der Forderung und dem Nennbetrag des neuen Geschäftsanteils wurde in die Kapitalrücklage eingestellt. Der Anteil wurde in der Sonderbilanz des Kommanditisten bei der GmbH & Co. KG als Sonderbetriebsvermögen aktiviert.

Im Folgejahr veräußerte der Kommanditist diesen Anteil an eine ihm nahestehende Gesellschaft zu einem deutlich niedrigeren Preis und erklärte einen entsprechenden Verlust, der dem Teileinkünfteverfahren unterliegen sollte.

Im Rahmen einer Außenprüfung vertrat das Finanzamt die Auffassung, dass der Anteil von 3,8 % an der A-GmbH nicht zum Sonderbetriebsvermögen des Kommanditisten bei der GmbH & Co. KG gehöre. Der geltend gemachte Verlust könne daher steuerlich nicht berücksichtigt werden. Das FG Baden-Württemberg gab der Klage hingegen statt und erkannte den Verlust als Sonderbetriebsausgaben an.

Gegen diese Entscheidung legte das Finanzamt Revision ein.

b) Entscheidungsgründe

Der BFH hält die Revision für begründet, hebt das Urteil des Finanzgerichts auf und weist die Klage ab.

Nach ständiger Rechtsprechung gehören zum Betriebsvermögen einer gewerblichen Personengesellschaft nicht nur die im Gesamthandsvermögen gehaltenen Wirtschaftsgüter. Auch Wirtschaftsgüter eines Mitunternehmers können dem Betriebsvermögen zuzurechnen sein, wenn sie dem Betrieb der Personengesellschaft dienen (Sonderbetriebsvermögen I) oder zur Begründung bzw. Stärkung der Beteiligung des Gesellschafters an der Personengesellschaft eingesetzt werden (Sonderbetriebsvermögen II).

Zum notwendigen Sonderbetriebsvermögen I rechnen Wirtschaftsgüter, welche objektiv erkennbar zum unmittelbaren Einsatz im Betrieb der Personengesellschaft selbst bestimmt sind. Hierzu gehören insbesondere solche Wirtschaftsgüter, die ein Gesellschafter der Personengesellschaft zur Nutzung für deren Tätigkeit überlässt.

Notwendiges Sonderbetriebsvermögen II ist dagegen anzunehmen, wenn die dem Mitunternehmer gehörenden Wirtschaftsgüter unmittelbar zur Begründung oder Stärkung seiner Beteiligung eingesetzt werden. Ein solches Wirtschaftsgut kann auch die Beteiligung an einer Kapitalgesellschaft sein. Für die Zuordnung von Wirtschaftsgütern und damit auch von Kapitalbeteiligungen zum notwendigen Sonderbetriebsvermögen II ist der Veranlassungszusammenhang maßgebend. Wird ein Wirtschaftsgut nicht ausschließlich zur Begründung oder Stärkung der mitunternehmerischen Beteiligung an der Personengesellschaft eingesetzt, kann auch eine außerhalb dieser Sphäre begründete Veranlassung vorliegen. In diesem Fall ist es für die Zuordnung der Kapitalbeteiligung zum notwendigen Sonderbetriebsvermögen II erforderlich, dass ein ganz überwiegender Veranlassungszusammenhang mit der Beteiligung an der Personengesellschaft besteht.

Dieser kann nach ständiger Rechtsprechung dann gegeben sein, wenn die Beteiligung für das Unternehmen der Personengesellschaft wirtschaftlich vorteilhaft ist oder wenn die Beteiligung der Mitunternehmerstellung selbst dient, weil durch die Beteiligung an der Kapitalgesellschaft der Einfluss des Gesellschafters in der Personengesellschaft steigt bzw. gestärkt wird. Letztere Alternative kann insbesondere dann gegeben sein, wenn sich der Kommanditist einer GmbH & Co. KG an der Komplementär-GmbH beteiligt und über seine Beteiligung an der Komplementär-GmbH Einfluss auf die Geschäftsführung der KG gewinnt.

Für die Annahme einer wirtschaftlichen Vorteilhaftigkeit verlangt der BFH regelmäßig eine enge wirtschaftliche Verflechtung zwischen der Personengesellschaft und der Kapitalgesellschaft sowie eine Beherrschung der Kapitalgesellschaft durch den Mitunternehmer.

Unabhängig davon stellt eine Beteiligung an einer Kapitalgesellschaft in der Regel kein notwendiges Sonderbetriebsvermögen II dar, wenn die Kapitalgesellschaft neben ihren geschäftlichen Beziehungen zur KG einen eigenen Geschäftsbetrieb unterhält, der nicht nur von untergeordneter Bedeutung ist. Das Halten und Verwalten von weiteren Beteiligungen ist grundsätzlich als eigener Geschäftsbetrieb anzusehen. Unerheblich ist dabei, ob die Kapitalgesellschaft mit dieser Beteiligungsverwaltung eine originäre gewerbliche oder nur eine vermögensverwaltende Tätigkeit ausübt, da die unbeschränkt körperschaftsteuerpflichtige Kapitalgesellschaft stets als gewerblich anzusehen ist.

Der BFH stellte im vorliegenden Fall fest, dass diese Voraussetzungen nicht vorlagen. Allein die Tatsache, dass die GmbH & Co. KG zunächst sämtliche Anteile an der A-GmbH hielt, begründete keine ausreichende wirtschaftliche Verflechtung. Eine Tochtergesellschaft erfüllt keine wesentliche wirtschaftliche Funktion der Muttergesellschaft zur Qualifizierung als notwendiges Sonderbetriebsvermögen II, wenn sie lediglich der Muttergesellschaft aufgrund der Beteiligung die Teilhabe an ihren Vermögensmehrungen ermöglicht.

Zudem fehlte es an einer Beherrschung der A-GmbH durch den Kommanditisten. Beherrschender Gesellschafter der A-GmbH war weiterhin die GmbH & Co. KG selbst. Durch den Erwerb der Minderheitsbeteiligung von 3,8 % erhielt der Kommanditist keine eigenständige Einflussmöglichkeit auf die A-GmbH.

Der BFH verneinte zudem die Einordnung als gewillkürtes Sonderbetriebsvermögen, da diese eine ausdrückliche Widmung des Wirtschaftsguts voraussetzt. Dies ist jedoch ausgeschlossen, wenn das Wirtschaftsgut voraussichtlich keinen betrieblichen Nutzen, sondern Verluste bringen würde. Im Streitfall überstiegen die Anschaffungskosten des Geschäftsanteils der A-GmbH den Verkehrswert erheblich, so dass von einem „verlustgeneigten" Wirtschaftsgut auszugehen war, das nicht dem Sonderbetriebsvermögen zugeordnet werden konnte.

Im Streitfall überstiegen die Anschaffungskosten des Geschäftsanteils der A-GmbH deren Verkehrswert erheblich. Damit lag ein sog. „verlustgeneigtes" bzw. betriebsschädliches Wirtschaftsgut vor, das nicht dem Sonderbetriebsvermögen zugeordnet werden kann.

Da der Anteil somit nicht zum Sonderbetriebsvermögen gehörte, konnte dessen Veräußerung auch keinen steuerlich zu berücksichtigenden Sonderbetriebsverlust auslösen.

c) Folgerungen und Fazit

Das Urteil des BFH liefert ein sehr anschauliches Beispiel zur Komplexität des Sonderbetriebsvermögens bei Personengesellschaften. Die Entscheidung präzisiert dabei die Voraussetzungen, unter denen Beteiligungen eines Mitunternehmers an Kapitalgesellschaften als Sonderbetriebsvermögen II qualifiziert werden können.

Der BFH stellt klar, dass eine wirtschaftliche Verflechtung zwischen der Personengesellschaft und der Kapitalgesellschaft nicht automatisch aus einer gesellschaftsrechtlichen Beteiligung resultiert. Es müssen darüberhinausgehende funktionale Beziehungen bestehen, die zeigen, dass die Beteiligung an der Kapitalgesellschaft aus der Sicht des Gesellschafters überwiegend im Interesse der Personengesellschaft gehalten wird.

Das Gericht betont außerdem, dass neben der wirtschaftlichen Verflechtung eine Beherrschung der Kapitalgesellschaft durch den Mitunternehmer erforderlich ist. Fehlt es an dieser Beherrschung, spricht dies gegen eine Zuordnung der Beteiligung zum notwendigen Sonderbetriebsvermögen.

Von praktischer Bedeutung ist auch die Klarstellung zum Umgang mit sog. „verlustgeneigten" Wirtschaftsgütern. Übersteigen die Anschaffungskosten eines Wirtschaftsguts dessen Verkehrswert erheblich, kann dies ein starkes Indiz dafür sein, dass das Wirtschaftsgut nicht dem Betrieb dient, sondern steuerlich motivierte Verluste erzeugen soll.

d) Praxishinweise

Die Entscheidung des BFH hat besondere Relevanz für die Gestaltung von Personengesellschaften und deren Beteiligungsstrukturen. In der Praxis ist bei unmittelbaren Beteiligungen von Mitunternehmern an Kapitalgesellschaften genau zu prüfen, ob tatsächlich ein betrieblicher Zusammenhang zur Personengesellschaft besteht. Allein die gesellschaftsrechtliche Beteiligung der Personengesellschaft an derselben Kapitalgesellschaft reicht nicht aus, um eine Zuordnung zum Sonderbetriebsvermögen zu rechtfertigen.

Für die Qualifikation als notwendiges Sonderbetriebsvermögen II ist es erforderlich, dass zwischen der Personengesellschaft und der Kapitalgesellschaft eine enge wirtschaftliche Verflechtung besteht. Zudem muss der Mitunternehmer in der Lage sein, durch seine Beteiligung eine beherrschende Einflussmöglichkeit auf die Kapitalgesellschaft auszuüben. Fehlt diese Einflussmöglichkeit oder beschränken sich die Beziehungen auf eine bloße Beteiligung ohne wesentlichen Einfluss, spricht dies gegen eine Zuordnung zum notwendigen Sonderbetriebsvermögen.

Darüber hinaus verdeutlicht das Urteil die Grenzen der Zuordnung von Wirtschaftsgütern zum gewillkürten Sonderbetriebsvermögen. Wirtschaftsgüter, bei denen bereits im Zeitpunkt ihrer Widmung erkennbar ist, dass ihre Anschaffungskosten den Verkehrswert deutlich übersteigen und deshalb mit Verlusten gerechnet werden muss, können regelmäßig nicht dem Sonderbetriebsvermögen zugeordnet werden. In solchen Fällen wird angenommen, dass das Wirtschaftsgut dem Betrieb keinen Nutzen, sondern vielmehr steuerlich motivierte Verluste bringen soll.

13. Aufteilung des Gesamtkaufpreises einer denkmalgeschützten Immobilie in Grund- und Boden sowie Gebäudeanteil für Zwecke der Absetzung für Abnutzung

BFH, Urteil v. 7.10.2025 - IX R 26/24, NWB VAAAK-04422

(*Thomas Egner*)

a) Zusammenfassung der Entscheidung

Auch bei denkmalgeschützten Immobilien, die zur Erzielung von Einkünften aus Vermietung und Verpachtung nach § 21 EStG genutzt werden, sind die Anschaffungskosten in einen Anteil für den Grund und Boden sowie einen Gebäudeanteil aufzuteilen. Der Bodenanteil kann nicht mit der Begründung mit einem Wert von 0 € angesetzt werden, dass aufgrund der Erhaltenspflicht des Denkmals eine unbegrenzte Nutzung anzunehmen ist und damit kein eigenständiger Bodenwert existiert. Vielmehr ist auch für das Baudenkmal eine Nutzungsdauer zu ermitteln, die im Rahmen des Allgemeinen Ertragswertverfahrens nach § 28 ImmoWertVO 2021 verwendet wird.

Der Steuerpflichtige erzielte durch die Vermietung eines Baudenkmals Einkünfte aus Vermietung und Verpachtung (§ 21 EStG). Für die Ermittlung der Abschreibung wurde für das Gebäude eine Nutzungsdauer von 25 Jahren unterstellt. Gleichzeitig wurde der nach § 7 Abs. 4 Satz 2 EStG resultierende Abschreibungssatz von 4 % auf den gesamten Kaufpreis angewendet. Ein Bodenanteil kam nicht zum Abzug. Dies wurde mit der denkmalschutzrechtlichen Erhaltungspflicht begründet, als insofern keine spätere alternative Verwendung des Grundstücks möglich ist.

Die Finanzverwaltung ging demgegenüber nach § 7 Abs. 4 Satz 1 Nr. 2 Buchst. c EStG (Baujahr vor 1925) von einer Nutzungsdauer von 40 Jahren aus und setze den Bodenanteil mit ca. 60 % an. Im Rahmen des Klageverfahrens wurde seitens des Gerichts ein Sachverständiger bestellt, der eine Nutzungsdauer von 30 Jahren ansetzte und keine Wertminderung des Bodenanteils durch die Denkmaleigenschaft feststellen konnte.

Der Steuerpflichtige beantragte die Wertfeststellung des Bodenanteils mit 0 € und zudem die Anwendung des Vereinfachten Ertragswertverfahrens (§ 29 ImmoWertVO 2021) an Stelle des Allgemeinen Ertragswertverfahrens.

b) Entscheidungsgründe

Der IX. Senat folgte der Finanzverwaltung und dem Sachverständigengutachten insoweit als eine Aufteilung der Anschaffungskosten in einen Gebäude- sowie einen Grund- und Bodenanteil vorzunehmen ist. Das Allgemeine Ertragswertverfahren konnte im vorliegenden Sachverhalt zur Anwendung kommen.

Nach der durch den Senat zitierten Literatur ist das Allgemeine Ertragswertverfahren insbesondere bei Gebäuden mit einer Restnutzungsdauer von bis zu 30 Jahren und einem hohen Liegenschaftszins geeignet. Diese Bedingungen seien im vorliegenden Fall gegeben (Rz. 23 und 32), so dass die Verfahrenswahl des Sachverständigen nicht angefochten werden kann.

Nach § 7 Abs. 4 Satz 2 EStG wurde jedoch die Nutzungsdauer des Denkmals entsprechend der Stellungnahme des Sachverständigen auf 30 Jahre reduziert. Da sich der Gutachter ausführlich mit der Denkmaleigenschaft des Gebäudes beschäftigt hat, bestehen auch hier keine Zweifel an der Verwendung der ermittelten Nutzungsdauer. Nach Rz. 46 des Urteils reicht eine sachverständige Ermittlung nach § 4 Abs. 3 ImmoWertV aus (wohl entgegen BMF-Schreiben v. 22.2.2023, BStBl 2023 I S. 332, Rz. 24; siehe Strahl, NWB 2025 S. 3242; ebenso Kulosa in Schmidt, § 7 EStG Rz. 209).

Das Kernargument des Steuerpflichtigen für den Wertansatz des Grund- und Bodenanteils mit 0 €, die fehlende anderweitige Nutzungsmöglichkeit des Grund und Bodens wegen der Erhaltenspflicht des Denkmals, hat der Senat verworfen. Begründet wird dies mit der durchaus bestehenden (begrenzten) Nutzungsdauer des Gebäudes. Wie bei anderen Gebäuden auch ergibt sich eine längere Nutzungsmöglichkeit regelmäßig erst durch Instandsetzung und Modernisierung des Gebäudes (Rz. 40). Diese Kosten sind zudem (soweit Herstellungskosten) steuerlich nach § 7i EStG begünstigt. Im konkreten Fall wurde weiterhin durch den Sachverständigen aufgezeigt, dass auch keine alternative, umfangreichere Bebauung des Grundstücks möglich wäre, da das Baudenkmal die gegebenen Bebauungsgrenzen bereits ausnutzt.

Dem IX. Senat ist im Ergebnis zuzustimmen. Die Ausführungen des Steuerpflichtigen leiden insbesondere an einem Argumentationswiderspruch. Die Annahme einer nach § 7 Abs. 4 Satz 2 EStG verkürzten Nutzungsdauer von 25 Jahren (gegenüber den typisierend angenommenen 40 Jahren nach § 7 Abs. 4 Satz 1 Nr. 2c EStG) steht nicht im Einklang mit einer ewigen Nutzungsannahme des Baudenkmals im Rahmen der Ermittlung des Gebäudeanteils. Zwar ist für die „ewige" Nutzung eine Modernisierung und Instandhaltung anzunehmen, jedoch wäre die Grundsubstanz des erworbenen Gebäudes weiterhin Teil des Gebäudes. Es wäre insofern fraglich, ob unter den Annahmen des Steuerpflichtigen überhaupt noch eine Abschreibung vorzunehmen wäre (durch den Senat angedeutet in Rz. 40).

Insoweit der Senat in Rz. 42 allgemein schlussfolgert, dass sich die Denkmaleigenschaft nur auf den Gebäudewert auswirken kann, ist dem zu widersprechen. Zum einen weist der Senat selbst darauf hin, dass die Ausführungen des Sachverständigen im konkreten Fall keine derartigen Minderungsgründe enthalten (Rz. 37), was grundsätzlich so zu verstehen ist, dass diese aber durch den Sachverständigen belegt werden könnten. Derartige Gründe könnten sich zum Beispiel durch umliegende Baudenkmäler ergeben (Ensemble). Zum anderen weist der IX. Senat auf die Abgrenzung zu Bodendenkmälern hin, bei denen eine Beeinflussung des Grund- und Bodenwerts selbstredend anzunehmen ist (Rz. 42).

c) Folgerungen und Fazit

Baudenkmäler sind häufig Streitgegenstand steuerlicher Fragestellungen, da die typisierenden Bewertungsregelungen des Immobilienrechts nicht immer zu überzeugen vermögen. Im vorliegenden Sachverhalt geht der IX. Senat jedoch zutreffend auch für Baudenkmäler von einer Aufteilung der Anschaffungskosten in einen Grund- und Bodenanteil sowie einen Gebäudeanteil aus. Die Eigenschaft als Baudenkmal führt nicht zu einer ewigen Nutzungsdauer mit einer daraus resultierenden Verringerung des Grund- und Bodenwertanteils. Es gilt – wie bei allen Immobilien – zu beachten, dass sich eine verlängerte tatsächliche Nutzung regelmäßig nur aus den Erhaltungs- und Modernisierungsaufwendungen ergibt. Dies bedeutet nicht, dass der Wert des Grund- und Bodens durch Nutzungseinschränken grundsätzlich nicht gemindert sein kann, doch gilt es dies im Einzelfall nachzuweisen.

14. Entgeltlicher Verzicht auf Nießbrauch bei einem vermieteten Grundstück

BFH, Urteil v. 10.10.2025 - IX R 4/24, NWB MAAAK-05864

(*Christian Kappelmann*)

a) Zusammenfassung der Entscheidung

Der entgeltliche Verzicht auf einen Nießbrauch an einem vermieteten Grundstück stellt eine steuerbare Entschädigung dar, wenn der Nießbraucher zum Zeitpunkt des Verzichts Einkünfte aus Vermietung und Verpachtung erzielt hat. Die Zahlung ist als außerordentliche Einkünfte nach § 24 Nr. 1 Buchst. a i. V. m. § 21 EStG zu versteuern und nicht als privates Veräußerungsgeschäft zu behandeln.

Die Klägerin war lebenslang nießbrauchsberechtigt an einem Grundstück, das im Eigentum der Erbengemeinschaft ihrer Kinder stand. Das Nießbrauchsrecht befand sich zunächst im Privatvermögen, später im Sonderbetriebsvermögen einer Personengesellschaft. Nachdem die Klägerin aus der Personengesellschaft ausschied, wurde das Grundstück in das Privatvermögen der Klägerin entnommen. Nach der Veräußerung des Grundstücks durch die Erbengemeinschaft verzichtete die Klägerin vertraglich auf ihr Nießbrauchsrecht und erhielt hierfür eine Entschädigungszahlung.

Die Klägerin und ihre Kinder gingen von einer unentgeltlichen Zuwendung aus. Das Finanzamt qualifizierte den entgeltlichen Teil des Verzichts hingegen als privates Veräußerungsgeschäft nach § 22 Nr. 2 i. V. m. § 23 EStG und setzte einen Veräußerungsgewinn an. Nach erfolglosem Einspruch gab das FG der Klage statt.

b) Entscheidungsgründe

Der BFH mit seinem Urteil v. 10.10.2025 hob die Entscheidung des FGs auf und gab der Revision des Finanzamts statt. Er stellte klar, dass das Entgelt für den Verzicht auf ein Nießbrauchsrecht aus dem Einkünfte aus Vermietung und Verpachtung erzielt wurden, als steuerbare Entschädigung einzuordnen ist.

Nach § 24 Nr. 1 Buchst. a EStG sind nach Auffassung des BFH auch Entschädigungen steuerbar, wenn sie Einnahmen ersetzen, die ihrerseits steuerpflichtig gewesen wären. Erforderlich ist ein unmittelbarer Zusammenhang zwischen der Entschädigung und den wegfallenden Einnahmen. Keine Entschädigung liegt vor, wenn lediglich der Verlust oder die Aufgabe eines Wirtschaftsguts ausgeglichen wird.

Im Streitfall ersetzte die Zahlung nach Auffassung des BFH wirtschaftlich die künftig entgehenden Mieteinnahmen und nicht das Nießbrauchsrecht als solches. Daher handelt es sich um außerordentliche Einkünfte aus Vermietung und Verpachtung nach § 24 Nr. 1 Buchst. a i. V. m. § 21 EStG, die vorrangig gegenüber einer Besteuerung als privates Veräußerungsgeschäft sind.

Unerheblich ist dabei, ob die Aufgabe des Nießbrauchs freiwillig oder unter wirtschaftlichem bzw. rechtlichem Druck erfolgt. Der BFH verwies den Fall an das FG zurück, damit dieses prüft, ob im Zusammenhang mit der Entschädigung abzugsfähige Werbungskosten entstanden sind.

c) Folgerungen und Fazit

Der entgeltliche Verzicht auf einen Nießbrauch an einem vermieteten Grundstück führt regelmäßig zu steuerpflichtigen außerordentlichen Einkünften, sofern der Nießbrauch der Erzielung steuerbarer Mieteinnahmen diente. Die Zahlung wird einkommensteuerlich als Ersatz für entgehende Einnahmen behandelt.

Mit dieser Entscheidung ändert der BFH seine bisherige Rechtsprechung und vertritt nun auch eine andere Auffassung als die Finanzverwaltung, die aktuell im Nießbraucherlass (BMF, Schreiben v. 30.9.2013, BStBl 2013 I S. 1184, Rz. 58, 60, 65) noch von einer unentgeltlichen Übertragung des Nießbrauchsrechts ausgeht, wenn auf dieses verzichtet wird. Nach Ansicht des BFH ist ein wirtschaftlicher oder tatsächlicher Druck für den Verzicht auf den Nießbrauch für die Annahme steuerpflichtiger Einnahmen nicht mehr erforderlich.

HINWEIS:

Insbesondere bei Übertragungen unter Vorbehaltsnießbrauch sollten Steuerpflichtige und Berater künftig mit einer höheren steuerlichen Belastung rechnen und entsprechende Gestaltungen frühzeitig steuerlich prüfen.

Fraglich ist, ob der Tatbestand entfällt, wenn auf einen zum Zeitpunkt des Verzichts nicht ausgeübten Nießbrauch verzichtet wird, wie beispielsweise in Fällen, in denen trotz Nießbrauchsrecht, die Immobilie nicht genutzt wurde. In solchen Konstellationen könnte gegebenenfalls eine Besteuerung als privates Veräußerungsgeschäft in Betracht kommen. Um eine Versteuerung auf den Verzicht des Nießbrauchs zu vermeiden, kann im Vorfeld des Nießbrauchsverzichts die Vermietung eingestellt werden. Gegebenenfalls kann jedoch in diesem Fall statt der tatsächlichen Einnahmen die übliche Marktmiete angesetzt werden, um den Wert des Verzichts auf den Nießbrauch zu bestimmen.

15. Steuerpflicht der Energiepreispauschale für Rentenbezieher

Sächsisches FG, Urteil. v. 11.11.2025 - 2 K 1149/23, NWB VAAAK-07912

(*Daniel R. Kälberer*)

a) Zusammenfassung der Entscheidung

Das Sächsische FG hatte zu entscheiden, ob die im Jahr 2022 auf Grundlage des Rentenbeziehende-Energiepreispauschalengesetz (RentEPPG) v. 7.11.2022 (BGBl 2022 I S. 1985) gewährte Energiepreispauschale bei Rentenbeziehern als sonstige Einkünfte gem. § 22 Nr. 1 Satz 3 Buchst. c EStG zu bewerten ist. Zudem war zu klären, ob der Bund die Gesetzgebungskompetenz für die Regelung des RentEPPG habe und ob die Regelung des § 22 Nr. 1 Satz 3 Buchst. c EStG nicht gegen den allgemeinen Gleichheitssatz des Art. 3 Abs. 1 GG verstoße.

Vor diesem Hintergrund erzielte der Kläger im Streitjahr 2022 Einkünfte aus einer Leibrente gem. § 22 Nr. 1 EStG. Zusätzlich erhielt er eine von der Deutschen Rentenversicherung Bund ausgezahlte Energiepreispauschale i. H. v. 300 € (§§ 1, 2 RentEPPG). Im Rahmen des Einkommensteuerbescheides für das Jahr 2022 rechnete das Finanzamt diesen Betrag den zu versteuernden Einkünften hinzu; der hiergegen eingelegte Einspruch blieb erfolglos, woraufhin Klage beim FG erhoben wurde. Dabei machte der Kläger geltend, dass die Energiepreispauschale keiner der in § 2 Abs. 1 EStG aufgeführten Einkunftsarten zuzuordnen sei und es an einem wirtschaftlichen Zusammenhang fehle. Schließlich stelle sich die Frage, worin die Leistung des Klägers bestehen solle – die Energiepreispauschale sei als sozialpolitische Leistung zur Deckung der enormen Preissteigerungen auf dem Energiesektor geschaffen worden und sei völlig losgelöst von einem Einsatz von Arbeit oder Kapital. Zudem verstoße die Besteuerung gegen das Gebot der Folgerichtigkeit und gegen die Grundsätze der Kohortenbesteuerung. Auch fehle es an einer Gesetzgebungskompetenz, da es sich bei der Energiepreispauschale um eine Subvention in Form einer Sozialleistung handele, weshalb sich der Bundesgesetzgeber nicht auf Art. 105 Abs. 2 Satz 2 GG berufen könne.

Demgegenüber trug das Finanzamt vor, dass die Gewährung der Energiepreispauschale an das Vorliegen von Rentenbezügen anknüpfe und eine Auszahlung der gesetzlichen Rentenversicherung bzw. landwirtschaftlichen Alterskasse darstelle. Schließlich sollten mit der Energiepreispauschale für Rentenbeziehende die sprunghaft und drastisch gestiegenen Energie- und Nahrungsmittelpreise, die zu einer Erhöhung der Lebenshaltungskosten geführt hätten, kurzfristig und sozial gerecht abgefedert werden. In der Folge stünde die auf Grundlage des RentEPPG gewährte Energiepreispauschale inhaltlich den Rentenbezügen nahe, weshalb eine Besteuerung nach § 22 Nr. 1 Satz 1 EStG nicht nur zulässig, sondern auch folgerichtig sei.

b) Entscheidungsgründe

Das Sächsische FG hat die Klage abgewiesen, da die Besteuerung der Energiepreispauschale der Regelung der für 2022 geltenden einfachgesetzlichen Rechtslage des EStG entspreche. Denn mit dem Jahressteuergesetz 2022 v. 16.12.2022 (BGBl 2022 I S. 2294) wurde mit Wirkung für den VZ 2022 der Regelungsbereich des § 22 Nr. 1 Satz 3 Buchst. c EStG eingefügt. Danach unterliegt die Energiepreispauschale (§ 112 EStG) auch für Rentner und Versorgungsbeziehende (§ 19 Abs. 3 EStG) der Besteuerung. Weil es sich um eine Auszahlung durch die Deutsche Rentenversicherung bzw. landwirtschaftlichen Alterskasse handelt, solle diese als Einnahme i. S. v. § 22 Nr. 1 Satz 3 EStG gelten und mit dem individuellen Steuersatz versteuert werden (BT-Drucks. 20/4729 v. 30.11.2022, S. 132). Der Gesetzgeber hat somit in § 22 Nr. 1 Satz 3 Buchst. c EStG geregelt, dass die nach dem RentEPPG gewährte Energiepreispauschale wie die Einkünfte aus wiederkehrenden Bezügen, soweit sie nicht zu den in § 2 Abs. 1 Nr. 1 bis 6 EStG bezeichneten Einkunftsarten gehören, als Einkünfte zu behandeln und der Besteuerung zu unterwerfen sind. Der Gestaltungsspielraum des Gesetzgebers erstrecke sich dabei auch darauf, den Tatbestand der der ESt unterliegenden Einkünfte frei zu gestalten und den Umfang der Einkunftsarten selbst festzulegen. Dies gilt selbst dann, wenn die Energiepreispauschale nicht ohne Weiteres die Tatbestandsvoraussetzungen von § 2 Abs. 1 Nr. 7, § 22 EStG erfüllt – der Gesetzgeber hat die Energiepreispauschale den Einnahmen aus § 22 Nr. 1 EStG konstitutiv zugeordnet, so dass es auf einen Veranlassungszusammenhang der Einnahme mit der vom Rentenempfänger (vormals) erbrachten Leistung nicht ankomme (beachte hierzu FG Münster, Urteil v. 17.4.2024 - 14 K 1425/23 E, Rev. eingelegt, Az des BFH: VI R 15/24).

Auch verfassungsrechtliche Einwände ließ das FG nicht gelten: Der Bund habe gem. Art. 105 Abs. 2 Satz 2 Alt. 1 GG für eine Änderung des EStG – wie etwa bei § 22 Nr. 1 Satz 3 Buchst. c EStG – die Gesetzgebungskompetenz, da dem Bund das Steueraufkommen diesbezüglich ganz oder teilweise zusteht. Das Aufkommen aus der hier betroffenen Einkommensteuer steht dem Bund und den Ländern nach Art. 106 Abs. 3 Sätze 1 und 2 GG gemeinsam zu. Auch sei der allgemeine Gleichheitssatz des Art. 3 Abs. 1 GG nicht verletzt, wonach wesentlich Gleiches gleich und wesentlich Ungleiches ungleich zu behandeln ist. Zwar sei es grundsätzlich Sache des Gesetzgebers, diejenigen Sachverhalte auszuwählen, an die er dieselben Rechtsfolgen knüpft und die er so als rechtlich gleich qualifiziert – diese Auswahl hat er sachgerecht zu treffen. Genauere Maßstäbe und Kriterien dafür, unter welchen Voraussetzungen der Gesetzgeber den Gleichheitssatz verletzt, lassen sich jedoch nicht abstrakt und allgemein, sondern nur in Bezug auf die jeweils betroffenen unterschiedlichen Sach- und Regelungsbereiche bestimmen. Dabei ergeben sich je nach Regelungsgegenstand und Differenzierungsmerkmalen aus dem allgemeinen Gleichheitssatz i. S. eines stufenlosen, am Grundsatz der Verhältnismäßigkeit orientierten Prüfungsmaßstabs unterschiedliche Grenzen für den Gesetzgeber, die vom bloßen Willkürverbot bis zu einer strengen Bindung an Verhältnismäßigkeitserfordernisse reichen. Differenzierungen bedürfen indes stets der Rechtfertigung durch Sachgründe, die dem Differenzierungsziel und dem Ausmaß der Ungleichbehandlung angemessen sind (dazu BVerfG, Beschluss v. 21.6. 2006 - 2 BvL 2/99). Vor diesem Hintergrund habe der Gesetzgeber innerhalb des ihm zustehenden Regelungsspielraums willkürfrei entschieden, dass die Energiepreispauschale bei Rentnern der Besteuerung unterliegen soll. Selbst wenn man hierfür eine Rechtfertigungsbedürftigkeit annehmen wollte, läge dieser Entscheidung wiederum der legitime Zweck der sozial gerechten Verteilung der Energiepreispauschale zugrunde.

c) Folgerungen und Fazit

Mit seiner Entscheidung hat das FG klargestellt, dass die Besteuerung der Energiepreispauschale weder gegen den allgemeinen Gleichheitssatz des Art. 3 Abs. 1 GG noch gegen das Leistungsfähigkeitsprinzip oder das Gebot folgerichtiger Ausgestaltung steuerlicher Belastungsentscheidungen verstößt. Zudem betont es, dass die gesetzliche Zuordnung der Energiepreispauschale zu den steuerpflichtigen Einkünften nach § 22 EStG konstitutiver Natur ist, und es deshalb auch keines eigenständigen wirtschaftlichen Leistungszusammenhangs mit einer aktuellen Tätigkeit des Rentenempfängers bedarf. Damit reiht sich das zugrunde liegende Urteil in den Kanon von zwei weiteren, inhaltsgleichen Entscheidungen ein. Ob sich der BFH dieser Sichtweise anschließen wird, bleibt indes abzuwarten, da gegen sämtliche Verfahren Revision (Sächsisches FG, Urteile v. 11.11.2025 - 2 K 1149/23, 2 K 1150/23 und 2 K 1140/23; beim BFH anhängig unter den Az.: X R 24/25, X R 25/25 und X R 27/25) eingelegt wurde.

HINWEIS:

Betroffenen Steuerpflichtigen ist deshalb anzuraten, ihre Einkommensteuerbescheide insoweit offen zu halten, um im Falle einer abweichenden Entscheidung des BFH hiervon profitieren zu können.

16. Rückwirkender Widerruf von Corona-Soforthilfe kein rückwirkendes Ereignis

BFH, Urteil v. 16.12.2025 - VIII R 4/25, NWB NAAAK-09539

(*Daniel R. Kälberer*)

a) Zusammenfassung der Entscheidung

Der BFH hatte zu entscheiden, ob die aus staatlichen Mitteln gezahlte Corona-Soforthilfe für die Monate April, Mai und Juni 2020 eine steuerbare sowie steuerpflichtige Betriebseinnahme darstellt und inwieweit der Widerruf des Bewilligungsbescheids mit Ex-tunc-Wirkung als rückwirkendes Ereignis i. S. d. § 175 Abs. 1 Satz 1 Nr. 2 AO zu werten ist. Vor diesem Hintergrund erzielte der Kläger im Streitjahr 2020 Einkünfte aus selbständiger Arbeit. Seinen Gewinn ermittelte er nach § 4 Abs. 3 EStG durch Einnahme-Überschuss-Rechnung. Am 2.4.2020 beantragte er die Gewährung der „Niedersachsen-Soforthilfe Corona (mit finanzieller Unterstützung des Bundes)“ (Corona-Soforthilfe) für die Monate April, Mai und Juni 2020. Antragsberechtigt waren unter anderem Soloselbständige und Angehörige der Freien Berufe, die wirtschaftlich und damit dauerhaft am Markt als Unternehmen oder im Haupterwerb als Freiberufler oder Selbständige tätig waren, ihre Tätigkeit von einer niedersächsischen Betriebsstätte ausführten und bei einem deutschen Finanzamt angemeldet waren. Bei Antragstellung erklärte der Kläger, dass er zur Kenntnis nehme, dass die Soforthilfe als Einnahme zu versteuern sei und kein Rechtsanspruch auf die Gewährung der Soforthilfe bestünde. Im Übrigen stand die mit Bescheid v. 3.6.2020 bewilligte und auch ausbezahlte Soforthilfe unter dem Vorbehalt der Überkompensation, wobei am 12.5.2023 eine Widerrufs- und Rückforderungsbescheid erging, mit welchem er zur teilweisen Rückzahlung der Corona-Soforthilfe verpflichtet wurde. In den Gründen des Widerrufs- und Rückforderungsbescheides wurde hierzu ausgeführt: „Die Soforthilfe ist für Zwecke des Unternehmens und insoweit für die Regulierung fortlaufender erwerbsmäßiger Verbindlichkeiten (. . .) zweckbestimmt (vgl. Seite 1 des Bescheides). Sofern Ihnen z. B. aufgrund (. . .) oder (. . .) im Ergebnis mehr an Mitteln zur Verfügung standen als tatsächlich zur Deckung der Verbindlichkeiten erforderlich war (Überkompensation), kann die insoweit faktisch nicht benötigte Soforthilfe nicht zweckentsprechend verwendet worden sein. Ihre Angaben im Berechnungstool haben ergeben, dass Sie die Leistung nicht in voller Höhe zur Deckung der ansetzbaren Fixkosten benötigt haben.“ Demgegenüber machte der Kläger geltend, dass die Corona-Soforthilfe nicht als Betriebseinnahme, sondern als nicht zu erfassende Darlehensgewährung zu werten sei; die Mittel seien ihm darlehensähnlich nur vorübergehend zur Nutzung überlassen worden.

b) Entscheidungsgründe

Nachdem der Kläger im Revisionsverfahren beantragt hatte, die Einkünfte aus selbständiger Tätigkeit um 10.527 € zu mindern, der vorinstanzliche Klageantrag (FG Niedersachsen, Urteil v. 13.2.2024 - 12 K 20/24) sich indes auf 9.242,35 € belief, war die Revision mangels formeller Beschwer unzulässig. Die ansonsten zulässige Revision war hingegen unbegründet und gem. § 126 Abs. 2 FGO zurückzuweisen. Das FG habe zutreffend entschieden, dass die dem Kläger im Streitjahr zugeflossene Corona-Soforthilfe eine steuerpflichtige Betriebseinnahme aus der freiberuflichen Tätigkeit des Klägers ist.

Betriebseinnahmen i. S. v. § 4 Abs. 3 Satz 1 EStG sind in Anlehnung an § 8 Abs. 1 und § 4 Abs. 4 EStG alle Zugänge in Geld oder Geldeswert, die durch den Betrieb veranlasst sind. Ein Vermögenszuwachs ist betrieblich veranlasst, wenn insoweit ein nicht nur äußerlicher, sondern sachlicher und wirtschaftlicher Zusammenhang gegeben ist. Für die Beurteilung des Veranlassungszusammenhangs kommt es nicht auf die Rechtsgrundlage der Leistung an. Als betrieblich veranlasst sind nicht nur solche Einnahmen zu werten, die aus der maßgeblichen Sicht des Unternehmers Entgelt für betriebliche Leistungen darstellen. Es ist weder erforderlich, dass der Vermögenszuwachs im Betrieb erwirtschaftet wurde, noch, dass der Steuerpflichtige einen Rechtsanspruch auf die Einnahme hat. Erforderlich ist nur ein wirtschaftlicher Bezug der Einnahme zum Betrieb (vgl. BFH, Beschluss v. 13.8.2024 - VIII B 59/23, BFH/NV 2024 S. 1327, NWB WAAAJ-74511, Rz. 8; BFH, Urteil v. 28.9.2022 - VIII R 39/19, BFHE 278 S. 221, Rz. 16; BFH, Urteil v. 30.11.2016 - VIII R 41/14, BFH/NV 2017 S. 1180, NWB XAAAG-50045, Rz. 17, m. w. N.). Dies – so der erkennende Senat – gelte auch für Aufwandszuschüsse wie die dem Kläger gewährte Corona-Soforthilfe, die dem Zweck diente, den fortlaufenden Sach- und Finanzierungsaufwand des Klägers während der Pandemie zu mildern. Im Übrigen führe auch eine Auszahlung unter dem Vorbehalt der sog. Überkompensation zu keiner anderen Beurteilung, da eine drohende Rückzahlungsverpflichtung dem Zufluss der Corona-Soforthilfe nicht entgegenstehe; das endgültige „Behaltendürfen" eines vereinnahmten Betrags ist schließlich nicht Merkmal des Zuflusses einer Betriebseinnahme (vgl. BFH, Urteil v. 29.9.2020 - VIII R 14/17, BStBl 2021 II S. 431, Rz. 34; BFH, Urteil v. 2.8.2016 - VIII R 4/14, BStBl 2017 II S. 310, Rz. 21, m. w. N.).

Da die Rückzahlung der Corona-Soforthilfe allein für den Fall vorgesehen war, dass der zunächst aufgrund von prognostizierten Berechnungsgrundlagen ermittelte Anspruch den endgültigen Anspruch auf Grundlage der nachträglich ermittelten tatsächlichen Werte übersteige, kann weder ein darlehensähnliches Verhältnis noch ein durchlaufender Posten i. S. d. § 4 Abs. 3 Satz 2 EStG angenommen werden. Auch eine Steuerbefreiung nach § 3 Nr. 2 Buchst. d EStG oder nach § 3 Nr. 11 Satz 1 EStG sei zu verneinen.

Zudem habe das FG das Vorliegen eines rückwirkenden Ereignisses in zutreffender Weise verneint: Gemäß § 175 Abs. 1 Satz 1 Nr. 2 AO ist ein Steuerbescheid zu erlassen, aufzuheben oder zu ändern, soweit ein Ereignis eintritt, das steuerliche Wirkung für die Vergangenheit hat (rückwirkendes Ereignis). Dabei reiche es nicht aus, dass das spätere Ereignis den nach dem Steuertatbestand rechtserheblichen Sachverhalt anders gestaltet. Die Änderung muss sich darüber hinaus (ungeachtet der zivil- oder verwaltungsrechtlichen Wirkungen) steuerlich in die Vergangenheit auswirken, und zwar in der Weise, dass nunmehr der veränderte anstelle des zuvor verwirklichten Sachverhalts der Besteuerung zugrunde zu legen ist (vgl. Beschluss des Großen Senats des BFH v. 19.7.1993 - GrS 2/92, BFHE 172 S. 66, BStBl 1993 II S. 897, unter C.II.1.b). Zwar wurde der Bewilligungsbescheid durch den Widerrufs- und Rückforderungsbescheid in Höhe des

Rückforderungsbetrags mit Ex-tunc-Wirkung zum Gewährungstag widerrufen. Dieser Widerruf gestalte aber den nach dem Steuertatbestand rechtserheblichen Sachverhalt nicht anders – denn das Vorliegen eines Rechtsgrundes (hier: des ursprünglichen Bewilligungsbescheides) sei nicht Voraussetzung für eine betrieblich veranlasste Einnahme; ausreichend ist deren tatsächliche betriebliche Veranlassung. Schließlich seien für die Gewinnermittlung nach § 4 Abs. 3 EStG die tatsächlichen Zu- bzw. Abflüsse von Einnahmen und Ausgaben materiellrechtlich erheblich. Diese tatsächlichen Vorgänge können nicht durch später bewirkte Rückzahlungen und erst recht nicht durch später geltend gemachte Rückforderungen ungeschehen gemacht werden. Folglich bestehe auch kein materiell-rechtliches Bedürfnis, diese Zahlung schon vor Eintritt der wirtschaftlichen Belastung bereits im Streitjahr einkünftemindernd zu berücksichtigen. Dies gilt umso mehr, da der Regelungsbereich des § 4 Abs. 3 EStG gerade in der Vereinfachung der Gewinnermittlung für nicht buchführungspflichtige Steuerpflichtige zu sehen ist (vgl. dazu BFH, Urteil v. 17.5.2022 - VIII R 38/18, BFHE 277 S. 183, BStBl 2022 II S. 662, Rz. 19); Abweichungen vom Zu- und Abflussprinzip sind insoweit als eng auszulegende Ausnahmetatbestände konzipiert. In der Folge sei auch die tatsächliche Rückzahlung einer zuvor vereinnahmten Zahlung in unterschiedlichen Veranlagungszeiträumen zu erfassen.

c) Folgerungen und Fazit

Die Besprechungsentscheidung betrifft die steuerliche Behandlung der Corona-Soforthilfe und die Frage, ob der rückwirkende Widerruf eines Bewilligungsbescheids ein rückwirkendes Ereignis i. S. d. § 175 Abs. 1 Satz 1 Nr. 2 AO ist. Der BFH stellte dabei klar, dass die Corona-Soforthilfe als steuerpflichtige Betriebseinnahme zu erfassen sei und ein späterer Widerruf mit Rückzahlung keine rückwirkende Änderung des Steuerbescheids für das Jahr der Vereinnahmung rechtfertigt. Hierzu führte er aus, dass die Corona-Soforthilfe als betrieblich veranlasster Aufwandszuschuss im Jahr des Zuflusses als Betriebseinnahme nach § 4 Abs. 3 EStG zu erfassen sei. Die tatsächliche Verfügungsmacht über die Mittel und der wirtschaftliche Bezug zur freiberuflichen Tätigkeit genüge für deren steuerliche Erfassung – ungeachtet dessen, dass die Zahlung unter dem Vorbehalt der Rückforderung (Überkompensation) stand. Des Weiteren stelle die Soforthilfe kein Darlehen und auch keinen durchlaufenden Posten dar; Steuerbefreiungstatbestände wie etwa § 3 Nr. 2 Buchst. d EStG oder § 3 Nr. 11 Satz 1 EStG greifen ebenfalls nicht. Ein späterer Widerruf des Bewilligungsbescheids mit Ex-tunc-Wirkung und die Rückzahlung der Mittel begründet zudem kein rückwirkendes Ereignis i. S. d. § 175 Abs. 1 Satz 1 Nr. 2 AO, da das Zuflussprinzip maßgeblich bleibt und die Rückzahlung erst im Jahr des Abflusses einkünftemindernd zu berücksichtigen ist. In der Folge weist der BFH darauf hin, dass die mit dem Zu- und Abflussprinzip verbundene zeitabschnittsbezogene Steuerermittlung typischerweise bei progressiven Steuersätzen mithin zu Unterschieden in der Steuerbelastung zwischen den verschiedenen Abschnitten führe. Ergänzend können sich zugleich Belastungsunterschiede im Vergleich zu bilanzierenden Steuerpflichtigen ergeben. Für Letztere besteht indes die Möglichkeit drohende Rückzahlungsverpflichtung ggf. schon für das Jahr der Bewilligung und Vereinnahmung einkünftemindernd zu erfassen, weshalb ein Wechsel der Gewinnermittlungsart in Erwägung zu ziehen ist.

C. Körperschaftsteuer und Gewerbesteuer

I. Verwaltungsanweisungen

1. Körperschaftsteuerliche Organschaft unter Beteiligung einer Kapitalgesellschaft, an der eine atypische stille Beteiligung besteht

BMF, Schreiben v. 13.11.2025 - IV C 2 - S 2770/00048/001/044, BStBl 2025 I S. 2077

(*Uwe Demmler*)

a) Hintergrund

In seinem Schreiben v. 20.8.2015 (IV C 2 - S 2770/12/10001, NWB IAAAF-00270) nahm das BMF Stellung zur Anerkennung einer körperschaftsteuerlichen Organschaft im Zusammenhang mit atypisch stillen Beteiligungen. Es vertrat darin u. a. die Auffassung, dass eine Kapitalgesellschaft, an der eine atypisch stille Beteiligung besteht (= Mitunternehmerschaft), weder als Organgesellschaft nach den §§ 14, 17 KStG noch als Organträgerin nach § 14 Abs. 1 Satz 1 Nr. 2 KStG fungieren kann.

Mit zwei Entscheidungen stellte sich der BFH zumindest teilweise gegen die Finanzverwaltungsauffassung:

- Mit Urteil v. 11.12.2024 (I R 33/22, NWB NAAAJ-88829) entschied der BFH, dass eine Kapitalgesellschaft, an der eine atypisch stille Beteiligung besteht, Organgesellschaft im Rahmen einer körperschaftsteuerlichen Organschaft sein kann. Die Organgesellschaft führt nämlich ihren handelsrechtlichen Gewinn, der sich nach Abzug der Gewinnbeteiligung des stillen Gesellschafters ergibt, als „ganzen Gewinn" i. S. d. § 14 Abs. 1 Satz 1 KStG an den Organträger ab (s. auch Demmler, Steuerrecht aktuell 2/2025, S. 95 ff.).
- In seinem zweiten Urteil v. 11.12.2024 (I R 17/21, NWB DAAAJ-88828) hält der BFH darüber hinaus fest, dass eine Kapitalgesellschaft auch Organträgerin sein kann, wenn unabhängig voneinander mehrere atypisch stille Beteiligungen jeweils (nur) an verschiedenen Niederlassungen der Kapitalgesellschaft bestehen. Mangels Entscheidungserheblichkeit blieb in dem Urteil allerdings unbeantwortet, ob eine Kapitalgesellschaft auch Organträgerin sein kann, wenn die atypisch stille Beteiligung am gesamten Unternehmen besteht.

Mit dem BMF-Schreiben v. 13.11.2025 reagiert die Finanzverwaltung auf die ihrer bisherigen Auffassung entgegenstehende Rechtsprechung.

b) Inhalt des BMF-Schreibens vom 13.11.2025

Das BMF hält – wie im alten Schreiben – zunächst fest, dass eine atypisch stille Gesellschaft (= Mitunternehmerschaft), bei der am Handelsgewerbe einer Kapitalgesellschaft eine stille Beteiligung nach § 230 HGB besteht, im Rahmen einer körperschaftsteuerlichen Organschaft weder Organgesellschaft noch Organträgerin sein kann.

Die ergangene höchstrichterliche Rechtsprechung wird allerdings in das neue BMF-Schreiben eingefügt. So akzeptiert die Finanzverwaltung, dass eine Kapitalgesellschaft, an der eine atypisch stille Beteiligung besteht, Organgesellschaft nach den §§ 14, 17 KStG sein kann. Eine solche Kapitalgesellschaft kann auch Organträgerin i. S. d. § 14 Abs. 1 Satz 1 Nr. 2 KStG sein. Dies gilt allerdings nur dann, wenn die Beteiligung an der Organgesellschaft einem Geschäftsbereich der Organträger-Kapitalgesellschaft zuzuordnen ist, an dem keine atypisch stille Beteiligung besteht.

Die Organträgerschaft einer Kapitalgesellschaft nach § 14 Abs. 1 Satz 1 Nr. 2 KStG ist nach Auffassung der Finanzverwaltung jedoch ausgeschlossen, wenn eine atypisch stille Beteiligung an ihrem gesamten Handelsgewerbe besteht. Insoweit führt die Finanzverwaltung allerdings die Billigkeits- und Vertrauensschutzregelung aus ihrem früheren BMF-Schreiben fort. Demnach können steuerlich anerkannte Organschaften, die am 20.8.2025 bereits bestanden und bei denen atypisch stille Beteiligungen am gesamten Handelsgewerbe der Organträgerin bestehen, unter Berücksichtigung der Umstände des Einzelfalls weiter steuerlich anerkannt werden.

HINWEIS:

Das BMF-Schreiben v. 13.11.2025 ersetzt das frühere BMF-Schreiben v. 20.8.2015. Es ist in allen noch offenen Fällen anzuwenden.

2. Unterbringung von Kriegsflüchtlingen aus der Ukraine durch Vermietungsgenossenschaften und -vereine

BMF, Schreiben v. 5.12.2025 - IV C 2 - S 1900/01934/009/023, BStBl 2025 I S. 2061

(*Uwe Demmler*)

a) Hintergrund

Genossenschaften und Vereine sind gem. § 5 Abs. 1 Nr. 10 Satz 1 Buchst. a KStG von der Körperschaftsteuer befreit, soweit sie Wohnungen herstellen oder erwerben und diese ihren Mitgliedern aufgrund eines Mietvertrags oder eines genossenschaftlichen Nutzungsvertrags zum Gebrauch überlassen. Diese sog. Vermietungsgenossenschaften und Vermietungsvereine sind auch von der Körperschaftsteuer befreit, soweit sie im Zusammenhang mit einer der zuvor genannten Tätigkeiten Gemeinschaftsanlagen (z. B. Heizungsanlagen) oder Folgeeinrichtungen (z. B. Kindergärten) herstellen oder erwerben und diese betreiben; Voraussetzung ist, dass die Gemeinschaftsanlagen oder Folgeeinrichtungen überwiegend für Mitglieder bestimmt sind und der Betrieb durch die Genossenschaft oder den Verein notwendig ist (§ 5 Abs. 1 Nr. 10 Satz 1 Buchst. b KStG; Brandis/Heuermann/Böwing-Schmalenbrock, KStG, § 5 Rz. 221).

Die sachliche Steuerbefreiung wirkt jedoch – wie das Wort „soweit" in der Regelung deutlich macht – nur partiell. Das heißt, sie erstreckt sich nur auf die in § 5 Abs. 1 Nr. 10 Satz 1 sowie Satz 6 f. KStG bezeichneten Tätigkeiten. Das Einkommen aus anderen Tätigkeiten (nicht begünstigte Tätigkeiten) ist indes steuerpflichtig (Brandis/Heuermann/Böwing-Schmalenbrock, KStG, § 5 Rz. 216). Darüber hinaus wird die Steuerbefreiung in § 5 Abs. 1 Nr. 10 Satz 2 KStG vollständig versagt, wenn die Einnahmen aus nicht begünstigten Tätigkeiten mehr als 10 % der Gesamteinnahmen ausmachen. Eine von 10 % auf 30 % erhöhte Schädlichkeitsgrenze gilt zur Förderung der Erzeugung von Solarstrom für Stromlieferungen aus Mieterstromanlagen (§ 5 Abs. 1 Nr. 10 Satz 3 KStG; Brandis/Heuermann/Böwing-Schmalenbrock, KStG, § 5 Rz. 225).

b) Billigkeitsregelung der Finanzverwaltung

Im Wege einer Billigkeitsregelung hatte das BMF nach Erörterung mit den obersten Finanzbehörden der Länder durch Schreiben v. 31.3.2022 (IV C 2 - S 1900/22/10045 :001, NWB ZAAAI-58822) verfügt, dass die Einnahmen von Vermietungsgenossenschaften und Vermietungsvereinen aus der Wohnraumüberlassung an Kriegsflüchtlinge aus der Ukraine, die keine Mitglieder der Genossenschaft oder des Vereins sind, bei der Berechnung der 10 %-Grenze i. S. d. § 5 Abs. 1 Nr. 10 Satz 2 KStG unberücksichtigt bleiben. Eine Berücksichtigung dieser Einnahmen erfolgt dabei weder bei den Einnahmen aus den nicht begünstigten Tätigkeiten (d. h. im Zähler) noch bei den Gesamteinnahmen der Vermietungsgenossenschaft oder des Vermietungsvereins (d. h. im Nenner).

Die Billigkeitsregelung vom 31.3.2022 galt ursprünglich nur bis zum 31.12.2022. Aufgrund des fortdauernden Krieges in der Ukraine wurde der zeitliche Anwendungsbereich jedoch jährlich um je ein Jahr verlängert. Das vorliegende BMF-Schreiben v. 5.12.2025 enthält nun eine Verlängerung bis zum 31.12.2026.

II. Rechtsprechung

1. Verstößt die „Switch-over“-Klausel des § 20 Abs. 2 AStG gegen die Niederlassungsfreiheit?

BFH, Urteil v. 3.6.2025 - IX R 39/21, NWB FAAAK-04423

(*Christian Kappelmann*)

a) Zusammenfassung der Entscheidung

Der BFH hat mit Beschluss v. 3.6.2025 dem EuGH eine Rechtsfrage zur Vorabentscheidung vorgelegt. Gegenstand des Vorlageverfahrens ist die Frage, ob die sog. Switch-Over-Klausel des § 20 Abs. 2 AStG in der in den Streitjahren 2007 und 2008 geltenden Fassung mit der unionsrechtlich gewährleisteten Niederlassungsfreiheit vereinbar ist.

Die Klägerin, die in Deutschland ansässige Holdinggesellschaft C-SE, war Muttergesellschaft der A-GmbH. Zwischen der Klägerin als Organträgerin und der A-GmbH als Organgesellschaft bestand aufgrund eines Gewinnabführungsvertrags eine körperschaftsteuerliche und gewerbesteuerliche Organschaft.

Im Jahr 2007 beteiligte sich die A-GmbH auf Grundlage eines entsprechenden Vertrags als atypisch stille Gesellschafterin an einer Tochtergesellschaft der Unternehmensgruppe mit Sitz in Luxemburg. Diese Gesellschaft erzielte im Wesentlichen Einkünfte aus der Finanzierung von Tochtergesellschaften innerhalb des Konzerns. Aus der atypisch stillen Beteiligung standen der A-GmbH entsprechende Gewinnanteile zu.

Das Finanzamt qualifizierte diese Gewinnanteile als Zwischeneinkünfte i. S. d. § 20 Abs. 2 i. V. m. § 8 Abs. 1 AStG und unterwarf sie der deutschen Körperschaftsteuer. Abweichend von den Regelungen des Doppelbesteuerungsabkommens zwischen Deutschland und Luxemburg erfolgte somit keine Freistellung der Einkünfte in Deutschland; vielmehr wurden diese unter Anwendung des § 20 Abs. 2 AStG unter Anrechnung der in Luxemburg erhobenen Steuer, der inländischen Besteuerung unterworfen. Die hiergegen erhobene Klage der C-SE blieb vor dem Finanzgericht ohne Erfolg.

b) Entscheidungsgründe

Im anschließenden Revisionsverfahren gelangte der BFH zu der Auffassung, dass die Revision der Klägerin teilweise begründet sei. Er zweifelte zudem die Vereinbarkeit des § 20 Abs. 2 AStG mit dem Unionsrecht an. Der BFH hob daher die Entscheidung des Finanzgerichts auf, verwies die Sache zur anderweitigen Verhandlung und Entscheidung zurück und formulierte eine Rechtsfrage zur Vorabentscheidung an den EuGH.

Nach § 20 Abs. 2 AStG tritt für bestimmte Einkünfte aus einer ausländischen Betriebsstätte an die Stelle der in dem jeweils anwendbaren Doppelbesteuerungsabkommen vorgesehenen Freistellungsmethode die Anrechnungsmethode. Dies führt dazu, dass die im Ausland erzielten Einkünfte im Inland der Besteuerung unterliegen, wobei die im Ausland erhobene Steuer lediglich angerechnet wird.

In der in den Streitjahren maßgeblichen Fassung der Vorschrift war eine sog. Motivtest- oder Gegenbeweismöglichkeit nicht vorgesehen. Steuerpflichtige hatten somit keine Möglichkeit nachzuweisen, dass die gewählte ausländische Betriebsstättenstruktur nicht auf missbräuchlichen steuerlichen Motiven beruhte. Vor diesem Hintergrund ersucht der BFH den EuGH um Klärung, ob diese zwingende Anwendung der Switch-Over-Klausel eine unionsrechtswidrige Beschränkung der Niederlassungsfreiheit darstellt.

c) Folgerungen und Fazit

Nach § 20 Abs. 2 AStG werden bestimmte Einkünfte aus einer ausländischen Betriebsstätte eines unbeschränkt Steuerpflichtigen abweichend von den Regelungen eines einschlägigen Doppelbesteuerungsabkommens behandelt. Während diese Einkünfte nach den Bestimmungen des jeweiligen Doppelbesteuerungsabkommens regelmäßig von der inländischen Besteuerung freizustellen wären, ordnet § 20 Abs. 2 AStG ausnahmsweise die Anwendung der Anrechnungsmethode an. Infolgedessen werden die betreffenden Einkünfte im Inland der Besteuerung unterworfen, wobei die im Ausland erhobenen Steuern lediglich auf die deutsche Steuer angerechnet werden (sog. Switch-Over-Klausel).

Da § 20 Abs. 2 AStG insoweit von den abkommensrechtlichen Regelungen abweicht und deren Rechtsfolgen verdrängt, ist die Vorschrift als sog. Treaty-Override zu qualifizieren. Soweit das jeweilige Doppelbesteuerungsabkommen bereits selbst die Anwendung der Anrechnungsmethode vorsieht, entfaltet § 20 Abs. 2 AStG hingegen keine eigenständige Wirkung. Die Anrechnung der im Ausland entrichteten Steuer richtet sich in diesen Fällen nach den allgemeinen Vorschriften des § 34c EStG.

Der BFH hat dem EuGH die Frage zur Vorabentscheidung vorgelegt, ob die Regelung des § 20 Abs. 2 AStG mit den unionsrechtlichen Grundfreiheiten, insbesondere der Niederlassungsfreiheit, vereinbar ist. Nach Auffassung des BFH begegnet die in § 20 Abs. 2 AStG vorgesehene Umqualifizierung der im Doppelbesteuerungsabkommen vorgesehenen Freistellungsmethode in die Anrechnungsmethode, ohne dass dem Steuerpflichtigen die Möglichkeit des Nachweises außersteuerlicher Gründe eröffnet wird, unionsrechtlichen Bedenken. Eine entsprechende Gegenbeweismöglichkeit besteht hingegen in vergleichbaren Konstellationen bei ausländischen Kapitalgesellschaften, so dass sich insoweit eine mögliche unionsrechtlich relevante Ungleichbehandlung ergeben kann.

d) Praxishinweise

Der BFH hat dem Gerichtshof der Europäischen Union im Wege des Vorabentscheidungsverfahrens die Frage vorgelegt, ob die Regelung des § 20 Abs. 2 AStG mit dem Unionsrecht vereinbar ist. Im Mittelpunkt steht dabei insbesondere die unionsrechtliche Zulässigkeit der Vorschrift in der Fassung, die in den Streitjahren Anwendung fand und keine Möglichkeit eines sog. Motivtests vorsah.

Ein solcher Motivtest, der dem Steuerpflichtigen die Möglichkeit eröffnet, nachzuweisen, dass die gewählte Struktur nicht auf missbräuchlichen steuerlichen Gestaltungen beruht, wurde erst ab dem Jahr 2008 gesetzlich eingeführt. Vor diesem Hintergrund stellt sich die Frage, ob die zwingende Anwendung der Switch-Over-Klausel ohne eine entsprechende Gegenbeweismöglichkeit eine unzulässige Beschränkung der unionsrechtlichen Grundfreiheiten darstellt.

HINWEIS:

Da die gesetzliche Ausgestaltung aufgrund des erst ab dem Jahr 2008 eingeführten Gegenbeweises in den beiden Streitjahren unterschiedlich war, ist nicht ausgeschlossen, dass der Gerichtshof hinsichtlich der jeweiligen Veranlagungszeiträume zu unterschiedlichen rechtlichen Bewertungen gelangt.

2. § 8c KStG und Wirkung auf ein Verlustausgleichsvolumen des Vorjahres

BFH, Urteil v. 16.7.2025 - I R 1/23, NWB XAAAK-03471

(*Uwe Demmler*)

a) Zusammenfassung der Entscheidung

Die sog. Mantelkaufvorschrift des § 8c KStG sieht in Abs. 1 Satz 1 vor, dass – unter anderem – negative Einkünfte, die im Wirtschaftsjahr eines dort spezifizierten schädlichen Beteiligungserwerbs vor diesem Zeitpunkt anfallen, nicht mehr abziehbar sind. In seinem Urteil v. 16.7.2025 kommt der I. Senat des BFH jedoch zum Ergebnis, dass dies den Verlustrücktrag solcher negativen Einkünfte und deren Verrechnung mit einem im Vorjahr erwirtschafteten Verlustausgleichsvolumen (positiver Gesamtbetrag der Einkünfte) nicht ausschließt.

Im zugrundeliegenden Fall hatte eine GmbH (Klägerin) am 17.10.2018 das alleinige Eigentum an einer anderen GmbH (E-GmbH) erworben. Die E-GmbH wurde wenige Tage später, aber rückwirkend mit Ablauf des 30.9.2018, auf die Klägerin verschmolzen. Die E-GmbH hatte im VZ 2017 (Streitjahr) ein zu versteuerndes Einkommen von mehr als 1,8 Mio. € erzielt. Im Wirtschaftsjahr 2018 erzielte sie bis zur Verschmelzung am 30.9. einen Verlust von 14.058 €, der in ihrer Körperschaftsteuererklärung deklariert wurde. Das zuständige Finanzamt behandelte den Verlust im Körperschaftsteuerbescheid als wegen § 8c KStG nicht berücksichtigungsfähig. Es setzte eine Körperschaftsteuer von 0 € fest. Der Verlust wurde nicht gesondert festgestellt. Die Klägerin legte als Rechtsnachfolgerin der E-GmbH Einspruch gegen den Bescheid ein und begehrte, die unterjährig im Jahr der Verschmelzung bei der E-GmbH entstandenen Verluste ins Vorjahr zurückzutragen und dort mit positivem Einkommen zu verrechnen. Der Einspruch wurde mit der Begründung abgewiesen, dass der Untergang nicht genutzter Verluste im Wirtschaftsjahr des schädlichen Beteiligungserwerbs insbesondere auch einen Verlustrücktrag nach § 10d Abs. 1 EStG ausschließe. Im anschließenden Klageverfahren gab das FG Köln der Klägerin Recht (Urteil v. 8.12.2022 - 13 K 198/20, NWB OAAAJ-35440). Hiergegen richtet sich die Revision des Finanzamts.

b) Entscheidungsgründe

Der BFH hält zu Beginn seiner Entscheidungsbegründung fest, dass eine Nutzung der im Jahr des schädlichen Beteiligungserwerbs (nachfolgend: Mantelkauf) bis zum Verschmelzungsstichtag beim übertragenden Rechtsträger erwirtschafteten negativen Einkünfte weder durch § 12 Abs. 3 Halbsatz 2 i. V. m. § 4 Abs. 2 Satz 2 UmwStG 2006 noch durch § 2 Abs. 4 UmwStG 2006 ausgeschlossen wird. Die erste Regelung verhindert eine Übertragung der negativen Einkünfte auf den übernehmenden Rechtsträger, ohne aber die Verlustnutzung beim übertragenden Rechtsträger einzuschränken. Die zweite Regelung (§ 2 Abs. 4 UmwStG 2006) unterbindet in Satz 1 die Verrechnung eines verschmelzungsbedingten Übertragungsgewinns mit ansonsten untergehenden Verlusten. Damit soll verhindert werden, dass die Wirkungen eines bereits ausgelösten Mantelkaufs durch eine rückwirkende Umwandlung umgangen werden (BT-Drucks. 16/11108 S. 33). Durch Satz 2 schließt die Norm die Verrechnung eines Übertragungsgewinns mit Verlusten aus, die erst im Rückwirkungszeitraum (d. h. zeitlich nach dem steuerlichen Übertragungsstichtag) entstanden sind. Hintergrund hier ist, dass diese Verluste – aufgrund der steuerlichen Rückwirkung gem. § 2 Abs. 1 UmwStG 2006 – steuerlich bereits dem übernehmenden Rechtsträger zugerechnet werden. Im vorliegenden Streitfall wurden bis zum Übertragungsstichtag (nicht danach) beim Überträger (nicht beim Übernehmer) entstandene Verluste mit positiven Einkünften des Vorjahres (nicht mit Übertragungsgewinnen) verrechnet. Es ist daher keine der genannten Vorschriften des UmwStG 2006 einschlägig.

Im weiteren Verlauf der Entscheidungsfindung wendet sich der I. Senat der Frage zu, ob § 8c Abs. 1 Satz 1 KStG den Verlustrücktrag der im Jahr des schädlichen Beteiligungserwerbs bis zum Übertragungsstichtag entstandenen Verluste ausschließt. Der Wortlaut der Norm sei diesbezüglich nicht eindeutig. Zwar spreche § 8c Abs. 1 Satz 1 KStG davon, dass bis zum schädlichen Beteiligungserwerb nicht genutzte Verluste „vollständig nicht mehr abziehbar" sind. Das Wort

„vollständig" diente aber der Abgrenzung der Rechtsfolge vom früher vorgesehenen und mittlerweile als verfassungswidrig eingestuften teilweisen Verlustuntergang gem. § 8c Satz 1 KStG a. F. (vgl. BVerfG, Beschluss v. 29.3.2017 - 2 BvL 6/11, NWB JAAAG-44861). Daher müsse die Norm unter Berücksichtigung der Gesetzeshistorie und des Normzwecks ausgelegt werden.

§ 8c KStG soll sicherstellen, dass diejenige Gesellschaft, die einen Verlust einkommensmindernd geltend macht, wirtschaftlich mit jener Gesellschaft identisch ist, die den Verlust erwirtschaftete. Ob die wirtschaftliche Identität gewahrt ist oder nicht, richtet sich dabei ausschließlich nach dem Kreis der Anteilseigner. Die Verlustnutzung bleibt dem Anteilseignerkreis vorbehalten, der keine Änderung gem. § 8c Abs. 1 Satz 1 KStG verzeichnet hat (d. h. keine Übertragung von > 50 % der Anteil usw. auf einen Erwerber oder eine diesem nahe stehende Person innerhalb von fünf Jahren). Werden – wie im Streitfall – Verluste, die im Jahr des schädlichen Beteiligungserwerbs bis zum Verschmelzungsstichtag entstanden sind, ins Vorjahr zurückgetragen, ist diese Vorgabe gewahrt. Die Verluste werden mit Gewinnen der wirtschaftlich identischen Gesellschaft i. S. d. § 8c Abs. 1 Satz 1 KStG verrechnet. Der BFH sieht daher keine Gründe, wieso die Norm einem Verlustrücktrag entgegenstehen soll.

Das Gericht verweist in dem Zusammenhang auch auf die BFH-Urteile v. 30.11.2011 (I R 14/11, NWB WAAAE-03245) und v. 24.4.2024 (IV R 27/21, NWB TAAAJ-68246). In den Urteilen hatte es der BFH für rechtskonform erklärt, dass laufende Gewinne, die im Jahr eines schädlichen Beteiligungserwerbs i. S. v. § 8c KStG erwirtschaftet wurden, mit Verlusten aus vorrangegangenen Wirtschaftsjahren verrechnet wurden. Die Verluste aus den früheren Jahren seien nur für das „neue wirtschaftliche Engagement" nicht mehr nutzbar. Gleiches müsse somit im vorliegenden Fall gelten, in dem laufende Verluste des Jahres des schädlichen Beteiligungserwerbs mit Gewinnen des vorangegangenen Wirtschaftsjahres verrechnet werden sollen.

Abschließend stellt sich der I. Senat noch dem Argument entgegen, wonach es sich bei dem im Wirtschaftsjahr des schädlichen Beteiligungserwerbs bis zu diesem Zeitpunkt entstandenen Verlust lediglich um ein rein rechnerisches Teilergebnis handele, das dem Verlustrücktrag des § 10d Abs. 1 Satz 1 EStG nicht zugänglich sei. Zwar spreche die Norm von „negativen Einkünften, die bei der Ermittlung des Gesamtbetrags der Einkünfte nicht ausgeglichen werden", wobei sich ein negativer Gesamtbetrag der Einkünfte grundsätzlich erst mit Ablauf des entsprechenden VZ errechne (§ 7 Abs. 3 Satz 1, § 31 Abs. 1 KStG i. V. m. § 25 Abs. 1 Satz 1 EStG). Jedoch spreche zum einen das BMF selbst in seinem Schreiben v. 28.11.2017 (NWB WAAAG-64116, Tz. 33 Satz 3) von einem „bis zum schädlichen Beteiligungserwerb erwirtschaftete[n] Gesamtbetrag der Einkünfte". Zum anderen lege der Wortlaut in § 8c Abs. 1 Satz 1 KStG nahe, dass die Norm als Modifikation des Verlustabzug nach § 10d EStG gedacht ist. Schließlich werde darin die Formulierung „bis zum schädlichen Beteiligungserwerb nicht ausgeglichene oder abgezogene negative Einkünfte (nicht genutzte Verluste)" verwendet. Im vorliegenden Streitfall komme diesem Aspekt aber ohnehin keine Bedeutung zu. Infolge der Verschmelzung der E-GmbH auf die Klägerin sei nämlich der im letzten Rumpfwirtschaftsjahr der E-GmbH erwirtschaftete Verlust identisch mit dem Gesamtbetrag der Einkünfte des Veranlagungszeitraums 2018 (§ 7 Abs. 3 Satz 3 KStG).

c) Folgerungen und Fazit

Der I. BFH-Senat kommt auf Grundlage seiner Analyse zum Ergebnis, dass die Revision des Finanzamts gegen das Urteil des FG Köln unbegründet ist und weist sie daher zurück. Das FG habe ohne Rechtsfehler entschieden, dass das zu versteuernde Einkommen der E-GmbH im Streitjahr 2017 via Verlustrücktrag um 14.058 € reduziert werden muss.

Der Entscheidung des BFH ist zuzustimmen, da die Mantelkaufnorm lediglich verhindern soll, dass die bei einem Rechtsträger entstandenen negativen Einkünfte mit Gewinnen eines wirtschaftlich anderen Rechtsträgers verrechnet werden. Der BFH schafft damit Klarheit bei der Anwendung des § 8c KStG und stellt sich gegen die restriktive Auffassung der Finanzverwaltung, wonach die hier im Fokus stehenden negativen Einkünfte, die im Wirtschaftsjahr des schädlichen Beteiligungserwerbs bis zum schädlichen Beteiligungserwerb entstehen, nicht zurückgetragen werden dürfen (BMF, Schreiben v. 28.11.2017, NWB WAAAG-64116, Rz. 2 und Rz. 31 Satz 2 f.).

d) Praxishinweise

Es bleibt abzuwarten, wie die Finanzverwaltung auf die für sie nachteilige Entscheidung reagieren wird. Vorstellbar ist, dass das BFH-Urteil v. 16.7.2025 akzeptiert, im Bundessteuerblatt veröffentlicht und das einschlägige BMF-Schreiben entsprechend angepasst wird. Nicht auszuschließen ist jedoch – insbesondere, da der Verlustrücktrag mittlerweile auf zwei Jahre ausgeweitet wurde – dass auf eine Gesetzesänderung hingewirkt wird, die die bisherige Verwaltungsauffassung „zementiert".

3. Verdeckte Gewinnausschüttung bei Abfindung einer Pensionszusage

BFH, Beschluss v. 17.9.2025 - VIII R 17/23, NWB FAAAJ-52803

(*Uwe Demmler*)

a) Zusammenfassung der Entscheidung

Der BFH hatte zu entscheiden, ob eine verdeckte Gewinnausschüttung (vGA) dadurch ausgelöst wird, dass ein beherrschender Gesellschafter-Geschäftsführer (GGF) einer GmbH auf seine Ansprüche aus einer Versorgungszusage gegen Zahlung einer Abfindung durch die Gesellschaft verzichtet. Der VIII. Senat gelangte in seinem Beschluss v. 17.9.2025 zum Ergebnis, dass in einem solchen Fall keine vGA vorliegt, wenn die Pensionszusage aus betrieblichen Gründen abgefunden wird.

Die zusammenveranlagten Kläger waren im Streitjahr 2012 zu 90 % (Ehemann) und zu 10 % (Ehefrau) an einer GmbH beteiligt. Der Ehemann war bei der GmbH zudem als Geschäftsführer angestellt. Auf Grundlage eines ordnungsgemäßen Beschlusses der Gesellschafterversammlung hatte ihm die GmbH im Jahr 2002 eine unmittelbare Versorgungszusage (sog. Direktzusage) erteilt, die rückgedeckt wurde. Die Ansprüche aus den durch die GmbH als Versicherungsnehmerin abgeschlossenen Rückdeckungsversicherungen wurden an den Ehemann verpfändet. Die

Versorgungszusage enthielt einen Vorbehalt, wonach die GmbH die zugesagten Leistungen kürzen oder einstellen konnte, wenn sich ihre wirtschaftliche Lage nachhaltig so wesentlich verschlechterte, dass ihr eine Aufrechterhaltung der zugesagten Leistungen nicht mehr zugemutet werden konnte. Eine Abfindungsregelung enthielt die Zusage nicht.

Ab dem Jahr 2009 geriet die GmbH in wirtschaftliche Schwierigkeiten, wobei für ihre spätere existenzbedrohliche Lage eine Erkrankung des Ehemanns (GGF) mitursächlich war. Die Situation verschlechterte sich derart, dass im Jahr 2011 das Gehalt des Geschäftsführers herabgesetzt und sein Urlaubs- und Weihnachtsgeld gestrichen wurden. Wegen weiter rückläufiger Umsätze im Verlauf des Jahres 2012 drohte der GmbH spätestens nach dem Ende des dritten Quartals 2012 die Zahlungsunfähigkeit. Die Gesellschafterversammlung beschloss daher, die Versorgungszusage des mittlerweile 55-jährigen GGF zum 1.12.2012 aufzuheben. Die Rückdeckungsversicherungen löste man auf, wodurch die im Januar 2013 fällige Prämienzahlung vermieden wurde. Den aufgrund der Auflösung der Rückdeckungsversicherungen an die GmbH zurückfließenden Geldbetrag i. H. v. 66.000 € zahlte die GmbH dem GGF als Abfindung für die weggefallene Pensionszusage aus. Der werthaltige Teil der Versorgungsanwartschaft i. H. v. 77.000 € wurde in der Lohnabrechnung für Dezember 2012 für den GGF bei den Brutto-Bezügen erfasst. Die Differenz zwischen dem werthaltigen Teil der Versorgungsanwartschaft (77.000 €) und dem Abfindungsbetrag (66.000 €), d. h. 11.000 €, wurde vom auszuzahlenden Nettolohn abgezogen und bei der GmbH als verdeckte Einlage behandelt. Noch im Dezember 2022 gewährte der GGF der GmbH ein Darlehen i. H. v. 13.000 €. Zudem wurden im zeitlichen Zusammenhang mit der Abfindung der weggefallenen Pensionszuge weiter Sanierungsmaßnahmen durchgeführt, z. B. die Veräußerung von zwei Fahrzeugen und die Kündigung des Arbeitsverhältnisses mit der Ehefrau. Die Sanierung der GmbH war letztlich erfolgreich. Ab 2013 erzielte die GmbH wieder Gewinne.

Nach einer Betriebsprüfung bei der GmbH rechnete das Finanzamt dem körperschaftsteuerlichen Einkommen des Jahres 2012 den ausgezahlten Abfindungsbetrag i. H. v. 66.000 € als vGA hinzu. Argument des Fachprüfers für betriebliche Altersversorgung war, dass es sich im vorliegenden Fall um eine sog. Spontanabfindung i. S. d. BFH-Urteils v. 11.9.2013 (I R 28/13, NWB QAAAE-60359) handele. Ebenfalls geändert wurde der Einkommensteuerbescheid der Kläger für das Streitjahr. Darin waren neben den Einkünften aus nichtselbständiger Arbeit i. H. v. 77.000 € die streitigen vGA i. H. v. 66.000 € als zusätzliche dem gesonderten Tarif gem. § 32d Abs. 1 EStG zu unterwerfende Kapitalerträge enthalten. Der Betrag der vereinbarten Abfindung (66.000 €) war im Ergebnis somit zweimal im geänderten Einkommensteuerbescheid erfasst (FG Münster, Urteil v. 26.5.2023 - 4 K 3618/18 E, NWB MAAAJ-50232, Rz. 42 und Rz. 44). Der Einspruch der Kläger dagegen blieb erfolglos. Das FG Münster gab der Klage jedoch statt und verminderte die Kapitalerträge der Kläger wieder um die streitige vGA i. H. v. 66.000 € (Urteil v. 26.5.2023 - 4 K 3618/18 E, NWB MAAAJ-50232). Hiergegen richtet sich die Revision des Finanzamts.

b) Entscheidungsgründe

Da der GGF mit einer Beteiligung von 90 % im Streitjahr eine beherrschende Gesellschafterstellung innehatte, scheitert die Abfindung der Pensionszusage nicht am Abfindungsgebot des § 3 BetrAVG i. V. m. § 17 Abs. 1 BetrAVG. Im Übrigen wird die Abfindung von Pensionsansprüchen während der Anwartschaftsphase auch gegenüber Dritt-Geschäftsführern betriebsrentenrechtlich als zulässig erachtet (vgl. Höfer/de Groot/Küpper/Reich, Betriebsrentenrecht, Bd. I: Arbeitsrecht, BetrAVG § 3, Rz. 23). Bei der Abfindungsvereinbarung im vorliegenden Fall handelte es sich zudem um eine klare, im Vorhinein getroffene, zivilrechtlich wirksame und tatsächlich durchgeführte Vereinbarung, was im Falle von beherrschenden GGF zur vGA-Vermeidung zwingend gegeben sein muss.

Ein ordentlicher und gewissenhafter Fremd-Geschäftsführer hätte der Abfindung der Pensionszusage nach Überzeugung des BFH zugestimmt, da die Maßnahme einen Beitrag zur Milderung der wirtschaftlichen Krise der GmbH zu leisten imstande war. Der Abfluss künftiger Rückdeckungsversicherungsprämien wurde dadurch nämlich vermieden. Der GmbH wurden im Ergebnis auch keine liquiden Mittel entzogen, weil die Abfindungszahlung aus den Rückzahlungen des Rückdeckungsversicherers bestritten wurde. Der VIII. Senat weist jedoch darauf hin, dass der Maßstab des ordentlichen und gewissenhaften Geschäftsleiters nicht allein als Beurteilungsmaßstab geeignet ist. Ein solcher Geschäftsleiter bewertet die Situation schließlich nur aus dem Blickwinkel der Kapitalgesellschaft. Er wird grundsätzlich jeder Vereinbarung zustimmen, die für „seine" Kapitalgesellschaft vorteilhaft ist.

Laut BFH-Rechtsprechung erfordert der Fremdvergleich daher im vorliegenden Fall auch die Einbeziehung des Vertragspartners der GmbH. Dies ist der Pensionsberechtigte, der auf seine Pensionszusage gegen Abfindung verzichtete (sog. doppelter Fremdvergleich, vgl. BFH, Urteil v. 11.9.2013 - I R 28/13, NWB QAAAE-60359, Rz. 18; BFH, Urteil v. 15.3.2023 - I R 41/19, NWB XAAAJ-41554, Rz. 32; BFH, Urteil v. 17.5.1995 - I R 147/93, NWB QAAAA-95503, unter II.B.2. in Rz. 17). Das FG hatte geurteilt, dass ein Dritter als Pensionszusagenbegünstigter der Vereinbarung zugestimmt hätte, selbst wenn der Abfindungsbetrag geringer war als der bereits erdiente Anspruch aus dem werthaltigen Teil der Versorgungsanwartschaft. Die Vereinbarung diente nämlich dem Erhalt seines Arbeitgebers und somit auch der Sicherung seines Arbeitsplatzes. Ohne Gegenleistung – so das FG – hätte ein fremder Dritter einer Vereinbarung zur Kürzung oder zum Entzug seiner Pensionsansprüche nicht zugestimmt.

Die Würdigung des FG ist gem. § 118 Abs. 2 FGO für den BFH bindend, selbst wenn eine abweichende Würdigung möglich oder sogar naheliegend wäre (BFH, Urteil v. 27.3.2012 - VIII R 27/09, NWB LAAAE-10984, Rz. 19). Die Prüfbefugnisse des BFH erstrecken sich lediglich darauf, ob Verfahrensmängel vorliegen oder die Würdigung des FG gegen Denkgesetze oder allgemeine Erfahrungssätze verstößt (BFH, Urteil v. 14.7.2004 - I R 111/03, NWB AAAAB-27428). Dies verneint der BFH für den vorliegenden Fall. Unproblematisch sei insbesondere, dass sich die GmbH der Pensionszusage auch ohne Abfindungszahlung hätte entledigen können. Denn das abstrakte Bestehen einer weiteren betriebswirtschaftlich sinnvollen Alternative ändere nichts an der betrieblichen Veranlassung der im Streitfall gewählten Alternative.

Zum Abschluss seiner Entscheidungsgründe weist der BFH noch das Argument des Finanzamts zurück, eine vGA liege vor, da es sich im Streitfall um eine Spontanabfindung handelt. Der I. Senat des BFH hatte in seinem Urteil v. 11.9.2013 (I R 28/13, NWB QAAAE-60359) die Abfindung einer Pensionsanwartschaft, ohne dass dies in der Zusage vorgesehen war (d. h. „spontan" erfolgte), als Indiz für eine gesellschaftsrechtliche Veranlassung gewertet. Der hier zuständige VIII. Senat argumentiert aber, dass die damalige Entscheidung explizit auf die „Besonderheiten des Streitfalls" zurückging und dass es im vorliegenden Fall auch tragfähige Gegenindizien gibt, die das FG hätte feststellen können.

c) Folgerungen und Fazit

Im Ergebnis hält die Entscheidung des FG Münster nach Überzeugung des BFH einer rechtlichen Nachprüfung stand. Die Zahlung für die Abfindung der Pensionszusage ist betrieblich und nicht gesellschaftsrechtlich veranlasst. Eine vGA liegt mithin nicht vor. Die Revision des Finanzamts wird einstimmig als unbegründet zurückgewiesen. Es wird keine mündliche Verhandlung für erforderlich gehalten.

Nicht unerwähnt bleiben soll, dass die vorliegende Entscheidung des BFH in der Literatur z. T. kritisiert wird (vgl. insb. Briese, DB 2026 S. 161 ff.). Demgemäß wäre ein ordentlicher und gewissenhafter Geschäftsleiter gehalten gewesen, von dem in der Pensionszusage enthaltenen einseitigen Kürzungs- oder Widerrufsrecht Gebrauch zu machen, anstatt eine dem Versorgungszweck, d. h. der Ernsthaftigkeit, der betrieblichen Pensionszusage entgegenstehende und in der Pensionszusage nicht vorgesehene Abfindung während der Anwartschaftsphase zu vereinbaren. Die GmbH hätte dem Geschäftsführer einseitig ohne dessen Zustimmung unter Wahrung des Versorgungszwecks und mit gleichem Ergebnis für sich selbst den Future Service entschädigungslos streichen und die Rückdeckungsversicherungen beitragsfrei stellen können.

Dem kann die Sichtweise des BFH laut seiner aktuellen Entscheidung entgegengestellt werden: Auch wenn diese Alternative selbstverständlich möglich war, bestehen daneben weitere Alternativen, die ebenfalls einen Beitrag zur Abwendung einer drohenden Zahlungsfähigkeit der GmbH leisten konnten und dies – wie der Sanierungserfolg zeigte – auch taten. Selbst wenn die Nutzung einer Abfindung an noch aktive Arbeitnehmer als Sanierungsinstrument unüblich sein mag (vgl. Briese, DB 2026, S. 162), war sie laut BFH in der Situation dennoch betrieblich veranlasst. Möglicherweise war in der Situation, in der sich die GmbH im letzten Quartal 2012 befand, auch eine einvernehmliche und keine ggf. streitanfällige einseitige Lösung unter Fremdvergleichsgesichtspunkten die bessere.

d) Praxishinweise

Hilfreich für die Praxis ist die in der BFH-Entscheidung nochmals erfolgte Klarstellung, dass im Rahmen einer vGA-Prüfung nicht allein die betriebswirtschaftlich vermeintlich optimale Lösung zum Nachweis einer betrieblichen Veranlassung umgesetzt worden sein muss. Vielmehr können auch alternative, sub-optimale, aber dennoch denkbare Lösungen gegen eine gesellschaftliche Veranlassung sprechen.

Trotz der vorliegend besprochenen Entscheidung des BFH erachtet es der Autor in Fällen wie dem vorliegenden aus Risikogesichtspunkten als empfehlenswert, auf eine Abfindung der Pensionszusage zu verzichten. Stattdessen sollte die Pensionszusage unter Nutzung der in der Versorgungszusage enthaltenen Klausel um den Future Service gemindert und die Rückdeckungsversicherungen sollte beitragsfrei gestellt werden. Der GGF erhält in dem Fall unter Wahrung des Versorgungszwecks seine (reduzierten) Pensionsleistungen erst nach Eintritt eines in der Zusage vorgesehenen Versorgungsfalls (so auch Briese, DB 2026 S. 163).

4. Fremdüblichkeit einer auf Entgeltumwandlung beruhenden Pensionszusage

BFH, Urteil v. 19.11.2025 - I R 50/22, NWB ZAAAK-10422

(*Uwe Demmler*)

a) Vorbemerkungen

Eine verdeckte Gewinnausschüttung (vGA) bei einer Kapitalgesellschaft (KapG) setzt allgemein voraus, dass bei ihr eine Vermögensminderung oder verhinderte Vermögensmehrung vorliegt, die durch das Gesellschaftsverhältnis veranlasst ist (Beurteilung durch Fremdvergleich; BFH, Urteil v. 16.3.1967 - I 261/63, NWB TAAAB-49076), sich auf den Unterschiedsbetrag gem. § 4 Abs. 1 Satz 1 EStG i. V. m. § 8 Abs. 1 KStG (KSt) bzw. § 7 Satz 1 GewStG (GewSt) auswirkt und nicht im Zusammenhang mit einer offenen Ausschüttung steht. Beim begünstigten Gesellschafter muss der Vorgang geeignet sein, einen Bezug nach § 20 Abs. 1 Nr. 1 Satz 2 EStG auszulösen (u. a. BFH, Beschluss v. 24.10.2024 - I R 40/21, NWB JAAAJ-87131, Rz. 12).

Für den Fall der vGA-Prüfung einer an einen Gesellschafter-Geschäftsführer (GGF) erteilten Pensionszusage haben Rechtsprechung und Finanzverwaltung spezielle Prüfkriterien für das Vorliegen einer gesellschaftsrechtlichen Veranlassung entwickelt. Im Rahmen der Prüfung der Angemessenheit der Pensionszusage dem Grunde nach sind folgende Kriterien zu beachten:

- **Ernsthaftigkeit der Pensionszusage**: Als vertragliche Altersgrenze muss mindestens das Alter 62 vorgesehen sein (bei bis zum 9.12.2016 erteilten Zusagen: Alter 60; BFH, Urteil v. 11.9.2013 - I R 72/12, NWB HAAAE-60362; BFH, Beschluss v. 26.11.2014 - I R 2/14, NWB AAAAE-84155; BMF, Schreiben v. 9.12.2016 - IV C 6 - S 2176/07/10004: 003, NWB DAAAF-89034, Rz. 8). Vor Zusageerteilung muss grundsätzlich eine geschäftsführerbezogene Probezeit von zwei bis drei Jahren und eine unternehmensbezogene Wartezeit von mind. fünf Jahren eingehalten werden (BFH, Urteil v. 28.4.2010 - I R 78/08; NWB LAAAD-47470; BMF, Schreiben v. 14.12.2012 - IV C 2 - S 2742/10/10001, NWB WAAAE-25485).
- **Erdienbarkeit der Pensionszusage:** Die Pensionszusage muss dem GGF vor Vollendung des 60. Lebensjahres erteilt werden (Höchstzusagealter; BFH, Urteil v. 5.4.1995 - I R 138/93, NWB FAAAA-95255; BFH, Urteil v. 23.9.2008 - I R 62/07, NWB BAAAD-02205, unter Ziff. 4). Zudem muss der Zeitraum zwischen Zusageerteilung und frühestmöglichem Eintritt in den Ruhestand mindestens zehn Jahre betragen (relativer Erdienungszeitraum). Bei nicht beherrschenden GGF kann der relative Erdienungszeitraum alternativ auch drei Jahre betragen, wobei eine Betriebszugehörigkeit von mind. zwölf Jahren im vorgesehenen Zeitpunkt des Renteneintritts erreicht sein muss (BFH, Urteil v. 20.5.2015 - I R 17/14, NWB VAAAF-01618, Rz. 10).
- **Finanzierbarkeit der Pensionszusage**: Die Passivierung des Barwerts der Verpflichtungen aus der Pensionszusage darf im Zusagezeitpunkt nicht zur Überschuldung der Gesellschaft im insolvenzrechtlichen Sinne führen (BFH, Urteil v. 7.11.2001 - I R 79/00, NWB RAAAA-97114; BFH, Urteil v. 4.9.2002 - I R 7/01, NWB KAAAA-71749).
- **Berücksichtigung betrieblicher Besonderheiten**, z. B. Gleichbehandlung oder Wahrung des sozialen Friedens (BFH, Urteil v. 29.10.1997 - I R 52/97, NWB UAAAA-96475).

Diese Voraussetzungen müssen im Zeitpunkt der Erteilung der Zusage erfüllt sein. Eine spätere „Heilung“ ist nicht möglich. Sind die Voraussetzungen nicht erfüllt, wird der gesamte aus der Pensionszusage resultierende Aufwand als vGA korrigiert. Ergänzend zur Prüfung auf Vorliegen einer vGA dem Grunde nach erfolgt eine Prüfung auf Vorliegen einer vGA der Höhe nach (insb. Nachzahlungsverbot und Mindestpensionsalter von 67 bei beherrschenden GGF sowie Angemessenheit der Gesamtbezüge). Liegt eine vGA der Höhe nach vor, wird der aus der Pensionszusage resultierende Aufwand nur insoweit (teilweise) korrigiert, wie die Zusage dem Fremdvergleich nicht standhält.

Im nachfolgend vorgestellten Urteil geht es um die Frage einer vGA-Korrektur dem Grunde nach. Ausschlaggebend sind dabei die Kriterien Ernsthaftigkeit und Erdienbarkeit der Pensionszusage.

b) Zusammenfassung der Entscheidung

Mit Urteil v. 19.11.2025 entschied der BFH über die steuerliche Anerkennung einer von einer Unternehmergesellschaft (haftungsbeschränkt) (nachfolgend: UG) an ihren alleinigen GGF erteilten Pensionszusage. Eine dem GGF zugesagte, ausschließlich durch Entgeltumwandlung finanzierte Pensionszusage ist demnach auch dann steuerlich anzuerkennen, wenn sie ohne Einhaltung einer Probezeit und im zeitlichen Zusammenhang mit der Gründung der Gesellschaft erteilt wurde. Dies setzt allerdings voraus, dass der Arbeitgeber kein signifikantes Risiko zur Mitfinanzierung der künftigen Versorgungsansprüche (z. B. aufgrund einer hohen Garantieverzinsung) trägt. Wird eine Entgeltumwandlungszusage in zeitlicher Nähe zur erstmaligen Gehaltsgewährung vereinbart, dann ist – so der BFH – im Einzelfall zu prüfen, ob nicht doch eine (Mit-)Finanzierung durch den Arbeitgeber erfolgt. Darüber hinaus entscheidet der I. Senat, dass eine auf Entgeltumwandlung beruhende Direktzusage ohne Insolvenzsicherung regelmäßig nicht steuerlich anzuerkennen ist.

Im zugrundeliegenden Fall war die UG (Klägerin und Revisionsbeklagte) am 24.1.2012 gegründet worden. Alleiniger Gesellschafter und ab dem 20.2.2012 auch auf unbestimmte Zeit angestellter alleiniger Geschäftsführer der Gesellschaft war A (GGF). A, der 1951 geboren wurde, erhielt laut Geschäftsführeranstellungsvertrag ein monatliches Bruttogehalt von 6.250 €. Der Zweck der UG bestand darin, alle nicht dem Kernbereich der ärztlichen Berufsausübung zugehörigen Aufgaben und Tätigkeiten der Verwaltung und Organisation der Arztpraxis des A zu übernehmen und abzuwickeln (Geschäftsbesorgungs- und Betriebsführungsvertrag vom 1.3.2012). Die Arztpraxis war der einzige Auftraggeber der UG. Für die Übernahme der Tätigkeiten, deren Zeitaufwand in den Streitjahren 2012 bis 2017 auf durchschnittlich 15 Stunden pro Woche taxiert wurde, erhielt die UG ein Pauschalhonorar i. H. v. monatlich 10.000 € sowie ein Honorar i. H. v. 1 % des von der Arztpraxis erwirtschafteten Honorarvolumens pro Kalenderjahr.

Dem A (GGF) erteilte die UG mit Vertrag vom 1.3.2012 eine unmittelbare Versorgungszusage (sog. Direktzusage). Finanziert wurde die Zusage ausschließlich durch A selbst via monatlicher Gehaltsumwandlungsbeträge i. H. v. 4.200 €. Als Versorgungsfälle waren Alter (Vollendung des 71. Lebensjahres), Invalidität und Tod vorgesehen. Bei Eintritt eines dieser biometrischen Ereignisse sollte dem A oder dessen Hinterbliebenen ein Einmalkapital ausgezahlt werden, das sich aus den geleisteten Entgeltumwandlungsbeiträgen zzgl. einer Garantieverzinsung von 3 % p. a. zusammensetzte. Die Zusage enthielt auch eine Verrentungsmöglichkeit. Anstatt des Einmalkapitals konnte – bis spätestens drei Monate vor Auszahlung – eine Leibrente vereinbart werden. Die Umrechnung des aufgelaufenen Versorgungskapitals (Beiträge zzgl. Garantieverzinsung) sollte in dem Fall nach versicherungsmathematischen Grundsätzen zum Zeitpunkt des Rentenbeginns erfolgen. Für den Fall des Ablebens des A während der Rentenbezugsphase war geregelt, den Hinterbliebenen eine Rente i. H. v. 60 % der letzten Rente des A zu gewähren. Die Zusage enthielt außerdem eine Abfindungsklausel für unverfallbare Anwartschaften. In dem Fall sollte entweder eine Abfindung i. H. des bis zum Abfindungszeitpunkt aufgelaufenen Versorgungskapitals gezahlt werden oder – falls höher – ein Betrag i. H. des Barwerts der künftigen Leistung ermittelt unter Verwendung der sog. Heubeck-Richttafeln (o. Ä.) und eines Kalkulationszinssatzes von 6 % p. a.

Das zuständige Finanzamt verweigerte die Anerkennung des Aufwands, der aus der für die Versorgungsverpflichtung in den Streitjahren gebildeten Pensionsrückstellung nach § 6a EStG resultierte. Begründet wurde dies mit einer mangelnden Erdienbarkeit der Pensionszusage. Die Pensionszusage sei A schließlich erst nach Vollendung seines 60. Lebensjahres erteilt worden. Die Zuführungen zur Pensionsrückstellung behandelte das Finanzamt als vGA mit für die UG erhöhenden Auswirkungen auf die Körperschaftsteuer (KSt), die Gewerbesteuer (GewSt) sowie die hierauf festgelegten Vorauszahlungen. Anträge der UG auf Herabsetzung der KSt-Vorauszahlungen und des GewSt-Messbetrags für Vorauszahlungszwecke sowie Einsprüche gegen die betroffenen Bescheide blieben erfolglos. Das FG Düsseldorf gab der Klage der UG allerdings statt (Urteil v. 16.11.2021 - 6 K 2196/17 K, G, F, NWB QAAAI-02412). Hiergegen richtet sich die Revision des Finanzamts.

c) Entscheidungsgründe

Nach der Klärung verfahrensrechtlicher Fragen hält der I. Senat zunächst fest, dass die erteilte Pensionszusage im vorliegenden Fall zu rückstellungsfähigen Pensionsverpflichtungen i. S. d. § 6a Abs. 1 EStG führte. Die Zusage war – wie in § 6a Abs. 1 Nr. 3 EStG vorausgesetzt – schriftlich erteilt worden und enthielt eindeutige Angaben zu Art, Form, Voraussetzungen und Höhe der versprochenen künftigen Leistungen. Offen lässt der BFH, ob auch die Berechnungsgrundlagen für die in der Zusage enthaltene Verrentungsmöglichkeit ausreichend konkretisiert sind oder ob der Ausdruck „nach den zum Zeitpunkt des Rentenbeginns gültigen versicherungsmathematischen Grundsätzen“ dem nicht genügt. Grund ist, dass als primäre Auszahlungsform das – ausreichend bestimmte – Einmalkapital vorgesehen war und die UG als Arbeitgeberin auch nicht einseitig hiervon abweichen konnte. Der Übergang zur Verrentung bedurfte nämlich einer Vereinbarung zwischen den Vertragsparteien (UG und A). Im Ergebnis war in der Steuerbilanz der UG eine Pensionsrückstellung nach § 6a EStG für die Pensionszusage an A zu bilden.

Im weiteren Verlauf der Urteilsbegründung wendet sich der BFH der vGA-Prüfung zu. Wie bereits erläutert, ist es im Fall einer Pensionszusage für das Vorliegen einer gesellschaftsrechtlichen Veranlassung u. a. entscheidend, ob sie im Zusagezeitpunkt erdienbar ist sowie ob in diesem Zeitpunkt die GGF-bezogene Probezeit und die gesellschaftsbezogene Wartezeit eingehalten wurden (Indizwirkung). Es wurde bereits in den Vorbemerkungen ausgeführt, dass der BFH regelmäßig dann nicht mehr von einer Erdienbarkeit der Pensionszusage ausgeht, wenn der GGF bei Zusageerteilung bereits das 60. Lebensjahr vollendet hat (BFH, Urteil v. 21.12.1994 - I R 98/93, NWB ZAAAA-95231, unter II.B.1.; BFH, Urteil v. 19.5.1998 - I R 36/97, NWB IAAAA-96333). Hintergrund der zudem einzuhaltenden Probezeit ist, dass ein ordentlicher und gewissenhaft handelnder Geschäftsleiter einem neu bestellten Geschäftsführer nicht sofort eine Pensionszusage erteilen, sondern sich zunächst von dessen Leistungsfähigkeit überzeugen würde (BFH, Urteil v. 24.4.2002 - I R 18/01, NWB FAAAA-89313; BFH, Urteil v. 28.4.2010 - I R 78/08, NWB LAAAD-47470, Rz. 37; BFH, Urteil v. 28.2.2024 - I R 29/21, NWB JAAAJ-68245, Rz. 41). Ähnlich wird mit Blick auf die geforderte gesellschaftsbezogene Wartezeit argumentiert. So würde ein solcher Geschäftsleiter bei einer neu gegründeten Gesellschaft zunächst gesicherte Kenntnisse über die künftige Ertragsentwicklung sammeln, bevor er die Verpflichtungen aus einer Pensionszusage eingeht (BFH, Urteil v. 29.10.1997 - I R 52/97, NWB UAAAA-96475, unter II.2., zu b; BFH, Urteil v. 24.4.2002 - I R 18/01, NWB FAAAA-89313, unter II.1.; BFH, Urteil v. 23.2.2005 - I R 70/04, NWB BAAAB-53352, unter II.2.a). Werden die Voraussetzungen der Erdienbarkeit, der Probezeit und der Wartezeit nicht erfüllt, ist der gesamte aus der Pensionszusage resultierende Aufwand als vGA zu korrigieren.

Ausnahmsweise – so bestätigt der BFH die Rechtsauffassung der Vorinstanz – ist in den Fällen eine vGA-Korrektur dann ausgeschlossen, wenn die Pensionszusage durch Umwandlung eines Teils des (angemessenen) Gehalts allein durch den Geschäftsführer finanziert wird. Dies gilt allerdings nur dann, wenn der Arbeitgeber aufgrund der Zusage nicht mit Risiko- und Kostensteigerungen belastet wird. Die diesbezüglichen Prüfungen durch das FG Düsseldorf halten der rechtlichen Überprüfung durch den BFH nicht stand. Der I. Senat sieht im zu beurteilenden Fall zwei konkrete Anhaltspunkte für eine (Mit-)Finanzierung der Pensionsansprüche durch den Arbeitgeber:

- **Verdeckte Arbeitgeberfinanzierung durch ein zu hohes Gehalt:** Fallen die erstmalige Gehaltsgewährung und die Vereinbarung der Entgeltumwandlung zeitlich zusammen oder erfolgen sie in zeitlicher Nähe zueinander, ist laut BFH im Einzelfall zu prüfen, ob der GGF die Zusage tatsächlich allein finanziert. Möglicherweise wurde dem GGF von der Gesellschaft ein unangemessen hohes Gehalt gewährt, so dass dieser seine Pensionszusage formal via Entgeltumwandlung finanzieren kann. Eine Arbeitgeberfinanzierung würde so verschleiert und die damit verbundenen Restriktionen bezüglich der Anerkennung der Pensionszusage würden umgangen (vgl. Dommermuth, GmbHR 2022 S. 331; Kirchhof/Kube/Mellinghoff/Briese, EStG, § 6a, Rz. G 15 und G 112).
- **Garantieverzinsung in Höhe einer risikoarmen Kapitalanlage:** Bei einer Direktzusage trägt der Arbeitgeber das Risiko, dass die vereinbarte Garantieverzinsung erwirtschaftet wird. Für reine Entgeltumwandlungszusagen gilt laut BFH als Maßstab der Zinssatz, der durch eine risikoarme Kapitalanlage (z. B. Geldmarktfonds) im Zeitpunkt der Zusageerteilung erwirtschaftet werden kann. Geht der in der Pensionszusage garantierte Zinssatz darüber hinaus, resultiert beim Arbeitgeber ein erhöhtes Risiko steigender Kosten. Diese müssen, wenn das Risiko schlägt, durch Unternehmensgewinne querfinanziert werden, so dass es zur Mitfinanzierung der Pensionsleistungen durch den Arbeitgeber kommt.

Der BFH weist explizit darauf hin, dass der in § 6a Abs. 3 Satz 3 EStG verankerte Rechnungszinsfuß von 6 % p. a. nicht als Referenz für reine Entgeltumwandlungszusagen herangezogen werden kann. Dieser Zins orientiert sich nicht nur am marküblichen Zins, sondern auch an der durchschnittlichen Unternehmensrendite (BT-Drucks. 9/795 S. 66; BVerfG, Beschluss v. 28.7.2023 - 2 BvL 22/17, NWB QAAAJ-46918, Rz. 86). Gerechtfertigt sei dies deshalb, weil § 6a EStG auch arbeitgeberfinanzierte Pensionsverpflichtungen umfasst, bei denen eine höhere Verzinsung zulässig sein kann.

Die genannten Aspekte wurden nach Überzeugung des I. BFH-Senats durch das FG Düsseldorf nur unzureichend mittels Tatsachenüberprüfung gewürdigt.

d) Folgerungen und Fazit

Im Ergebnis hält der BFH die Revision des Finanzamts für begründet. Er hebt das angefochtene Urteil auf und weist die Sache – mangels Spruchreife – zur anderweitigen Verhandlung an das FG Düsseldorf zurück. Für den zweiten Rechtsgang gibt der BFH dem FG folgende Hinweise:

- Vorgelagert sollte zunächst geprüft werden, ob die Pensionszusage nebst Entgeltumwandlung sowie die Gewährung des für die Entgeltumwandlung verwendeten Gehalts von Anfang an tatsächlich nicht erstlich gemeint waren. Da die Pensionszusage offenbar durch den Versorgungsfall Invalidität ausgelöst wurde, müsse das FG aufklären, wann dieser Versorgungsfall eingetreten ist, ob das gezahlte Einmalkapital tatsächlich an den A geflossen ist und ob sich die Versorgungsansprüche des A auch nach diesem Zeitpunkt weiterhin durch Gehaltsumwandlungen erhöhten.
- Danach sei zu prüfen, ob die Versorgungsansprüche ausreichend insolvenzgesichert waren. Ein Arbeitnehmer würde kein Gehalt in Ansprüche aus einer Direktzusage wandeln, wenn er das Risiko einer sich verschlechternden Bonität des Arbeitgebers tragen müsste. Hintergrund ist, dass Pensionszusagen an beherrschende GGF nicht der gesetzlichen Insolvenzsicherung gem. § 7 BetrAVG unterliegen, da ihnen die Zusage von ihrem eigenen Unternehmen gegeben wurde (BGH, Urteil v. 28.4.1980 - II ZR 255/78, BGHZ 77 S. 94; BGH, Urteil v. 9.6.1980 - II ZR 255/78, BGHZ 77 S. 33).
- Zudem gewährte der A der UG – wie sich erst in der mündlichen Verhandlung herausstellte – i. H. seines Gehalts ein Darlehen. Auch dies sei im Hinblick auf die Ernstlichkeit des Gesamtkonstrukts zu würdigen.

Falls sich aus diesen zusätzlichen Prüfungen noch keine vGA-Korrektur ergeben sollte, hat das FG zu prüfen, ob das dem A gewährte Gehalt angemessen war. Die von der UG (mit A als alleinigem GGF) auszuführenden Verwaltungstätigkeiten waren mit 15 Std. pro Woche zeitlich überschaubar, von einfacher Natur und nicht mit nennenswertem Unternehmensrisiko behaftet. Einziger Kunde der UG war die Arztpraxis des A, weshalb auch bei der Festlegung der zwischen der Arztpraxis und der UG vereinbarten Vergütung ein natürlicher Interessensgegensatz fehlte. Schließlich sei zu prüfen, ob es sich beim vereinbarten Garantiezins unter Berücksichtigung der monatlichen Einzahlungen, der erwarteten Laufzeit und der notwendigen kurzfristigen Verfügbarkeit des Versorgungskapitals in den Versorgungsfällen Tod oder Invalidität tatsächlich um einen „risikoarmen Marktzins" im Zeitpunkt der Erteilung der Pensionszusage (bei langlaufenden Zusagen unter Berücksichtigung der Durchschnittswerte der Vergangenheit) handelt.

e) Praxishinweise

Der BFH bestätigt seine Rechtsprechung, wonach bei der vGA-Prüfung einer an einen GGF erteilten, allein durch Entgeltumwandlung finanzierten Pensionszusage reduzierte Anforderungen an die Ernsthaftigkeit und Erdienbarkeit gelten. In dem Fall muss allerdings sichergestellt sein, dass der Arbeitgeber die Zusage nicht doch verdeckt mitfinanziert. Dies kann insb. dann der Fall sein, wenn die erste Gehaltszahlung und die Erteilung der Pensionszusage in zeitlichem Zusammenhang stehen oder wenn die Pensionszusage eine „zu hohe“ Garantieverzinsung der eingezahlten Beiträge vorsieht (Maßstab: Zins einer risikoarmen Kapitalanlage im Zusagezeitpunkt). Beide Kriterien sollten bei der Erteilung der Zusage in der Praxis akribisch geprüft und gut dokumentiert werden. Bei beherrschenden GGF, die nicht von der gesetzlichen Insolvenzsicherung über den PSVaG erfasst werden, ist zudem eine eigene Insolvenzsicherung (z. B. via verpfändeter Rückdeckungsversicherung) zu implementieren, um eine Mitfinanzierung durch den Arbeitgeber auszuschließen.

5. Anrechnung US-amerikanischer Quellensteuer auf Kapitalerträge auf die Gewerbesteuer

FG Berlin-Brandenburg, Urteil v. 14.1.2026 - 10 K 10106/23, NWB JAAAK-10368

(*Johannes Böttinger*)

a) Zusammenfassung der Entscheidung

Die US-amerikanische Quellensteuer ist aufgrund des DBA-USA auf die Gewerbesteuer anzurechnen. Die Steueranrechnung erfolgt unter analoger Anwendung der §§ 34c EStG und 26 KStG.

Die Klägerin ist eine in Deutschland ansässige GmbH. Sie erwarb im Streitjahr unterjährig ca. 26 % der Anteile an der US-amerikanischen C-Inc. Im Dezember des Streitjahres erhielt die Klägerin aus diesen Anteilen eine Dividende i. H. v. 172.411,12 $, wobei die C-Inc. gem. Art. 10 Abs. 2 Satz 1 Buchst. a DBA-USA einen Quellensteuereinbehalt i. H. v. 5 % vornahm. Körperschaftsteuerlich blieb die Dividende gem. § 8b Abs. 1 Satz 1 i. V. m. Abs. 4 Satz 6 sowie Abs. 5 KStG jenseits der Schachtelstrafe außer Ansatz. Gewerbesteuerlich wurden die Dividenden gem. § 8 Nr. 5 GewStG dem Gewerbeertrag hinzugerechnet, da zu Beginn des gewerbesteuerlichen Erhebungszeitraums keine Mindestbeteiligung i. S. d. § 9 Nr. 7 GewStG i. H. v. 15 % vorgelegen hatte, da das GewStG, anders als § 8b Abs. 4 Satz 6 KStG, keine analoge Erwerbsfiktion kennt.

Das FA setzte hierauf ohne Anrechnung der US-amerikanischen Quellensteuern die Gewerbesteuer fest. Hiergegen legte die Klägerin Einspruch ein und verwies zur Begründung auf das Urteil des FG Hessen v. 26.8.2020 (8 K 1860/16, NWB PAAAH-72584), welches in einem vergleichbaren Sachverhalt zu dem Ergebnis gelangt war, dass aufgrund des DBA-Kanada kanadische Quellensteuer auf Dividenden auf die deutsche Gewerbesteuer anzurechnen sei. Mangels gewerbesteuerlicher Anrechnungsvorschriften habe die vom DBA-Kanada dem Grunde nach angeordnete Anrechnung nach Auffassung des FG Hessen unter analoger Anwendung der einkommen- und körperschaftsteuerlichen Anrechnungsregelungen zu erfolgen. Die entsprechende Regelung des DBA-USA sei nach Ansicht der Klägerin im Wesentlichen identisch mit derjenigen des DBA-Kanada.

Das FA wies den Einspruch als unbegründet zurück, woraufhin die Klägerin Klage vor dem FG Berlin Brandenburg erhob. Die Klägerin argumentiert unter Bezugnahme auf das Urteil des FG-Hessen, dass die US-amerikanische Quellensteuer anzurechnen sei, da das DBA-USA eine solche Anrechnung dem Grunde anordne und das Abkommen als speziellere Regelung Vorrang gegenüber den nationalen Vorschriften habe. Art. 23 Abs. 3 Satz 1 Buchst. b Doppelbuchst. aa DBA

USA sieht vor, dass eine Anrechnung der US-amerikanischen Quellensteuer auf die „deutsche Steuer vom Einkommen unter Beachtung der Vorschriften des deutschen Steuerrechts" zu erfolgen habe. Daraus folge nach Ansicht der Klägerin, dass eine Anrechnung der US-amerikanischen Quellensteuer auf die Gewerbesteuer die gem. Art. 2 Abs. 1 Buchst. b Doppelbuchst. cc DBA-USA ausdrücklich unter das Abkommen fällt, dem Grunde vom DBA-USA angeordnet werde.

Die Klägerin beantragt, das FA zu verpflichten, die auf die deutsche Gewerbesteuer anzurechnende ausländische Quellensteuer im Gewerbesteuermessbescheid festzustellen, hilfsweise das FA zu verpflichten, einen Ergänzungsbescheid zu erlassen, der die anzurechnende Quellensteuer feststellt. Das beklagte FA beantragt, die Klage als unbegründet abzuweisen. Es beruft sich darauf, dass das Gewerbesteuerrecht keine Rechtsgrundlage für eine solche Anrechnung biete und weder dem streitgegenständlichen DBA-USA noch dem im Urteil des FG-Hessen behandelten DBA-Kanada ein hinreichender Rechtsfolgenverweis für eine Anrechnung auf die Gewerbesteuer entnommen werden könne. Auch könne eine solche Rechtsfolge nicht im Wege der Analogie geschaffen werden. Zudem beantragt das FA vorsorglich, die Revision wegen grundsätzlicher Bedeutung zuzulassen.

b) Entscheidungsgründe

Das FG erörterte zunächst die dem Sachverhalt zugrundliegende juristische Doppelbesteuerung. So scheiden in einem ersten Schritt die quellenbesteuerten Dividenden aufgrund des Schachtelprivilegs des § 8b KStG aus der körperschaftsteuerlichen Bemessungsgrundlage aus. Diese Bemessungsgrundlage ist gem. §§ 6 und 7 Satz 1 GewStG zugleich die Ausgangsgröße für die Ermittlung des Gewerbeertrags. Sie wird jedoch durch gewerbesteuerliche Hinzurechnungen und Kürzungen modifiziert. So werden die zuvor körperschaftsteuerbefreiten Dividenden nach § 8 Nr. 5 GewStG bei der Bestimmung des maßgebenden Gewerbeertrages (§ 10 GewStG) wieder hinzugerechnet, da zu Beginn des Erhebungszeitraums keine Beteiligungshöhe von mindestens 15 % vorlag. Die Folge ist eine Belastung der bereits in den USA gem. Art. 10 Abs. 2 Satz 1 Buchst. a DBA-USA quellenbesteuerten Dividenden mit deutscher Gewerbesteuer.

Nach Ansicht des FG handelt es sich bei der deutschen Gewerbesteuer und der amerikanischen non-resident withholding tax um gleichartige Steuern i. S. d. DBA-USA. Der entscheidende Senat stützt die in der Literatur zunehmend vertretene Auffassung, dass die in vielen DBA vorkommende und auch in Art. 23 Abs. 3 Satz 1 Buchst. b DBA-USA enthaltene Formulierung „die deutsche Steuer vom Einkommen" auch die Gewerbesteuer in ihrer gegenwärtigen Ausgestaltung umfasst. Die Vertragsstaaten orientieren sich laut FG an den tatsächlich erhobenen Steuern, so dass grundsätzlich gelte, dass alles, was Bestandteil der ausländischen Bemessungsgrundlage i. S. d. § 34c EStG sein könne, abkommensrechtlich als „Einkommen" zu verstehen sei. Da Art. 23 Abs. 3 Satz 1 Buchst. b DBA-USA lediglich von einer Anrechnung auf die „Steuer vom Einkommen" spricht, seien hierunter folglich die Einkommensteuer, die Körperschaftsteuer und auch die Gewerbesteuer zu fassen.

Kritische Stimmen im Schrifttum, die argumentieren, dass zwar regelmäßig in Art. 2 der DBA die Gewerbesteuer als eine vom Abkommen erfasste Steuer genannt werde, dies jedoch nicht auf den Methodenartikel durchschlagen könne, da die Gewerbesteuer nach deutschem Recht eine Realsteuer und damit keine Steuer vom Einkommen sei, vermochte das FG Berlin-Brandenburg nicht zu folgen. Die Gewerbesteuer kenne trotz ihres Objektsteuercharakters regelmäßig auch abkommensberechtigte Steuerschuldner. Auch der in § 2 Abs. 1 Satz 1 GewStG zum Ausdruck kommende strikte Inlandsbezug dieser Objektsteuer überzeuge als systematisches Argument gegen die Anrechnung ausländischer Quellensteuern nicht, da dieser strikte Inlandsbezug im GewStG nur unzureichend umgesetzt wurde. So gebe es zahlreiche Fälle, in denen – wie im vorliegenden Urteilsfall – ausländische Einkunftsbestandteile Eingang in die gewerbesteuerliche Bemessungsgrundlage finden.

Auch das vom FA vorgetragene Argument, dass eine Anrechnung mangels eigenständiger Anrechnungsvorschriften im GewStG ausscheide, vermochte das Gericht nicht zu überzeugen. Die mit Deutschland abgeschlossenen DBA regeln typischerweise lediglich, ob dem Grunde nach, eine Anrechnung zu erfolgen habe. Die Frage, wie diese Anrechnung methodisch vorzunehmen sei, werde typischerweise durch Verweis auf die nationalen Vorschriften des Anrechnungsstaates Deutschland beantwortet. Dieser Verweis sei – unter Berücksichtigung von Sinn und Zweck der Abkommen, nämlich der Vermeidung der Doppelbesteuerung – als Rechtsfolgenverweis hinsichtlich der Anrechnungsmethodik zu verstehen. Anhaltspunkte dafür, dass der Gesetzgeber durch einen etwaigen Treaty Override eine solche Anrechnung habe unterbinden wollen, konnte das Gericht im Übrigen nicht feststellen.

Das FG Berlin-Brandenburg sah in dem Umstand, dass zwar eine Anrechnung der ausländischen Steuer auf die Gewerbesteuer dem Grunde nach vom DBA angeordnet werde, sich jedoch im GewStG keine entsprechenden Regelungen finden, eine offene Regelungslücke und einen Normwiderspruch, die es mittels ergänzender richterlicher Rechtsfortbildung zu schließen gelte. Die Schließung einer solchen Lücke habe sich am Grundgedanken und an der dem Gesetz innewohnenden Systematik zu orientieren. Das Gesetz sei so fortzuentwickeln, wie es der Gesetzgeber wohl selbst getan hätte, wenn er das Problem erkannt und beheben gewollt hätte (vgl. Drüen in Tipke/Kruse, AO/FGO, § 4 AO Rz. 345 ff.). Da der Gesetzgeber im EStG und KStG mit § 34c EStG und § 26 KStG bereits entsprechende Anrechnungsregelungen geschaffen hat, sei nicht ersichtlich, weshalb er sich bei der Ausgestaltung einer eigenständigen gewerbesteuerlichen Anrechnungsvorschrift nicht ebenfalls an deren Grundsystematik orientiert hätte.

Etwas anders könne nach Auffassung des FG auch nicht vor dem Hintergrund der bisherigen Rechtsprechung gelten. Das Gericht verweist hierzu insbesondere auf die jüngere Entscheidung des FG Niedersachsen v. 18.3.2020 (6 K 20/18, NWB RAAAH-49251), welche auch in der Revisionsentscheidung des BFH v. 16.10.2024 (I R 16/20, NWB TAAAJ-87132; hierzu eingehender: vgl. Demmler, Steuerrecht aktuell 2/2025, S. 100 ff.) im Ergebnis bestätigt wurde. Gegenstand dieser beiden Entscheidungen war jedoch nicht die Frage, ob eine Anrechnung ausländischer Quellensteuern auf die Gewerbesteuer aufgrund eines DBA dem Grunde nach zu erfolgen habe, sondern ob die aufgrund § 8b KStG von der körperschaftsteuerlichen Bemessungsgrundlage ausgenommenen Dividenden isoliert im Rahmen des GewStG – analog zu § 34c Abs. 2 EStG ggf. i. V. m. § 26 Abs. 1 Satz 1 Nr. 1 KStG – vom Gewerbeertrag abgezogen werden könnten. Sowohl das FG Niedersachsen als auch der I. Senat des BFH lehnten dies ab. Das FG Berlin-Brandenburg schloss sich dieser Rechtsprechung an (obgleich dies dort nicht entscheidungserheblich war) und führte aus, dass bereits deshalb keine Grundlage für einen solchen Abzug bestehe, weil die einschlägigen DBA – anders als bei der Anrechnungsmethode – schon dem Grunde nach, keine Rechtsgrundlage für einen solchen Abzug vom Gewerbeertrag bieten. Eine rechtsfortbildende Lückenschließung komme mangels Lücke daher nicht in Betracht.

Abrundend verweist das FG Berlin-Brandenburg darauf, dass einige DBA – etwa Art. 24 Abs. 1 Nr. 2 DBA-Schweiz – innerhalb ihrer Methodenartikel ausdrücklich die Anwendung der Anrechnungsmethode im Rahmen des GewStG ausschließen. Durch solche negativ abgrenzenden Formulierungen werde deutlich, dass die Vertragsstaaten durchaus Wege und Ausdrucksweisen gefunden haben, um eine derartige Anrechnung zu verhindern. Solche Formulierungen wären systematisch grundsätzlich nicht erforderlich, wenn nicht zugleich im umgekehrten Fall eine Anrechenbarkeit auf die Gewerbesteuer dem Grunde nach nicht völlig ausgeschlossen werden sollte.

Im Ergebnis sei daher die US-amerikanische Quellensteuer unter analoger Anwendung der nationalen Anrechnungsvorschriften des EStG und KStG auf die deutsche Gewerbesteuer anzurechnen. Wie im Einzelfall die konkrete analoge Anwendung der §§ 34c und 26 KStG innerhalb des GewStG vorzunehmen sei, konnte das FG offenlassen, da sich der Gewerbeertrag im Streitzeitraum nahezu ausschließlich aus den US-amerikanischen Dividenden zusammensetzte. In einem solchen Fall könne die Anrechnung auf die Gewerbesteuer auch ohne Berücksichtigung einer per-country-limitation erfolgen. Aufgrund der Steuerfreiheit der Dividenden im Körperschaftsteuerrecht und einer im Streitjahr verbleibenden Körperschaftsteuer von leidglich 726 € ließ das Gericht auch die Frage offen, in welcher Reihenfolge eine Steueranrechnung vorzunehmen wäre, wenn eine gleichzeitige Steueranrechnungsmöglichkeit bei der Körperschaft- und Gewerbesteuer besteht. Der Senat merkte jedoch an, dass sich eine Reihenfolge aus den bestehenden gesetzlichen Regelungen nicht unmittelbar ergebe.

Abschließend hatte das FG Berlin-Brandenburg noch zu klären, wie die Steueranrechnung bei der Gewerbesteuer verfahrensrechtlich abzubilden ist. Grundsätzlich obliegt es dem FA die Gewerbesteuermessbeträge gem. § 184 Abs. 1 AO durch Steuermessbescheid festzusetzten. Die auf dem Gewerbesteuermessbescheid basierende Festsetzung der eigentlichen Gewerbesteuer erfolgt in den Flächenstaaten sodann durch die jeweiligen Gemeinden. Nach Auffassung des FG hat die verfahrensrechtliche Feststellung des Anrechnungsbetrags sowohl dem Grunde als auch der Höhe nach durch das FA im Gewerbesteuermessbescheid zu erfolgen. Dies sei erforderlich, weil die Steueranrechnung als Tarifvorschrift im Verfahrensablauf bei der Festsetzung der (hier) Gewerbesteuer ansetze und daher von der für die Steuerfestsetzung zuständigen Gemeinde zu berücksichtigen sei. Eine solche verfahrensrechtliche Umsetzung sei notwendig, da die Gemeinde die Anrechnung nicht losgelöst von den hierfür erforderlichen – und regelmäßig nur dem FA vorliegenden – Besteuerungsgrundlagen vornehmen könne. Das FG betonte, dass dies insbesondere in Fällen gelte, in denen Anrechnungshöchstbeträge zu bestimmen sind oder eine nur nachrangige Anrechnung der ausländischen Quellensteuer auf die Gewerbesteuer angenommen werde.

Die Revision wurde aufgrund der für die Allgemeinheit bestehenden grundsätzlichen Bedeutung einer höchstrichterlichen Klärung dieser Rechtsfrage gem. § 115 Abs. 2 Nr. 1 FGO zugelassen und ist unter dem Aktenzeichen I R 2/26 beim I. Senat des BFH anhängig.

c) Folgerungen und Fazit

Es mag überraschen, dass die Rechtsprechung zur Frage nach der Anrechnung ausländischer Quellensteuern auf die Gewerbesteuer bislang nur sehr spärlich ausgeprägt ist. Das zuvor ergangene und die aktuelle Diskussion prägende Urteil stammt vom FG Hessen v. 26.8.2020 (8 K 1860/16, NWB PAAAH-72584). Die Revision gegen dieses Urteil wurde jedoch aufgrund von Verfahrensmängeln seitens des FA als unzulässig abgewiesen (vgl. BFH v. 8.2.2022 - I R 8/21, NWB FAAAI-63093). Vor diesem Hintergrund ist das Urteil des FG Berlin-Brandenburg besonders zu begrüßen. Es ähnelt (mit teilweise identischem Wortlaut) wie das FG in seinen Entscheidungsgründen auch selbst hervorhebt (vgl. FG Berlin-Brandenburg v. 14.1.2026 - 10 K 10106/23, Rz. 25, NWB JAAAK-10368) dem Urteil des FG Hessen v. 26.8.2020 (8 K 1860/16, NWB PAAAH-72584).

Wie bereits das FG Hessen musste auch das FG Berlin-Brandenburg nicht die Frage beantworten, welche Reihenfolge bei der Steueranrechnung zugrunde zu legen wäre (Darstellung des Meinungsstandes im Schrifttum zur Anrechnungsreihenfolge: vgl. Kurpiers, IWB 2025 Nr. 15, S. 566 ff.). Ebenso stellte sich für beide Gerichte nicht die Frage, wie eine solche Steueranrechnung im Einzelfall unter analoger Anwendung der im EStG und KStG bestehenden nationalen Anrechnungsregelungen konkret vorzunehmen wäre (vgl. für Lösungsansätze mit Berechnungsbeispielen: Rieck, IStR 2019 S. 589).

Die vom FG Berlin-Brandenburg vorgeschlagene verfahrensrechtliche Umsetzung der Anrechnung durch die – die Gemeinde bindende – Feststellung der entsprechenden Anrechnungsverpflichtungen durch das FA im Gewerbesteuermessbescheides entspricht sowohl der Auffassung des FG Hessen als auch der überwiegenden Meinung im Schrifttum (vgl. Abschlussbericht der Expertenkommission „Vereinfachte Unternehmensteuer", 2. Aufl. 2024, S. 126; Micker, ISR 2021 S. 433; Spek/Schumacher, Ubg 2021 S. 345; Töben, Ubg 2021 S. 357 f.; Vogel, Ubg 2021 S. 354 f.; a. A. Korten, IStR 2021 S. 581 ff.).

Mit der Entscheidung des FG Berlin-Brandenburg erhält nun der I. Senat des BFH erneut Gelegenheit, zu dieser bislang höchstrichterlich ungeklärten Rechtsfrage Stellung zu nehmen, nachdem der BFH diese Rechtsfrage zuletzt offengelassen hatte (vgl. BFH v. 16.10.2024 - I R 16/20, Rz. 23, NWB TAAAJ-87132; siehe hierzu auch eigehender: Demmler, Steuerrecht aktuell 2/2025, S. 100 ff.).

d) Praxishinweise

Die vom FG beantwortete Frage, ob ausländische Quellensteuern auf die deutsche Gewerbesteuer angerechnet werden können, ist insbesondere aus der Perspektive von Kapitalgesellschaften die als im Inland ansässig gelten von hoher Bedeutung. Hintergrund ist die Unternehmenssteuerreform aus dem Jahr 2008, mit der das technische System der Unternehmensbesteuerung vom Halbeinkünfteverfahren auf das klassische System mit gemilderter Doppelbesteuerung umgestellt wurde und zugleich der Körperschaftsteuersatz von 25 % auf 15 % sank. Aufgrund des geringen Körperschaftsteuersatzes stieg für körperschaftlich organisierte Unternehmen das Risiko, dass in Outboundfällen im Ausland einbehaltene Quellensteuern – etwa auf Dividenden, vereinnahmten Lizenzentgelte oder Zinsen (für weitere praktisch relevante Sachverhalte vgl. Töben, Ubg 2021 S. 358) – aufgrund der in vielen bilateral vereinbarten DBA vorgesehenen Anrechnungsmethode nicht vollständig auf die Körperschaftsteuer angerechnet werden kann. Folge hiervon sind Anrechnungsüberhänge, die im Vergleich zu einem rein inländischen Vorgang zu einer höheren effektiven Steuerbelastung führen. Diese unter der derzeit geltenden Rechtslage bestehende Problematik wird sich künftig noch weiter verschärfen. Durch das am 18.7.2025 verkündete Gesetz für ein steuerliches Investitionssofortprogramm zur Stärkung des Wirtschaftsstandorts Deutschland (BGBl 2025 I Nr. 161, Art. 2) soll sich der Körperschaftsteuersatz gem. § 23 Abs. 1 KStG n. F. beginnend ab Veranlagungszeitraum 2028 um jährlich einen Prozentpunkt verringern, so dass dieser ab 2032 nur noch zehn Prozentpunkte betragen wird. Die Expertenkommission zur „Vereinfachten Unternehmensteuer" gelangte in ihrem Abschlussbericht schon vor dieser Gesetzesänderung zu dem Ergebnis, dass – auch abseits etwaiger DBA-Regelungen – eine Anrechnung ausländischer Quellensteuern auf die deutsche Gewerbesteuer zur Stärkung des Steuerstandortes Deutschland wesentlich beitragen würde (vgl.: Abschlussbericht der Expertenkommission „Vereinfachte Unternehmensteuer", 2. Aufl. 2024, S. 126).

In der Praxis ist zu beachten, dass einige DBA eine Anrechnung ausländischer Quellensteuern ausdrücklich auf die Einkommen- und Körperschaftsteuer beschränken oder eine Anrechnung auf die Gewerbesteuer explizit ausschließen. In diesen Fällen kann eine Steueranrechnung auf die Gewerbesteuer demnach nicht mehr auf ein DBA gestützt werden (Auflistung betroffener DBA: vgl. Haarmann, Festschrift Gosch 2016, S. 125). Bei den verbleibenden DBA ist jeweils zu prüfen, ob sie in einem abkommensrechtlichen Zusammenhang eine solche Anrechnung grundsätzlich zulassen.

In den bisher entschiedenen Fällen musste bislang noch nicht die Frage beantwortet werden, nach welchem Maßstab ein etwaiger Anrechnungsanspruch auf einzelne Gemeinden in denen Betriebsstätten unterhalten werden, aufzuteilen wäre. In der Literatur besteht hierzu Uneinigkeit, wobei sich jedoch eine Tendenz in Richtung einer Aufteilung nach dem allgemeinen, an Arbeitslöhnen orientierten Zerlegungsmaßstab gem. §§ 28 ff. GewStG abzeichnet (dies befürwortend: Eberhardt, IStR 2019 S. 183 f.; Micker, ISR 2021 S. 433 f.; Spek/Schumacher, Ubg 2021 S. 345). Alternativ wird ein Wahlrecht des Steuerpflichtigen diskutiert (vgl. Kurpiers, IWB 2025 Nr. 15, S. 570 f., m. w. N.; a. A. Micker, ISR 2021 S. 433 f.). Ferner wird erwogen, die Aufteilung anhand der vor Anrechnung entstehenden Gewerbesteuerlast vorzunehmen, so dass Gemeinden mit entsprechend hohem Gewerbesteueraufkommen – welches auf das anrechnungsberechtigte Unternehmen zurückzuführen ist – auch dementsprechend hohe Anrechnungsverpflichtungen träfen (dies befürwortend: Vogel, Ubg 2021 S. 354). Schließlich wird auch eine verursachungsgerechte Zuordnung in Betracht gezogen. Dabei würde die Anrechnungsverpflichtung nur denjenigen Gemeinden zugewiesen, in denen Betriebsstätten unterhalten werden, denen z. B. im Fall des ausländischen Dividendenbezugs auch die dazugehörige Beteiligung oder bei der Erzielung von Lizenzentgelten die entsprechende Lizenz zuzuordnen wäre (dies befürwortend: vgl. Frotscher, Festschrift Frotscher 2013, S. 127; Kurpiers, IWB 2025, Nr. 15, S. 568 ff.). Letzteres erscheint meines Erachtens jedoch kaum praxistauglich und würde das GewStG erheblich verkomplizieren. Streitigkeiten über die genaue Zuordnung einzelner ausländischer Anknüpfungspunkte (z. B. Lizenzen) zu den jeweiligen inländischen Betriebsstätten wären bei einer solchen verursachungsgerechten Zuordnung nahezu vorprogrammiert.

D. Umsatzsteuer und Grunderwerbsteuer

I. Verwaltungsanweisungen

1. Konzeptentwurf BMF-Schreiben umsatzsteuerliche Organschaft

(Johannes Stößel)

a) Hintergrund und Ziele

Seit Jahrzehnten beschäftigt die umsatzsteuerliche Organschaft Steuerpflichtige, Finanzverwaltung und Rechtsprechung. Ein Grund ist die weiterhin fehlende Übereinstimmung von § 2 Abs. 2 Nr. 2 UStG mit Art. 11 MwStSystRL. Dies führt zu Rechtsunsicherheit und offenen Fragestellungen. Problematisch ist dies in der Praxis insbesondere vor dem Hintergrund, dass die umsatzsteuerliche Organschaft ab dem Zeitpunkt vorliegt und alle ihre Rechtsfolgen greifen, ab dem die Voraussetzungen nach § 2 Abs. 2 Nr. 2 UStG erfüllt sind. Eine verfahrensrechtliche Feststellung gibt es nicht.

Das Konzeptpapier des BMF zum Erklärungsverfahren bei der umsatzsteuerlichen Organschaft nach § 2 Abs. 2 Nr. 2 UStG verfolgt insbesondere das Ziel, das Vorliegen einer umsatzsteuerlichen Organschaft und die Zusammensetzung umsatzsteuerlicher Organkreise transparenter zu gestalten und das Entstehen unbeabsichtigter Organschaftsverhältnisse zu vermeiden. Ausgelöst sind die Überlegungen auch dadurch, dass die nationale Ausgestaltung der Organschaft durch die EuGH-Urteile v. 1.12.2022 in den Rechtssachen C-141/20 – Norddeutsche Gesellschaft für Diakonie – und C-269/20 – Finanzamt T – im Grundsatz bestätigt wurde. Vor diesem Hintergrund soll an den bisherigen materiell-rechtlichen Voraussetzungen der Organschaft im Wesentlichen festgehalten werden. Neu ist jedoch, dass der Eintritt der organschaftlichen Rechtsfolgen künftig zusätzlich von einer ausdrücklichen Erklärung des Organträgers gegenüber der zuständigen Finanzbehörde abhängen soll (Erklärungsverfahren).

b) Umsetzung

Der Regelungsansatz trennt damit zwischen dem Vorliegen der materiellen Voraussetzungen der Organschaft und dem Eintritt ihrer Rechtsfolgen. Künftig soll eine Organschaft nur dann Rechtswirkungen entfalten, wenn sowohl sämtliche Eingliederungsvoraussetzungen vorliegen als auch eine entsprechende Erklärung abgegeben wurde. Fehlt es an der Erklärung, sollen die Rechtsfolgen selbst dann nicht eintreten, wenn die materiellen Voraussetzungen erfüllt sind. Umgekehrt vermag eine Erklärung die Organschaft nicht zu begründen, wenn die tatbestandlichen Voraussetzungen nicht vorliegen. Darin liegt ein (verbleibendes) Risiko des vorgesehenen Modells, da fehlerhafte rechtliche Einschätzungen über das Vorliegen einer Eingliederung weiterhin steuerlich erheblich bleiben.

Verfahrensrechtlich ist vorgesehen, dass allein der Organträger die Erklärung elektronisch gegenüber der zuständigen Finanzbehörde abgibt; eines gemeinsamen Antrags aller Beteiligten soll es nicht bedürfen. Die Erklärung wirkt ausschließlich für die Zukunft und nur für die ausdrücklich benannten Gesellschaften. Entfallen die Eingliederungsvoraussetzungen, soll den Organträger zudem eine unverzügliche Mitteilungspflicht treffen.

Zur Begrenzung fiskalischer Risiken (z. B. Festsetzungsverjährung oder Insolvenz) sind ergänzende Sicherungsinstrumente vorgesehen. Hierzu zählen insbesondere eine Korrekturvorschrift zur rückwirkenden Anpassung fehlerhaft behandelter Organschaftsverhältnisse sowie eine eigenständige Haftungsregelung für Fälle der Rückabwicklung. Zudem wird eine bundeseinheitliche Lösung geprüft, nach der auf eine Rückabwicklung verzichtet werden könnte, sofern ein Steuerausfall bei allen Beteiligten sicher ausgeschlossen ist. Dies ist zu begrüßen, da in fehlerhaften Fällen ohne Steuerausfallrisiko sowohl bei der Verwaltung als auch den Steuerpflichtigen Aufwand verhindert wird.

c) Sonstiges

Das von Wirtschaftsverbänden geforderte förmliche Antragsverfahren greift das Konzeptpapier hingegen nicht auf. Begründet wird dies überzeugend mit dem erheblichen Verwaltungsaufwand, der Verzögerung bei der Prüfung sowie dem Umstand, dass selbst ein Feststellungsbescheid keine abschließende Rechtssicherheit gewährleisten würde, sofern er unter dem Vorbehalt der Nachprüfung oder vorläufig erginge.

Eine Übergangsvorschrift in § 27 UStG soll regeln, dass die bisherige Rechtslage bis zum Inkrafttreten der Neuregelung fortgelten soll. Zugleich soll Organträgern vor erstmaliger Anwendung Gelegenheit gegeben werden, die Erklärung vorab zu übermitteln. Darüber hinaus soll die Reform auch der Umsetzung der Rechtsprechung von EuGH und BFH zur finanziellen Eingliederung von Personengesellschaften dienen, insbesondere im Hinblick auf die Einbeziehung nicht vollständig beherrschter Personengesellschaften, etwa in der Rechtsform der GmbH & Co. KG. Diese sollten unionsrechtskonform mit in die umsatzsteuerliche Organschaft einbezogen werden.

Rechtssystematisch ist das Erklärungsverfahren falsch. Aus Sicht des Steuerpflichtigen ist es zu begrüßen, da ihm bei Vorliegen der Voraussetzungen der umsatzsteuerlichen Organschaft de facto ein Wahlrecht eingeräumt wird, diese in Anspruch zu nehmen (vgl. zu den möglichen Vorteilen z. B. Stößel/Stockburger, DB 2020 S. 2307 ff.). Auch kann das Erklärungsverfahren aus den dargelegten Gründen zu Verwaltungsvereinfachung und mehr Rechtssicherheit führen. Um insbesondere keine Folgeprobleme bzgl. der Rechtssicherheit auszulösen, sollte das sog. organschaftsähnliche Verhältnis (vgl. z. B. BFH, Urteil v. 26.7.1962 - V 42/60, UR 1962 S. 242) mitbedacht werden. Bevor die umsatzsteuerliche Organschaft in § 2 Abs. 2 Nr. 2 UStG geregelt war, hat dies der BFH begründet. Betroffen waren Fälle, in denen ein Unternehmen aufgrund der Eingliederung in ein anderes nicht mehr selbständig und damit kein umsatzsteuerlicher Unternehmer mehr war. Diese Fälle sind weiterhin möglich und vorhanden. Daher müsste die Unternehmereigenschaft in § 2 Abs. 2 Nr. 2 UStG im Rahmen der Einführung eines Erklärungsverfahrens konkretisiert werden.

2. Umsatzsteuerliche Organschaft

OFD Frankfurt a. M. v. 24.6.2025 - 7105 A-00055-0357-St 1-St 110.2

(Johannes Stößel)

a) Steuerschuldnerschaft des Organträgers

Die OFD Frankfurt a. M. hat in einer Verfügung „Nur für den Dienstgebrauch" zur Anwendbarkeit neuerer BFH-Rechtsprechung zur umsatzsteuerlichen Organschaft Stellung genommen. Der BFH hatte dem EuGH mit Beschlüssen v. 11.12.2019 (XI R 16/18) sowie v. 7.5.2020 (V R 40/19) die Frage vorgelegt, ob die Steuerschuldnerschaft des Organträgers mit dem Unionsrecht vereinbar ist. Der EuGH hat diese Frage durch seine Urteile (C-269/20, C-141/20) v. 1.12.2022 im Ergebnis bejaht und damit die unionsrechtliche Zulässigkeit der nationalen Regelung bestätigt. Diese Rechtsprechung ist in der Folge durch den BFH mit Urteil v. 18.1.2023 (XI R 29/22) nachvollzogen und bestätigt worden.

b) Fortentwicklung der finanziellen Eingliederung

Zugleich weist die Verfügung darauf hin, dass der BFH mit dem vorgenannten Urteil seine Rechtsprechung zur finanziellen Eingliederung fortentwickelt hat. Danach kann für die Annahme einer finanziellen Eingliederung bereits eine Mehrheitsbeteiligung in Verbindung mit dem Besitz von mehr als 50 % der Stimmrechte ausreichen. Voraussetzung soll insoweit sein, dass der Organträger zugleich alleiniger Gesellschafter und Geschäftsführer der Organgesellschaft ist. Liegen diese Voraussetzungen vor, sind nach der in Bezug genommenen Rechtsprechung sowohl die finanzielle Eingliederung als auch die Nichtsteuerbarkeit von Innenumsätzen anzunehmen.

c) Nichtsteuerbarkeit von Innenumsätzen

Ferner weist die Verfügung darauf hin, dass der BFH mit Urteil v. 29.8.2024(V R 14/24; V R 20/22; V R 40/19, NWB YAAAJ-80811) (vgl. hierzu Stößel, Steuerrecht aktuell 2/2025) – die Nichtsteuerbarkeit von Innenumsätzen sowie die Steuerschuldnerschaft des Organträgers innerhalb des Organkreises bzw. für den Organkreis erneut bestätigt hat. Die Veröffentlichung dieser Entscheidung wird nach den Ausführungen der OFD derzeit noch abgestimmt. Nach Auffassung der OFD bestehen keine Bedenken, die Leitsätze dieser Entscheidung bereits vor ihrer amtlichen Veröffentlichung auf vergleichbare Sachverhalte (keine analogen oder auslegungsbedürftigen) zu übertragen.

HINWEIS:

Für die Verwaltungspraxis folgt hieraus insbesondere, dass ruhende Rechtsbehelfsverfahren wiederaufzunehmen sind, soweit sich Steuerpflichtige unter Hinweis auf die Vorlagebeschlüsse des BFH auf eine fehlende Unionsrechtskonformität der Steuerschuldnerschaft des Organträgers berufen haben. Im Übrigen stellt die OFD ausdrücklich klar, dass die bisherige Gesetzes- und Verwaltungsauffassung unverändert fortgilt.

d) Ausblick

In der Gesamtschau verdeutlicht die Verfügung, dass die Finanzverwaltung an der Steuerschuldnerschaft des Organträgers sowie an den tragenden Grundstrukturen der umsatzsteuerlichen Organschaft (Nichtsteuerbarkeit von Innenumsätzen) richtigerweise und auch erwartbar weiterhin festhält. Die abschließende Reichweite und Auslegung, welche die Finanzverwaltung dem BFH-Urteil v. 29.8.2024 (V R 14/24; V R 20/22; V R 40/19) beimisst, bleibt noch abzuwarten.

3. Einführung der obligatorischen elektronischen Rechnung bei Umsätzen zwischen inländischen Unternehmern ab dem 1.1.2025; Anpassung des Umsatzsteuer-Anwendungserlasse

BMF, Schreiben v. 15.10.2025 - II C 2 - S 7287-a/00019/007/243, BStBl 2025 I S. 1806

(*Julian Stettner*)

a) Hintergrund

Mit Schreiben v. 15.10.2025 nahm das BMF erneut Stellung zur Ausstellung von obligatorischen E-Rechnungen bei Umsätzen zwischen inländischen Unternehmern. Das BMF übernahm in weiten Teilen die Vorschriften aus dem Entwurf der Verwaltungsanweisung v. 25.6.2025. Ergänzend veröffentlichte das BMF erstmalig die Anforderungen an die Prüfung von E-Rechnungen und bezog sich dabei insbesondere auf die technischen Voraussetzungen.

b) Fehlerarten von E-Rechnungen

Die rechtliche Einordnung fehlerhafter E-Rechnungen ist abhängig von der Art des Fehlers. Bei Verstößen gegen die vorgeschriebenen Syntaxen der Norm EN 16931 ist die Rechnung als sonstige Rechnung zu qualifizieren. Gleiches gilt bei vereinbarten Formaten der Vertragsparteien, die keine vollständige Extraktion der Daten i. S. d. Norm EN 16931 zulassen.

Geschäftsregelfehler sind Verstöße gegen Prüf- und Plausibilitätsregeln der Norm EN 16931. Die Norm 16931 sieht Kausalitäten zwischen bestimmten Angaben vor, die inhaltlich zu erfüllen sind. Eine E-Rechnung mit Geschäftsregelfehlern ist eine E-Rechnung i. S. d. § 14 UStG, die inhaltlich zu korrigieren ist.

Inhaltsfehler sind fehlende oder unrichtige Angaben der §§ 14 und 14a UStG. Enthält eine E-Rechnung i. S. d. Norm EN 16931 inhaltliche Fehler, ist diese als nicht ordnungsmäßige Rechnung konform zu der Norm EN 16931. Inhaltsfehler begründen eine Vorsteuerabzugsgefährdung.

c) Prüfung von E-Rechnungen

Hinsichtlich der voneinander abzugrenzenden Fehlerarten wurden verschiedene Prüfungsverfahren zur Fehleridentifikation durch das BMF benannt. Formfehler und Geschäftsregelfehler sind als Verstöße gegen die technischen Anforderungen der Norm 16931 durch geeignete Validierungsmechanismen identifizierbar. Die Validierung kann anhand eines Tools erfolgen. Steuerpflichtige können sich auf das Prüfergebnis berufen, soweit die Auswahl des Validierungstools nach bestem Wissen und Gewissen erfolgt ist. Es wird empfohlen, das Ergebnis der Validierung elektronisch aufzubewahren. Die technische Validierung ersetzt nicht die Ordnungsmäßigkeit der Rechnung i. S. d. §§ 14 und 14a UStG als Voraussetzung für den Vorsteuerabzug.

d) Unveränderte Verwaltungsauffassung zum Entwurf

Ausgehend von den Ausführungen des Entwurfs der Verwaltungsanweisung hat das BMF seine Auffassung vollständig übernommen. Dies betrifft insbesondere die E-Rechnungsstellung bei Kleinunternehmern, die Minderung der Bemessungsgrundlage sowie die Archivierung gültiger E-Rechnungen. Inhaltlich bleibt das BMF demnach bei den im Entwurf dargelegten Grundsätzen.

e) Fazit

Als zweckmäßig erscheint, dass das BMF in der finalen Fassung der Verwaltungsanweisung auch im Verhältnis zum Entwurf die rechtliche Einordnung der Fehlerarten von E-Rechnungen sowie die Prüfmechanismen durch die Steuerpflichtigen ausdrücklich aufgreift, da diese dem Gesetzeswortlaut nicht unmittelbar zu entnehmen sind. Zudem ist hervorzuheben, dass das BMF erneut die Relevanz von Prüfungs- bzw. Validierungsergebnissen betont und diesen bei ordnungsmäßiger Dokumentation eine weitergehende Bedeutung im Rahmen der Exkulpation des Steuerpflichtigen beimisst.

4. Vorsteuerabzug aus einem Leistungsbezug vor dem Übergang des Unternehmers zur Regelbesteuerung bzw. Kleinunternehmerregelung nach § 19 UStG

BMF, Schreiben v. 10.11.2025 - III C 2 - S 7300/00080/004/019, BStBl 2025 I S. 1854

(*Johannes Stößel*)

a) Hintergrund

Das BMF-Schreiben behandelt den Vorsteuerabzug beim Wechsel zwischen Kleinunternehmerregelung und Regelbesteuerung. Seit dem 1.1.2025 ist § 19 UStG neu gefasst: die Kleinunternehmerregelung ist nun als Steuerbefreiung ausgestaltet. Daraus folgt ein Ausschluss des Vorsteuerabzugs für Eingangsleistungen nach § 15 Abs. 2 Satz 1 Nr. 1 und 3 UStG. Im Zusammenhang mit der Neufassung des § 19 UStG und der Einführung des § 19a UStG durch das JStG 2024 zum 1.1.2025 ist das BMF-Schreiben v. 18.3.2025 zu beachten. Während bislang § 15a Abs. 7 UStG einschlägig war, ist nun wegen der Ausgestaltung des § 19 Abs. 1 UStG als Steuerbefreiungsvorschrift § 15a Abs. 1 UStG maßgebend.

Bezieht ein Unternehmer vor dem Übergang zur Regelbesteuerung (als Kleinunternehmer) Leistungen, die er erst danach für vorsteuerabzugsberechtigende Umsätze einsetzen will, bleibt der Vorsteuerabzug für die Zeit vor dem Wechsel ausgeschlossen. Dies gilt auch dann, wenn der

Übergang bereits absehbar, aber noch nicht vollzogen ist, etwa wegen voraussichtlichen Überschreitens der Umsatzgrenzen des § 19 Abs. 1 UStG. Erfasst sind ebenso Vorsteuerbeträge aus Voraus- und Anzahlungsrechnungen i. S. d. § 15 Abs. 1 Satz 1 Nr. 1 Satz 3 UStG.

Der tatsächliche Wechsel zur Regelbesteuerung begründet eine Änderung der Verhältnisse. Eine Berichtigung zugunsten des Unternehmers kommt daher nur nach Maßgabe des § 15a UStG und unter Beachtung der Bagatellgrenzen des § 44 UStDV in Betracht. Entsprechendes gilt im umgekehrten Fall des Wechsels von der Regelbesteuerung zur Kleinunternehmerbesteuerung. Ein zuvor in Anspruch genommener Vorsteuerabzug ist dann nach § 15a UStG, vorbehaltlich § 44 UStDV, zulasten des Unternehmers zu korrigieren.

b) Anpassungen des UStAE

Die Verwaltungsauffassung wurde in Abschn. 15.1 Abs. 5 und 6, Abschn. 15.3 Abs. 2, Abschn. 15a.2 sowie Abschn. 19.7 UStAE übernommen. Besondere Bedeutung kommt der Neufassung des Abschn. 15.3 Abs. 2 UStAE zu. Nach bisheriger Verwaltungsregelung konnte ein Kleinunternehmer, der zur allgemeinen Besteuerung überging, den Vorsteuerabzug aus vor dem Übergang geleisteten Zahlungen für erst danach ausgeführte Umsätze im ersten Voranmeldungszeitraum nach dem Wechsel geltend machen. Nach neuer Fassung ist ein solcher Vorsteuerabzug vor Ausführung des Umsatzes, wie dargelegt, ausgeschlossen.

Stattdessen bestimmt der UStAE nunmehr, dass der Übergang eine Änderung der Verhältnisse i. S. d. § 15a UStG darstellt. Unter den dort normierten Voraussetzungen und unter Berücksichtigung des § 44 UStDV ist daher eine Vorsteuerberichtigung zugunsten des Unternehmers möglich. Beim Wechsel von der Regelbesteuerung zur Steuerbefreiung nach § 19 Abs. 1 oder 4 UStG ist ein zuvor vorgenommener Vorsteuerabzug entsprechend zulasten des Unternehmers zu berichtigen.

HINWEIS:

Die Grundsätze des Schreibens gelten für alle offenen Fälle. Aus Vereinfachungsgründen beanstandet die Finanzverwaltung jedoch nicht, wenn sich der Unternehmer in einer bis zum 10.11.2025 eingereichten Umsatzsteuererklärung noch auf die bis dahin geltende Fassung des Abschn. 15.3 Abs. 2 UStAE stützt. Erforderlichenfalls sind die Vorsteuerbeträge in einer späteren Umsatzsteuererklärung zu berichtigen.

5. Durchgangserwerb bei einer Geschäftsveräußerung im Ganzen

BMF, Schreiben v. 20.1.2026 - III C 2 - S 7100-b/00011/009/045, BStBl 2026 I S. 260

(*Johannes Stößel*)

a) Hintergrund

Das BMF hat die Verwaltungsauffassung zur Geschäftsveräußerung im Ganzen sowie zur nachhaltigen Tätigkeit i. S. d. Umsatzsteuerrechts an die jüngere Rechtsprechung des Bundesfinanzhofs angepasst. Ausgangspunkt ist das Urteil des BFH v. 25.9.2024 (XI R 19/22, BStBl 2026 II S. 127). Darin hat der BFH unter anderem entschieden, dass im Fall eines sog. Durchgangserwerbs für das Vorliegen einer Geschäftsveräußerung i. S. d. § 1 Abs. 1a UStG nicht erforderlich ist, dass der Zwischenerwerber umsatzsteuerlicher Unternehmer ist. Der BFH stützt dieses Ergebnis auf eine unionsrechtskonforme Auslegung des § 1 Abs. 1a Satz 1 UStG.

b) Anpassung des UStAE

Das BMF übernimmt diese Rechtsprechung nunmehr ausdrücklich in den Umsatzsteuer-Anwendungserlass. Hierzu wird Abschnitt 1.5 Abs. 1 Satz 8 UStAE neu gefasst. Danach gilt künftig, dass in Fällen eines Durchgangserwerbs der Zwischenerwerber für die Annahme einer Geschäftsveräußerung i. S. d. § 1 Abs. 1a UStG nicht Unternehmer sein muss. Es wird insoweit klargestellt, dass die Unternehmereigenschaft des Zwischenerwerbers kein Tatbestandsmerkmal der Geschäftsveräußerung ist.

Darüber hinaus wird Abschnitt 2.3 Abs. 5 UStAE um einen neuen Satz 5 ergänzt. Danach kann eine auf Dauer angelegte Tätigkeit, soweit dies branchen- oder sachverhaltsüblich ist, auch dann anzunehmen sein, wenn zwischen einzelnen Verkaufsvorgängen erhebliche Zeitabstände liegen, etwa ein Zeitraum von 20 Jahren. Auch diese Ergänzung knüpft an das BFH-Urteil v. 25.9.2024 (XI R 19/22, NWB DAAAJ-81936) an.

Die durch das BMF-Schreiben vorgenommenen Änderungen betreffen damit zum einen die Voraussetzungen der Geschäftsveräußerung im Ganzen nach § 1 Abs. 1a UStG und zum anderen die Auslegung des Merkmals der Nachhaltigkeit im Rahmen unternehmerischer Tätigkeit. Die Grundsätze sind in allen offenen Fällen anzuwenden.

II. Rechtsprechung

1. Einhalten der Vorbehaltensfrist des § 6a Satz 4 GrEStG bei einer Ausgliederung zur Neugründung

BFH, Urteil v. 21.5.2025 - II R 31/22, NWB SAAAK-03049

(*Sebastian Zerbe*)

a) Zusammenfassung der Entscheidung

Der dem vorliegenden Urteil zugrundeliegende Sachverhalt erscheint auf den ersten Blick einfach. Eine Gemeinde hat eine GmbH gegründet, an der sie zu 100 % beteiligt war. Kurz nach der Gründung hat die Gemeinde einen Regiebetrieb im Wege der Ausgliederung zur Aufnahme gem. § 1 Abs. 1 Nr. 2 i. V. m. § 123 Abs. 3 Nr. 1 UmwG auf die GmbH gegen Gewährung eines weiteren Geschäftsanteils übertragen. Gemäß Ausgliederungsvertrag wurde auch Grundbesitz mit auf die GmbH übertragen. Nachfolgende Übersicht fasst den Sachverhalt nochmals zusammen.

ABB. 7: Darstellung des Sachverhalts

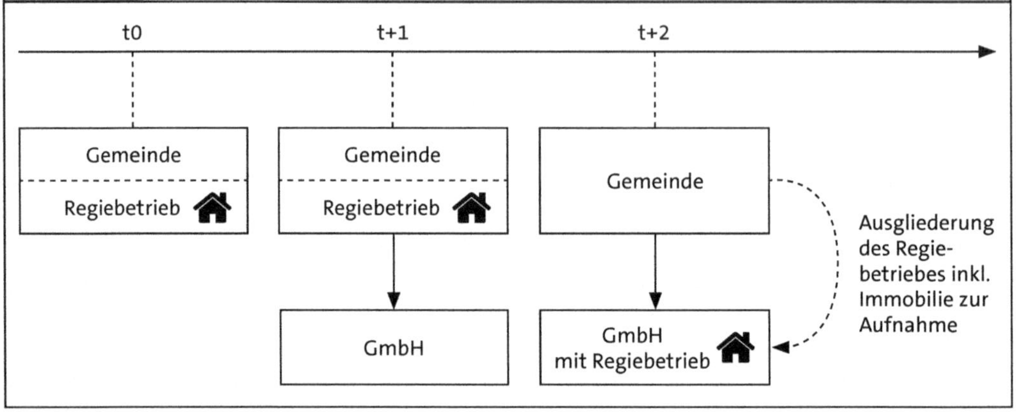

Nach Ansicht des zuständigen Finanzamtes stellte die Ausgliederung und die damit verbundene Übertragung der Immobilie einen gesetzlichen Eigentumsübergang gem. § 1 Abs. 1 Nr. 3 GrEStG dar und erließ einen entsprechenden Grunderwerbsteuerbescheid. Dagegen klagte die aufnehmende GmbH und führte aus, dass der steuerbare Erwerbsvorgang gem. § 6a GrEStG von der Grunderwerbsteuer befreit sei. Das Finanzgericht jedoch entschied, dass die Voraussetzungen für die Steuerbefreiung nach § 6a GrEStG nicht erfüllt seien, da die sog. Vorbehaltensfrist von fünf Jahren vor dem Umwandlungsvorgang nicht eingehalten worden ist. So sei die Gemeinde zwar 100 % Anteilseigner zum Zeitpunkt der Ausgliederung, jedoch waren seit Gründung erst ein paar Monate vergangen und nicht wie von § 6a Satz 3 und 4 GrEStG gefordert, fünf Jahre vor dem Umwandlungsvorgang.

Die Klägerin führte in ihrer Revision aus, dass die vom Finanzamt und Finanzgericht gezogene Rechtsfolge aus einer Ungleichbehandlung im Vergleich zu der als begünstigungsfähig angesehenen angesehen Umwandlungsfällen zur Neugründung resultiere und gegen das aus Art. 3 Abs. 1 GG folgende Gebot der Gleichbehandlung von im Wesentlichen gleichartigen Sachverhalten verstoße. Nach Ansicht der Klägerin müsse die Gleichbehandlung der beiden Varianten insbesondere hier vorliegen, da aufgrund der Rückwirkungsfiktion des Umwandlungssteuerrechts die Ausgliederung auf einen Zeitpunkt vor der rechtlichen Existenz der aufnehmenden GmbH gelegt wurde.

b) Entscheidungsgründe

Der BFH kommt ebenfalls zu dem Ergebnis, dass die Voraussetzungen für die Steuerbefreiung gem. § 6a GrEStG bei der durch die Ausgliederung des Regiebetriebs bewirkten Übertragung des Grundstücks der Gemeinde auf die neu gegründete Gesellschaft nicht erfüllt sind. Zwar wird gem. § 6a Satz 1 GrEStG die Steuer für einen nach § 1 Abs. 1 Nr. 3 Satz 1 GrEStG steuerbaren Rechtsvorgang aufgrund einer Umwandlung i. S. d. § 1 Abs. 1 Nr. 1 bis 3 UmwG nicht erhoben, jedoch gilt dies nur, wenn gem. § 6a Satz 3 GrEStG an dem Umwandlungsvorgang ausschließlich ein herrschendes Unternehmen und ein oder mehrere von diesem herrschenden Unternehmen abhängige Gesellschaften beteiligt sind und dieses herrschende Unternehmen gem. § 6a

Satz 4 GrEStG fünf Jahre vor dem Rechtsvorgang und fünf Jahre nach dem Rechtsvorgang zu mehr als 95 % ununterbrochen beteiligt ist.

In vorangegangenen Urteilen hatte der BFH entschieden, dass bei einer Ausgliederung zur Neugründung gem. § 123 Abs. 3 Nr. 2 UmwG die in § 6a Satz 4 GrEStG genannten Fristen nur insoweit eingehalten werden, als sie aufgrund eines begünstigten Umwandlungsvorgangs auch eingehalten werden können. Da bei einer Ausgliederung zur Neugründung die Gesellschaft erst durch die Ausgliederung entsteht, kann die Vorbehaltensfrist umwandlungsbedingt nicht eingehalten werden. Wenn die Gesellschaft jedoch nicht durch die Umwandlung entsteht, sondern bereits vor der Umwandlung bestand, sind die vorstehend beschriebenen Rechtsgrundsätze nicht anwendbar.

In seiner Entscheidung hebt der BFH hervor, dass die Regelungen zu § 6a Satz 3 und 4 GrEStG typisierend die Anwendung von § 6a Satz 1 GrEStG einschränken sollen und es nicht darauf ankommt, ob durch die Gesamtsituation ein Missbrauch der Steuerbefreiung ausgeschlossen ist. Mit den Vorschriften zur Vorbehaltensfrist und Nachbehaltensfrist wollte der Gesetzgeber ungewollte Mitnahmeeffekte verhindern. Nur bei in der Systematik der Vorschrift angelegten Anknüpfungspunkten kann nach Ansicht des BFHs auf die Einhaltung der Frist verzichtet werden. So ein Anknüpfungspunkt sieht der BFH eben nur bei der Ausgliederung zur Neugründung, da hier eine Vorbehaltsfrist umwandlungsbedingt nicht möglich ist. Hingegen kann bei einer bereits bestehenden Gesellschaft diese Frist eingehalten werden.

Weiter führt der BFH aus, dass die unterschiedliche Behandlung der Ausgliederung zur Neugründung und der Ausgliederung zur Aufnahme im Hinblick auf die Einhaltung der Vorbehaltensfrist Art. 3 Abs. 1 GG nicht verletzt. Der Gleichheitsgrundsatz in der Anwendung auf das Steuerrecht setzt voraus, dass die Sachverhalte vergleichbar sind. Nach Ansicht des BFHs ist dies aber eben nicht gegeben, da in einem Fall die aufnehmende Gesellschaft schon existierte und im anderen Fall erst mit der Umwandlung entsteht.

c) Folgerungen und Fazit

Mit der vorliegenden Entscheidung hat BFH eine weitere Einzelfrage zur sog. Konzernklausel gem. § 6a GrEStG entschieden und ist bei seiner Leitlinie geblieben, dass nur in der Systematik der Vorschrift angelegten Anknüpfungspunkte dazu führen können, dass auf eine in § 6a GrEStG benannte Voraussetzung verzichtet werden kann und trotzdem eine Steuerbefreiung eintritt. Besonders betont wird dabei, dass es sich bei den Regelungen zur Vorbehaltensfrist und Nachbehaltensfrist um typisierende Vorschriften zur Einschränkung von § 6a GrEStG handelt.

d) Praxishinweise

Für die Praxis zeigt der Fall sehr klar auf, dass es oft mehr als einen steuerlichen Weg zur gewünschten Zielkonstellation gibt. Im Ergebnis führen sowohl eine Ausgliederung zur Aufnahme als auch eine Ausgliederung zur Neugründung zu einer identischen Konstellation. Die erste Alternative löst jedoch bei Nichteinhalten der Vorbehaltensfrist Grunderwerbsteuer aus, sofern eine Immobilie mit übertragen wird und die zweite Alternative nicht. Somit kann für die Praxis festgehalten werden, dass zunächst die Zielkonstellation definiert werden sollte und dann der Weg dorthin optimiert werden sollte.

2. Steuervergünstigung nach § 6a GrEStG

BFH, Urteil v. 21.5.2025 - II R 56/22, NWB JAAAK-03052

(Sebastian Zerbe)

a) Zusammenfassung der Entscheidung

Im vorliegenden Fall hatte der BFH zu beurteilen, ob eine Gruppe natürlicher Personen die Voraussetzungen zur sog. Konzernklausel gem. § 6a GrEStG erfüllt und damit die Steuervergünstigungen in Anspruch nehmen kann. Eine Steuervergünstigung auf Basis der Konzernklausel setzt nach § 6a Satz 3 GrEStG voraus, dass an dem Rechtsvorgang ausschließlich ein herrschendes Unternehmen und ein oder mehrere von dem herrschenden Unternehmen abhängige Gesellschaften oder mehrere von einem herrschenden Unternehmen abhängige Gesellschaften beteiligt sind. Eine abhängige Gesellschaft gem. § 6a Satz 4 GrEStG liegt vor, wenn das herrschende Unternehmen an deren Kapital- oder Gesellschaftsvermögen innerhalb der Vorbehaltens- und Nachbehaltensfristen ununterbrochen zu mindestens 95 % beteiligt ist.

Mit notariellem Spaltungsvertrag zur Neugründung übertrug die L-GmbH als Alleingesellschafterin ihre Geschäftsanteile an der P-GmbH, die Inhaberin eines Grundstücks war, auf die zu diesem Zweck neu zu gründende K-GmbH als Übernehmerin. Die an der L-GmbH beteiligten vier natürlichen Personen erhielten zum Ausgleich an der K-GmbH zu den gleichen Anteilen, wie sie an der L-GmbH beteiligt waren. Die Anteilshöhen betrugen 15/40, 12/40, 10/40 und 3/40, so dass keine Person zu mehr als 95 % an der L-GmbH beteiligt war.

ABB. 8: Darstellung des Sachverhalts

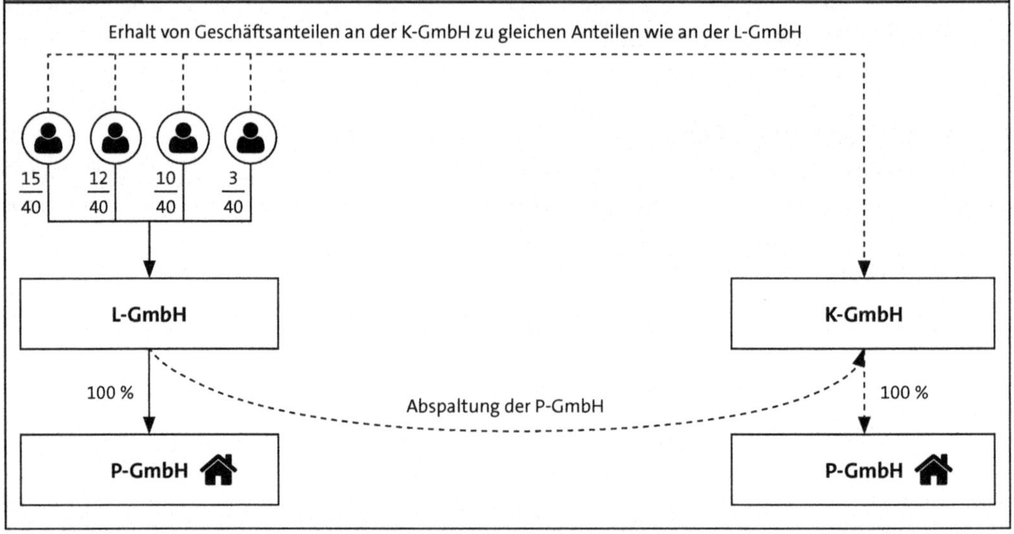

Nach Ansicht des Finanzamtes war die Abspaltung der Immobiliengesellschaft ein steuerbarer Vorgang gem. § 1 Abs. 3 Nr. 4 GrEStG und erließ einen entsprechenden Steuerbescheid. Ein dagegen gerichteter Einspruch wurde als unbegründet zurückgewiesen und auch die Klage beim Finanzgericht hatte keinen Erfolg, da nach Ansicht des FG an dem Umwandlungsvorgang kein herrschendes Unternehmen und keine abhängigen Gesellschaften i. S. d. § 6a Satz 3 und 4 GrEStG beteiligt gewesen seien. Genau dagegen richtete sich die Revision. Nach Ansicht der Kläger sind die vier natürlichen Personen als herrschendes Unternehmen anzusehen, da herrschendes Unternehmen eben auch natürliche Personen sein können.

Auch der BFH kommt zu der Entscheidung, dass eine Gruppe natürlicher Personen, die nicht in der Rechtsform einer Personen- oder Kapitalgesellschaft zusammengeschlossen sind, kein Rechtsträger im zivilrechtlichen und grunderwerbsteuerrechtlichen Sinne ist und somit kein herrschendes Unternehmen i. S. d. § 6a Satz 3 und 4 GrEStG sein kann.

b) Entscheidungsgründe

Der im vorliegenden Fall durchgeführte notarielle Spaltungsvertrag ist ein Vorgang i. S. d. § 1 Abs. 1 Nr. 2 UmwG. Gemäß § 6a Satz 1 GrEStG wird unter anderem für einen nach § 1 Abs. 3 GrEStG steuerbaren Rechtsvorgang aufgrund einer Umwandlung i. S. d. § 1 Abs. 1 Nr. 1 bis 3 UmwG keine Steuer erhoben, wenn an dem dort genannten Rechtsvorgang ausschließlich ein herrschendes Unternehmen und ein oder mehrere von diesem herrschenden Unternehmen abhängige Gesellschaften oder mehrere von einem herrschenden Unternehmen abhängige Gesellschaften beteiligt sind. Abhängigkeit in diesem Sinne wird nach der Beteiligungshöhe sowie Beteiligungsdauer vor und nach dem Rechtsvorgang beurteilt. Soweit das herrschende Unternehmen innerhalb von fünf Jahren vor dem Rechtsvorgang und fünf Jahren nach dem Rechtsvorgang unmittelbar oder mittelbar oder teils unmittelbar, teils mittelbar zu mindestens 95 % ununterbrochen an der Gesellschaft beteiligt ist, gilt diese als abhängig i. S. v. § 6a Satz 3 GrEStG.

Der Anwendungsbereich von § 6a GrEStG ist grundsätzlich nicht auf bestimmte Rechtsträger oder Unternehmen beschränkt. Vielmehr können nach Ansicht des BFH herrschende Unternehmen auch Einzelunternehmen, Personen- und Kapitalgesellschaften sowie natürliche und juristische Personen sein, die wirtschaftlich tätig sind. Jedoch ist eine Gruppe natürlicher Personen, die nicht in der Rechtsform einer Personen- oder Kapitalgesellschaft zusammengeschlossen ist, kein Rechtsträger im zivilrechtlichen und grunderwerbsteuerrechtlichen Sinne und kann somit auch kein herrschendes Unternehmen i. S. d. § 6a Satz 3 und 4 GrEStG sein. Eine zusammenfassende Betrachtung von einzelnen Beteiligungen, wie sie z. B. § 13b Abs. 1 Nr. 3 Satz 2 ErbStG für die Begünstigung des Betriebsvermögens vorsieht, ist nach Ansicht des BFH nicht von § 6a Satz 4 GrEStG abgedeckt.

Betrachtet man die vorstehend genannten Voraussetzungen, wird klar, dass die Vorbehaltensfrist der L-GmbH an der K-GmbH umwandlungsbedingt nicht eingehalten werden, weil die neu gegründete Gesellschaft erst durch die Abspaltung entsteht. Problematisch ist jedoch, dass die L-GmbH die beschriebene Nachbehaltensfrist nicht einhält, da aufgrund der Abspaltung die vier natürlichen Personen unmittelbar an der K-GmbH beteiligt sind. Zwar sind die natürlichen Personen Rechtsträger i. S. d. Grunderwerbsteuerrechts und können als solche, grundsätzlich herrschendes Unternehmen i. S. d. § 6a Satz 3 GrEStG sein, da jedoch keiner von ihnen mindestens 95 % an der L-GmbH hält, sind die Anforderungen von § 6a Satz 4 GrEStG nicht erfüllt. Aus Sicht des BFH war auch nicht zu erkennen, dass Gesellschafter in ihrer Gesamtheit als herrschendes Unternehmen i. S. d. § 6a Satz 3 anzusehen waren, da es weder einen förmlichen Gesellschaftsvertrag für eine Kapitalgesellschaft gab noch einen zum Ausdruck gebrachten Rechtsbindungswillen für eine Gesellschaft bürgerlichen Rechts.

c) Folgerungen und Fazit

Mit dem vorliegenden Urteil hat der BFH nochmals sehr klar die Voraussetzungen zur Anwendung der sog. Konzernklausel herausgearbeitet. Die Regelungen zur Vor- und Nachbehaltensfrist werden dabei genauso eng ausgelegt wie die Regelung zum beherrschenden Unternehmen oder einer abhängigen Gesellschaft.

d) Praxishinweise

Für die Praxis wird dadurch deutlich, dass Sachverhalte oder Rechtsvorgänge, die wirtschaftlich zu keinen Veränderungen führen, für die Grunderwerbsteuer jedoch trotzdem einen steuerbaren Vorgang auslösen können. Eine Ausgliederung an Stelle der Abspaltung zum Beispiel hätte im vorliegenden Fall unter Umständen sowohl die Voraussetzung der Vor- und Nachbehaltensfrist als auch die des herrschenden und abhängigen Unternehmens erfüllt. Damit zeigt sich, dass konzerninterne Umstrukturierungen sorgfältig geplant und überprüft werden sollten.

3. Kostenloser erstmaliger Zugang zum E-Abo einer Zeitung in den Jahren 2009 bis 2012

BFH, Urteil v. 9.7.2025 - XI R 29/23, NWB NAAAK-03470

(Thomas Lorenz)

a) Zusammenfassung der Entscheidung

Bei der Lieferung einer Zeitung aus Papier (Print-Abo) und der Gewährung von Zugang zu einem E-Paper der Zeitung (E-Abo) handelt es sich um selbständige Hauptleistungen, da sie nicht untrennbar sind, beide für den Kunden einen eigenständigen Zweck haben und das E-Paper nicht nur dazu dient, die Printausgabe der Zeitung unter optimalen Bedingungen zu lesen. In den Jahren 2009 bis 2012 war es noch gerechtfertigt, dem Zugang zum E-Abo einen Anteil am Gesamtentgelt von 0 € zuzuweisen, wenn und solange sich anlässlich der erstmaligen Gewährung des Zugangs der Gesamtpreis für das Abonnement nicht erhöht hatte.

Die Klägerin gab in den Streitjahren 2009 bis 2012 unter anderem eine Tageszeitung heraus, die zunächst ausschließlich in gedruckter Form bzw. als Print-Abo und seit dem Jahr 2010 auch als inhaltsgleiches E-Paper bzw. E-Abo erhältlich war. Bezieher der Zeitung mit einem Print-Abo erhielten für einen mehrmonatigen Zeitraum innerhalb der Streitjahre die Möglichkeit, im Rahmen ihres Print-Abos nach erfolgter elektronischer Registrierung für das E-Abo auf der Internetseite der Verlegerin ohne Zuzahlung auch auf das E-Paper zuzugreifen. Nach dem 28.2.2012 mussten die Inhaber eines Print-Abos für den zusätzlichen Zugriff auf das E-Paper ein gesondertes Entgelt entrichten.

Streitig ist die Frage, ob das zusätzliche, für Print-Abonnenten zunächst kostenlose E-Paper umsatzsteuerlich eine selbständige Leistung gegen Entgelt neben der entgeltlichen Lieferung der Papier-Zeitungen im Print-Abo darstellte. Die Klägerin ging von einer einheitlichen Leistung zum ermäßigten Steuersatz aus. Demgegenüber vertrat das Finanzamt als Beklagter nach einer erfolgten Außenprüfung die Auffassung, dass die Bereitstellung des E-Abos neben dem Print-Abo eine selbständige Leistung gegen Entgelt sei, auf die der Regelsteuersatz Anwendung finde, und erließ auf Grundlage der Prüfungsfeststellungen entsprechende Umsatzsteuer-Änderungsbescheide. Nach hiergegen als unbegründet zurückgewiesenen Einsprüchen der Klägerin wies das Finanzgericht die Klage in erster Instanz ab (vgl. FG des Saarlandes, Urteil v. 22.8.2023 - 1 K 1270/21, NWB SAAAJ-51147). Gegen das Urteil des Finanzgerichts wendet sich die Klägerin mit ihrer Revision.

b) Entscheidungsgründe

Der BFH hält die Revision für begründet. Er hat das erstinstanzliche Urteil aufgehoben und der Klage stattgegeben. Für das E-Abo sei in den Streitjahren aufgrund der besonderen Situation im Ergebnis kein gesondertes Entgelt anzusetzen.

Zwar handele es sich bei der Lieferung der Zeitung und der Einräumung der Möglichkeit zum Abruf des E-Papers um zwei selbständige Hauptleistungen, da beide Bestandteile für den Kunden einen eigenen Zweck verfolgen. Dies gelte auch dann, wenn eine der Leistungen tatsächlich nicht in Anspruch genommen werde, da die Klägerin zur Leistungserbringung und somit zur Zuwendung eines verbrauchsfähigen Vorteils bereit war. Das Finanzgericht sei im Ausgangspunkt daher zu Recht davon ausgegangen, dass ein einheitlicher Gesamtpreis auf (mindestens) zwei Umsätze aufgeteilt werden muss. Hat der Leistungsempfänger die Möglichkeit, eine bestimmte Leistung in Anspruch zu nehmen, liege eine steuerbare Leistung auch dann vor, wenn der Leistungsempfänger sie nicht tatsächlich in Anspruch nimmt. Diese Pflicht zur Entgeltaufteilung gelte auch bei einem vermeintlich unentgeltlichen Leistungsbestandteil. Zu beachten seien bei der Aufteilung des Entgelts zudem auch die Preisentwicklung und die Bepreisung vergleichbarer Leistungen im Organkreis.

Allerdings haben nach Ansicht des BFH weder die Print-Abonnenten der Zeitung zur damaligen Zeit eine Zahlung für das im Abo kostenlos mitenthaltene E-Paper geleistet noch habe die Klägerin eine Zahlung hierfür (vom Abonnenten oder Dritten) erhalten. Im vorliegenden Fall blieb der Preis des Print-Abos bei Einführung des E-Papers und nach Erhebung des Zusatzentgelts unverändert. Die damalige Schätzung der Klägerin, dass kein Anteil des Preises des Print-Abonnements auf das E-Paper entfiel, sei für die Streitjahre daher sachgerecht gewesen.

c) Folgerungen und Fazit

Der BFH bestätigt die Auffassung der Finanzverwaltung und des Finanzgerichts, dass das E-Abonnement einer Zeitung, das neben dem Print-Abonnement zur Verfügung gestellt wird, eine selbständige Hauptleistung darstellt. Nach Auffassung des BFH wird diese Beurteilung dadurch bestätigt, dass der Kunde im Einzelkauf die Wahl hat, entweder nur eine Papier-Zeitung oder nur ein E-Paper oder eine Kombination hiervon als Abo zu erwerben. Dass der Zugang zum E-Paper auch ohne den Bezug der Printausgabe angeboten wurde, kann insofern ein Hinweis für eine Eigenständigkeit der Leistung sein. Dabei entfällt die Steuerbarkeit der Leistung selbst dann nicht, wenn ein Leistungsempfänger die eingeräumte Möglichkeit zur Nutzung des E-Papers nicht nutzt, da die Leistung grundsätzlich bereitgestellt wurde und der Abonnent insofern einen verbrauchsfähigen Vorteil erhalten hat.

Da der Gesamtpreis des Print-Abos bei Einführung des E-Papers allerdings unverändert blieb, war es bis zum Zeitpunkt der Erhebung eines gesonderten Entgelts für den Zugriff auf das E-Paper in den Streitjahren nach Auffassung des BFH noch gerechtfertigt, den Zugang zum E-Paper als unentgeltlich zu behandeln. Denn die wirtschaftliche und geschäftliche Realität in den Streitjahren rechtfertige eine solche Ausnahme von der ansonsten üblichen Aufteilung des Entgelts auf die beiden selbständigen Hauptleistungen.

Ausdrücklich offen ließ der BFH im Besprechungsurteil dem hingegen die Frage, ob die Zustimmung zur Verarbeitung von Nutzerdaten durch einen Kunden ein Entgelt für eine „kostenlose" Bereitstellung elektronischer Dienstleistungen sein könnte, da es laut BFH hierauf im Streitfall nicht ankommt. Zu dieser Frage ist derzeit ein Revisionsverfahren beim BFH unter dem Az.: V R 10/25 (NWB FAAAK-04744) anhängig.

d) Praxishinweise

Auch laut EuGH ist es für das Vorliegen einer einheitlichen Leistung bei mehreren Einzelleistungen oder Handlungen des Steuerpflichtigen erforderlich, dass die untrennbare Verbindung zwischen diesen Einzelleistungen oder Handlungen notwendigerweise wechselseitig sein muss, so dass eine Einzelleistung oder eine Handlung von der anderen abhängt und umgekehrt (vgl. EuGH, Urteil v. 1.8.2025 - C-427/23 „Határ Diszkont", NWB YAAAJ-97180, Rz. 47). Dies war im Besprechungsurteil nicht einschlägig, da das Print-Abo und das E-Abo laut BFH beide für den Kunden einen eigenständigen Zweck haben und das E-Paper nicht nur dazu dient, die Printausgabe der Zeitung unter optimalen Bedingungen zu lesen.

Zwar stellt sich die Kernproblematik des Besprechungsurteils heute derart nicht mehr, da durch die Ergänzung des § 12 Abs. 2 Nr. 14 UStG im Zuge des „Gesetzes zur weiteren steuerlichen Förderung der Elektromobilität und zur Änderung weiterer steuerlicher Vorschriften v. 12.12.2019" (BGBl 2019 I S. 2451) nunmehr auch Zeitungen in elektronischer Form dem ermäßigten Steuersatz unterliegen. Die Rechtsprechungsgrundsätze des BFH zur Abgrenzung von Haupt- und Nebenleistung und zur Entgeltaufteilung bei zwei selbständigen Hauptleistungen mit unterschiedlichen Umsatzsteuersätzen, für die ein Gesamtpreis gezahlt wird, können jedoch auch im Hinblick auf vergleichbare Situationen, in denen der Leistungsempfänger lediglich informiert und an das neue Produkt herangeführt werden soll, hilfreich sein.

4. Nießbrauchrecht als grunderwerbsteuerliche Gegenleistung

BFH, Urteil v. 22.10.2025 - II R 5/22, NWB JAAAK-09536

(Verena Drummer)

a) Zusammenfassung der Entscheidung

Die Klägerin und Revisionsklägerin erwarb ein Erbbaurecht, wofür ein Kaufpreis X sowie ein jährlich zu entrichtender Erbbauzins vereinbart wurden. Bereits mehr als 15 Jahre zuvor hatte sich die Veräußerin des Erbbaurechts verpflichtet, zugunsten der Grundstückseigentümerin einen Nießbrauch an den auf dem Erbbaugrundstück errichteten Wohnungen zu bestellen. Da eine Grundbucheintragung noch nicht erfolgt war, verpflichtete sich nun die Klägerin gegenüber der Veräußerin, das Nießbrauchrecht zugunsten der Grundstückseigentümerin im Grundbuch eintragen zu lassen, was im Nachgang auch erfolgte. Das Finanzamt zog als Bemessungsgrundlage für die Grunderwerbsteuer den Kaufpreis X, den kapitalisierten Jahreswert des Erbbauzinses sowie den des Nießbrauchrechts heran. Nach Auffassung der Klägerin sei der kapitalisierte Jahreswert des Nießbrauchrechts aber nicht miteinzubeziehen, da das bereits mit dem Nießbrauch belastete Erbbaurecht erworben worden und damit gar kein Rechtserwerb erfolgt sei. Die nach erfolgslosem Einspruchsverfahren erhobene Klage wies das FG Berlin-Brandenburg mit Entscheidung v. 4.3.2021 (12 K 12271/19, NWB NAAAK-10627) als unbegründet zurück. Nach Auffassung des FG ruhte der Nießbrauch bei Vertragsabschluss noch gar nicht auf dem Grundstück. Die schuldrechtlich bestehende Nießbrauchlast stelle eine übernommene sonstige Leistung i. S. v. § 9 Abs. 1 Nr. 1 GrEStG dar. So handele es sich um eine Verpflichtung, die eigentlich die Veräußerin treffe, von der Käuferin aber übernommen worden sei. Daneben führt das FG aus, dass das übernommene Nießbrauchrecht auch dann Bestandteil der Gegenleistung sei, wenn dieses eine dauernde Last i. S. v. § 9 Abs. 2 Nr. 2 GrEStG darstellen würde. Denn eine dauernde Last gehöre gem. § 9 Abs. 2 Nr. 2 Satz 2 GrEStG nur dann nicht zur Bemessungsgrundlage, wenn die Belastung bei Vertragsabschluss bereits auf dem Grundstück ruhte. Hierfür sei nach Auffassung des FG eine bereits erfolgte Grundbucheintragung notwendig. Eine (nur) privatrechtliche Belastung sei hierfür noch nicht ausreichend.

b) Entscheidungsgründe

Der BFH schloss sich der Auffassung des FG an und wies die Revision als unbegründet zurück. Auch der BFH wertete das Nießbrauchrecht als übernommene sonstige Leistung i. S. v. § 9 Abs. 1 Nr. 1 GrEStG. Mit Verweis auf seine ständige Rechtsprechung führte der BFH zunächst aus, dass es darauf, was die Parteien als Gegenleistung bezeichnen, eben nicht ankomme. Maßgeblich seien die Leistungen, zu denen sie sich verpflichtet haben. Zu den sonstigen Leistungen i. S. v. § 9 Abs. 1 Nr. 1 GrEStG gehöre dabei auch die Übernahme einer Verpflichtung, solange diese – wie vorliegend (schuldrechtlich) der Fall – in der Person der Veräußerin bereits entstanden sei. Eine nicht zur Bemessungsgrundlage gehörende dauernde Last i. S. v. § 9 Abs. 2 Nr. 2 Satz 2 GrEStG sah der BFH ebenfalls nicht. Auch hier verwies der BFH auf seine bisherige Rechtsprechung und führte aus, dass betreffend § 9 Abs. 2 Nr. 2 Satz 2 GrEStG nur zum Zeitpunkt des Vertragsabschlusses dinglich bestellte Nießbrauchrechte zu berücksichtigen seien (§ 873 Abs. 1 BGB). Die Tatsache, dass die Beteiligten die Eintragung bereits bewilligt hatten, es also nur noch an der Eintragung fehlte, ändere daran nichts. Auch die tatsächliche Durchführung des Nießbrauchs in der Vergangenheit könne kein anderes Ergebnis bewirken. Die Frage, ob die Nießbrauchlast vorliegend begrifflich eine dauernde Last im Sinne des Grunderwerbsteuerrechts darstellen könnte, hat der BFH deshalb offengelassen.

c) Folgerungen und Fazit

Der BFH präzisiert mit dem vorstehenden Urteil die Unterscheidung von sonstiger Leistung i. S. v. § 9 Abs. 1 Nr. 1 GrEStG und dauernder Last i. S. v. § 9 Abs. 2 Nr. 2 Satz 2 GrEStG. Belastende Rechte, die als dauernde Last qualifiziert werden könnten, sollten daher vor Abschluss des Kaufvertrags unbedingt in das Grundbuch eingetragen werden/worden seien (Engels, NWB 2026

S. 462). Bedauerlich ist, dass der BFH keine Entscheidung zu der Frage getroffen hat, ob es sich bei einem Nießbrauchrecht – in bestimmten Konstellationen – um eine dauernde Last i. S. v. § 9 Abs. 2 Nr. 2 Satz 2 GrEStG handeln könnte. Denn ausgehend von der Entstehungsgeschichte der Norm und gem. der ständigen BFH-Rechtsprechung soll der nicht übertragbare, unvererbliche und nur zugunsten einer natürlichen Person bestellte Nießbrauch gerade keine dauernde Last darstellen. Als dauernde Lasten sollen sich solche (nur) Lasten qualifizieren, mit deren Wegfall der Eigentümer in absehbarer Zeit nicht rechnen kann, bspw. Grunddienstbarkeiten wie das Wegerecht (bspw. BFH, Urteil v. 15.7.2015 - II R 11/14, NWB GAAAF-01944). So entschied der BFH auch im Parallelverfahren (Urteil v. 22.10.2025 - II R 31/22, NWB ZAAAK-09535), dass ein Wohnrecht (≠ vererbliches und veräußerbares Dauerwohnrecht) aufgrund seines Wegfalls mit dem Tod des jeweiligen Berechtigten gerade keine dauernde Last i. S. v. § 9 Abs. 2 Nr. 2 Satz 2 GrEStG darstelle. Im vorliegenden Sachverhalt, den der BFH als „besondere Konstellation" bezeichnete, bestand die Belastung aber gerade über die gesamte Dauer des Erbbaurechts hinweg. Ob (zumindest) in einem solchen Fall das Vorliegen einer dauernden Last bejaht werden kann, bleibt folglich einer zukünftigen Entscheidung vorbehalten.

E. Erbschaft- und Schenkungsteuer

I. Erbschaftsteuer auf dem Prüfstand: Ausblick auf das Urteil des BVerfG und Reformvorschläge

(*Iring Christopeit*)

1. Quo vadis Erbschaftsteuer?

Die Erbschaftsteuer gehört zu den politisch und rechtlich am stärksten umstrittenen Steuern in Deutschland. Aktuell trifft eine politisch geprägte Reformdiskussion, die jüngst von der SPD mit dem Konzept „FairErben" vorangetrieben wird, auf eine verfassungsgerichtliche Überprüfung des bestehenden Erbschaft- und Schenkungsteuergesetzes durch zwei seit geraumer Zeit anhängigen Verfahren beim Bundesverfassungsgericht. In Deutschland wird seit Jahren darüber diskutiert, wie Vermögen zwischen Generationen besteuert werden soll. Drei Aspekte stehen dabei im Vordergrund:

- Verteilungsfrage: In welchem Umfang sollen große Vermögen, die vererbt oder verschenkt werden, zur Finanzierung öffentlicher Aufgaben beitragen?
- Leistungs- und Standortaspekte: In welchem Maß darf der Staat Erbschaften belasten, ohne Unternehmensnachfolgen zu gefährden oder Kapital ins Ausland zu drängen?
- Verfassungsrechtliche Grenzen: Wie lassen sich Freibeträge, Steuerklassen und Sonderregelungen so gestalten, dass sie mit dem Grundgesetz – insbesondere dem Gleichheitssatz (Art. 3 GG) und dem Sozialstaatsprinzip (Art. 20 GG) – vereinbar sind?

Die Erbschaftsteuer ist dabei eine eher kleine, aber symbolisch aufgeladene Einnahmequelle. Sie betrifft vor allem größere Vermögen und wird häufig mit Fragen nach „Chancengerechtigkeit" und „leistungslosem Einkommen" verknüpft. Im Jahr 2024 trug die Erbschaft- und Schenkungsteuer mit ca. 1 % zum Gesamtsteueraufkommen bei.

2. Reformvorschläge

Das Konzept „FairErben" der SPD sieht einen Lebensfreibetrag von 1 Mio. € vor. Innerhalb der Familie sollen 900.000 € steuerfrei bleiben. Dieser Freibetrag soll für Ehe- und Lebenspartner, Kinder, Stiefkinder, Enkelkinder, Eltern, Großeltern, Geschwister, Nichten, Neffen sowie die Schwiegerfamilie gelten. Zusätzlich soll die Steuerbefreiung für das Familienheim bestehen bleiben. Außerhalb der Familie soll ein Freibetrag von 100.000 € gelten. Für Unternehmensnachfolgen soll ein Unternehmensfreibetrag von 5 Mio. € und erweiterte Stundungsmöglichkeiten, gestreckt auf 20 Jahre, gelten. Keine Aussage trifft das Konzept der SPD zu den Steuersätzen.

Daneben werden Flat-Tax-Modelle diskutiert (z. B. 10 % oder 15 % auf alle Übertragungen). Prof. Dr. Dr. h. c. Monika Schnitzer, Vorsitzende des Sachverständigenrates, schlägt etwa einen einheitlichen Steuersatz von 15 % auf Betriebsvermögen vor. Kann ein Unternehmen die Steuer nicht sofort zahlen, soll der Staat als stiller Teilhaber einsteigen. Der Hauptgeschäftsführer der IHK für München und Oberbayern, Dr. Manfred Gößl, lehnt dies ab: Eine Vielzahl stiller Staatsbeteiligungen sei praktisch nicht umsetzbar und führe in Richtung Sozialismus bzw. Kommunismus; mit der sozialen Marktwirtschaft sei ein solches Modell nicht vereinbar.

Andere Stimmen plädieren angesichts des geringen Beitrags zum Gesamtsteueraufkommen für die vollständige Abschaffung der Erbschaft- und Schenkungsteuer. Vorbilder sind Länder, die eine Erbschaftsteuer nicht erheben oder abgeschafft haben, etwa Schweden (2004), Österreich (2008) und Norwegen (2014).

3. Erneute verfassungsrechtliche Überprüfung der Erbschaftsteuer

Das derzeit geltende Erbschaftsteuer- und Schenkungsteuergesetz in der Fassung v. 4.11.2016 geht auf eine Entscheidung des Bundesverfassungsgerichts v. 17.12.2014 (1 BvL 21/12 u. a.) zurück. Damals beanstandete das Gericht die weitreichenden Steuervergünstigungen für Betriebsvermögen, Unternehmensanteile sowie land- und forstwirtschaftliches Vermögen als Verstoß gegen Art. 3 Abs. 1 GG. Die Privilegien gingen über das zur Sicherung von Arbeitsplätzen und zur Fortführung von Unternehmen Erforderliche hinaus und führten zu ungerechtfertigten Ungleichbehandlungen, so dass der Gesetzgeber zu einer Neuregelung verpflichtet war.

Parallel zur politischen Diskussion ist das Bundesverfassungsgericht nunmehr erneut seit geraumer Zeit mit dem Erbschaftsteuer- und Schenkungsteuergesetz befasst. Besonders bedeutsam sind:

- eine Verfassungsbeschwerde aus 2022 zur Begünstigung von Betriebsvermögen (Az. 1 BvR 804/22) und
- der Antrag der Bayerischen Staatsregierung von 2023 auf abstrakte Normenkontrolle (Az. 1 BvF 1/23).

Die Verfassungsbeschwerde zielt im Kern auf die Frage, ob die Begünstigungen für Betriebsvermögen mit dem Grundgesetz vereinbar sind oder Erwerber von Privatvermögen unzulässig benachteiligen. Kritisiert wird die starke Ungleichbehandlung von Privat- und Betriebsvermögen (siehe dazu folgenden Beitrag: https://www.psp.eu/de/faq-erbschaftsteuerreform).

Der Antrag der Bayerischen Staatsregierung zielt demgegenüber nicht auf einen konkreten Einzelfall, sondern auf eine umfassende Überprüfung des Erbschaftsteuer- und Schenkungsteuerrechts am Maßstab des Grundgesetzes ab. Die Bayerische Staatsregierung strebt eine Erhöhung der Freibeträge, eine Senkung der Steuersätze und eine Regionalisierung der Bewertung an, da die aktuelle Regelung Immobilienpreise und Inflation – gerade in Regionen mit besonders hohen Immobilienpreisen – nicht ausreichend berücksichtigt.

4. Zusammenspiel von Politik, Verfassungsrecht und Ausblick

Die Erbschaftsteuer wird in den kommenden Monaten und wohl auch Jahren sowohl politisch als auch verfassungsrechtlich ein zentrales Thema bleiben.

Wie das Zusammenspiel von politischen Mehrheiten und verfassungsgerichtlichen Vorgaben letztlich aussehen wird, ist offen. Klar ist jedoch, dass die Entscheidungen aus Karlsruhe den Rahmen für jede zukünftige Reform setzen und die Diskussion um Gerechtigkeit, wirtschaftliche Leistungsfähigkeit und föderale Balance weiter prägen werden.

Sollte das Gericht zu dem Ergebnis kommen, dass die Privilegierung von Betriebsvermögen in ihrer jetzigen Form den Gleichheitssatz oder andere Verfassungsnormen verletzt, wäre der Gesetzgeber gezwungen, die Verschonungsregeln neu zu ordnen. Dies könnte eine stärkere Einschränkung der Begünstigungen, eine noch engere Bindung an konkrete Ziele wie den Erhalt von Arbeitsplätzen oder eine Annäherung an die steuerliche Behandlung von Privatvermögen nach sich ziehen. Das Verfahren knüpft damit unmittelbar an den Konflikt zwischen Verteilungs- und Gerechtigkeitsaspekten auf der einen und wirtschafts- und standortpolitischen Erwägungen auf der anderen Seite an.

Wer nicht das Risiko einer für ihn ungünstigeren zukünftigen Gesetzeslage eingehen möchte, kann die aktuell geltenden erbschaftsteuerlichen Regelungen rechtzeitig nutzen und ohnehin geplante Vermögensübertragungen unter dem bestehenden Recht „vorziehen". Denn die Erfahrung hat gezeigt, dass die Reformen in der Erbschaft- und Schenkungsteuer bisher weder zu Vereinfachungen noch zu steuerlichen Verbesserungen geführt haben.

Jedenfalls sollte der Planungsprozess nun eingeleitet werden, um dann, wenn die verfassungsseitigen Vorgaben oder gar die gesetzgeberischen Änderungen greifbar sind, schnell reagieren zu können. Vorsorge heißt hier, die eigene Unternehmens- und Vermögensstruktur frühzeitig durch Rechtsanwälte und Steuerberater prüfen zu lassen und im Idealfall die Planung „schubladenfertig" vorbereitet zu haben.

II. Rechtsprechung

1. Beteiligung an KGaA als schenkungsteuerrechtlich nicht begünstigtes Verwaltungsvermögen

BFH, Urteil v. 26.2.2025 - II R 54/22, NWB EAAAK-08690

(*Iring Christopeit*)

a) Zusammenfassung der Entscheidung

Der Bundesfinanzhof bestätigt mit Urteil v. 26.2.2025 (II R 54/22) die Entscheidung des FG Rheinland-Pfalz, wonach bei der schenkweisen Übertragung eines Kommanditanteils an einer GmbH & Co. KG die im Betriebsvermögen der KG gehaltene Komplementärbeteiligung an einer KGaA, deren Vermögen zu mehr als 50 % aus Wertpapieren besteht, nicht zum nach § 13a Abs. 4 ErbStG begünstigten Betriebsvermögen gehört. Eine solche Beteiligung ist vielmehr als schädliches Verwaltungsvermögen zu qualifizieren, und zwar aufgrund einer analogen Anwendung von § 13b Abs. 2 Satz 1 und 2 Nr. 3 Alt. 1, Nr. 4 ErbStG in der Fassung des Amtshilfe-RLUmsG vom 26.6.2013.

Der BFH bejaht eine planwidrige Regelungslücke in § 13b Abs. 2 Satz 2 Nr. 3 ErbStG a. F., weil der Anteil des persönlich haftenden Gesellschafters (phG) einer KGaA dort nicht als Verwaltungsvermögen erfasst ist, obwohl der gleiche Anteil in § 13b Abs. 1 Nr. 2 ErbStG a. F. ausdrücklich als begünstigtes Vermögen aufgeführt wird.

Der Kläger erhielt mit notariell beurkundetem Vertrag v. 30.6.2016 im Wege der Schenkung vom Schenker einen Kommanditanteil an der A-GmbH & Co. KG. Vor der Übertragung war der

Schenker alleiniger Kommanditist. Neben dem Kapitalkonto I war u. a. ein Kapitalkonto II eingerichtet, auf dem die Beteiligung als Komplementärin der B-GmbH & Co. KG auf Aktien (KGaA) ausgewiesen wurde.

Das Finanzamt stellte mit Bescheid über die gesonderte und einheitliche Feststellung des Werts des Anteils am Betriebsvermögen nach § 151 BewG den Wert des Betriebsvermögens der KG fest und ordnete die Komplementärbeteiligung an der KGaA dem Verwaltungsvermögen zu.

Der Kläger vertrat demgegenüber die Auffassung, bei der unentgeltlichen Übertragung des Kommanditanteils handele es sich insgesamt um die Übertragung von begünstigtem Vermögen i. S. d. § 13b Abs. 1 Nr. 2 ErbStG, so dass die Summe der gemeinen Werte der Wirtschaftsgüter des Verwaltungsvermögens mit 0 € festzustellen sei. Insbesondere sei die Komplementärbeteiligung der KG als phG der KGaA nicht als steuerschädliches Verwaltungsvermögen nach § 13b Abs. 2 ErbStG zu qualifizieren.

Die hiergegen erhobene Klage vor dem FG Rheinland-Pfalz blieb ohne Erfolg (Urteil v. 18.8.2022 - 4 K 2122/19).

b) Rechtlicher Rahmen

Zum Zeitpunkt der Ausführung der Zuwendung am 30.6.2016 galten die Vorschriften der §§ 13a, 13b ErbStG in der bis zum 30.6.2016 geltenden Fassung (a. F.). Nach § 13b Abs. 2 Satz 1 ErbStG a. F. ist von der Begünstigung des § 13b Abs. 1 ErbStG Betriebsvermögen ausgenommen, das zu mehr als 50 % aus Verwaltungsvermögen besteht. Der Gesetzgeber hat in § 13b Abs. 2 Satz 2 Nr. 1 bis 5 ErbStG näher festgelegt, welche Vermögensgegenstände als Verwaltungsvermögen gelten. Ausschließlich oder überwiegend aus Wertpapieren bestehende Vermögensmassen – wie hier Fondsanteile – werden als Verwaltungsvermögen i. S. d. § 13b Abs. 2 Satz 2 Nr. 4 ErbStG qualifiziert.

§ 13b Abs. 2 Satz 2 Nr. 3 ErbStG regelt das Vorliegen von Verwaltungsvermögen im Zusammenhang mit Beteiligungen im Betriebsvermögen und verfolgt nach der Auslegung des BFH die gesetzgeberische Absicht, „bei Beteiligungen im Betriebsvermögen für die Bestimmung von Verwaltungsvermögen bei allen Gesellschaftsformen bis auf die unterste Beteiligungsebene durchzuschauen".

c) Entscheidungsgründe

Der BFH stellt zunächst klar, dass der Kläger unentgeltlich einen Kommanditanteil erworben hat, der nach § 7 Abs. 1 Nr. 1 ErbStG der Schenkungsteuer unterliegt. Dieser Erwerb ist dem Grunde nach, begünstigtes Vermögen i. S. v. § 13b Abs. 1 Nr. 2 ErbStG i. V. m. § 15 Abs. 1 Satz 1 Nr. 2 EStG und würde, sofern es sich um Betriebsvermögen i. S. d. § 13b Abs. 4 ErbStG handelt, gem. § 13a Abs. 1 Satz 1 ErbStG insgesamt außer Ansatz bleiben.

Entscheidend ist daher, ob das Betriebsvermögen der KG wegen eines überwiegenden Anteils von Verwaltungsvermögen von der Begünstigung ausgenommen ist. Nach den vom BFH bestätigten Grundsätzen ist deshalb der Komplementäranteil an der KGaA als Verwaltungsvermögen i. S. d. § 13b Abs. 2 Satz 1 und 2 Nr. 3 ErbStG einzuordnen. Das Betriebsvermögen bestand neben dem Kommanditkapital aus dem Komplementäranteil an der KGaA und das Betriebsvermögen der KGaA wiederum setzte sich zu mehr als 50 % ausschließlich aus den von der KG eingelegten Fondsanteilen zusammen. Damit besteht das Betriebsvermögen der KG zu mehr als 50 % aus Verwaltungsvermögen, so dass die Begünstigung des § 13b Abs. 1 ErbStG nach § 13b Abs. 2 Satz 1 ErbStG entfällt. Der BFH stellt hierbei klar, dass hinsichtlich des Anteils des phG an einer KGaA jedenfalls dann keine Beteiligung am Nennkapital vorliegt, wenn der phG – wie im Streitfall – keinen Anteil am Grundkapital hält.

Der Kläger hatte im Wesentlichen eingewandt, § 13b Abs. 2 Satz 2 ErbStG enthalte eine enumerative und abschließende Aufzählung des Verwaltungsvermögens, so dass Vermögenswerte, die nicht ausdrücklich aufgeführt seien – wie der Anteil des phG einer KGaA –, nicht als Verwaltungsvermögen eingestuft werden könnten. Dem tritt der BFH mit einer methodisch fundierten Lückenlehre entgegen.

d) Folgerungen und Fazit

Die Entscheidung stellt klar, dass sich im Betriebsvermögen einer KG befindliche Komplementärbeteiligungen an einer KGaA, deren Vermögen zu mehr als 50 % aus Wertpapieren bzw. Fondsanteilen besteht, als Verwaltungsvermögen i. S. d. § 13b Abs. 2 Satz 1 und 2 Nr. 3, Nr. 4, Nr. 4a ErbStG a. F. qualifizieren können.

Für vergleichbare Altfälle (Schenkungen bis 30.6.2016) ist damit geklärt, dass die Einbindung von wertpapierhaltenden KGaA-Strukturen über eine Komplementärbeteiligung der KG nicht automatisch zur erbschaftsteuerlichen Begünstigung des gesamten KG-Anteils führt, sondern im Gegenteil zum Ausschluss der Begünstigung führen kann, wenn die 50 %-Grenze des Verwaltungsvermögens überschritten wird.

Für die Praxis bedeutet dies, dass bei der erbschaftsteuerlichen Beurteilung von Gesellschaftsstrukturen mit zwischengeschalteten KGaA-Beteiligungen stets zu prüfen ist, ob auf der Ebene der KGaA überwiegend Verwaltungsvermögen i. S. d. § 13b Abs. 2 Satz 2 Nr. 4 ErbStG a. F. gehalten wird und ob dadurch eine Verwaltungsvermögensquote von mehr als 50 % im Betriebsvermögen der Obergesellschaft (hier: KG) erreicht wird.

HINWEIS:

Über den konkreten Streitfall hinaus hebt die Anmerkung hervor, dass die Entscheidung Bedeutung für die Frage hat, unter welchen Voraussetzungen die Rechtsprechung Regelungen „gegen ihren Wortlaut" im Rahmen einer Analogie anwenden darf.

Obwohl das Urteil die Auslegung der §§ 13a, 13b ErbStG in der bis zum 30.6.2016 geltenden Fassung und damit ausgelaufenes Recht betrifft, weist die Anmerkung auf seine weitergehende Bedeutung hin. Die Entscheidung ist vor dem Hintergrund anhängiger Revisionsverfahren (II R 23/23 und II R 32/24) interessant, in denen es um die Frage geht, ob die Beteiligung eines phG an einer KGaA als „Anteil an einer Kapitalgesellschaft" i. S. d. § 7 Abs. 8 ErbStG zu werten ist. Es ist daher zu vermuten, dass der BFH in den genannten Revisionsverfahren eine ähnliche Analogie – diesmal im Rahmen von § 7 Abs. 8 ErbStG – ziehen könnte wie im vorliegenden Fall.

Das letzte Wort in dieser Frage wird dem BVerfG zukommen, da unter dem Az.: 1 BvR 1535/25 eine Verfassungsbeschwerde anhängig ist, in der u. a. zu prüfen sein könnte, in welchem Umfang das mit Weitergeltungsanordnung versehene ausgelaufene Recht einer verfassungskonformen Auslegung zugänglich ist.

2. Steuerbarkeit einer Pauschalabfindung für den Verzicht auf nacheheliche Ansprüche

BFH, Urteil v. 9.4.2025 - II R 48/21, NWB WAAAJ-99048

(Verena Drummer)

a) Zusammenfassung der Entscheidung

Der Kläger und Revisionskläger vereinbarte mit seiner künftigen Ehefrau in einem notariellen Ehevertrag den gesetzlichen Güterstand der Zugewinngemeinschaft, schloss diesen für alle Fälle der Beendigung der Ehe außer dem des Versterbens aber aus. Für diesen Fall war der Zugewinnausgleich der Höhe nach begrenzt, ein Versorgungsausgleich wurde ausgeschlossen, auf nachehelichen Unterhalt und Hausratsteilung wurde wechselseitig verzichtet. Für diese Vereinbarung verpflichtete er sich, seiner Ehefrau innerhalb eines Jahres nach Eheschließung mittels Übertragung eines entsprechend werthaltigen Grundstücks einen Betrag von 6 Mio. € zukommen zu lassen. Das Finanzamt wertete dies als freigebige Zuwendung i. S. v. § 7 Abs. 1 Satz 1 ErbStG und setzte Schenkungsteuern fest.

Die nach erfolglosem Einspruchsverfahren erhobene Klage wies das FG Hamburg mit Entscheidung v. 23.9.2020 (3 K 136/19, NWB BAAAJ-34001) als unbegründet zurück. So stelle der (teilweise) Verzicht auf o. g. nacheheliche Ansprüche keine Gegenleistung im schenkungsteuerrechtlichen Sinne dar, die die Bereicherung ausschließt. Bei den in der Zukunft eventuell entstehenden Forderungen, auf die verzichtet wurde, handele es sich um nicht in Geld bewertbare Vermögenswerte. Gemäß § 7 Abs. 3 ErbStG seien diese bei der Feststellung, ob eine Bereicherung vorliegt, also nicht zu berücksichtigen. Ob die Parteien dem Verzicht bei den Verhandlungen über die Kompensationsleistung einen (subjektiven) Wert beigemessen hatten, ändere daran nichts. Auch aufgrund von § 4 BewG sei eine objektive Bereicherung der Ehefrau ausgeschlossen. Außerdem habe der Kläger die Unentgeltlichkeit auch subjektiv gewollt, da er gewusst habe, dass er zu dem Abschluss des Ehevertrags und der Grundstücksübertragung gesetzlich nicht verpflichtet war.

b) Entscheidungsgründe

Der BFH schloss sich der Auffassung des FG an und wies die Revision als unbegründet zurück. Analog zur Vorinstanz führte der BFH an, dass die Ehefrau ein Grundstück ohne anrechenbare Gegenleistung erhalten habe. Wegen der Ungewissheit, bereits zu Ehebeginn hinreichend genau zu bestimmen, ob und in welcher Höhe nacheheliche Ansprüche entstehen werden, sei eine Berücksichtigung als Gegenleistung gem. § 7 Abs. 3 ErbStG ausgeschlossen. Das Vorliegen einer sog. Bedarfsabfindung, die von § 7 Abs. 3 ErbStG nicht erfasst wird, verneinte der BFH. Bei der

Bedarfsabfindung sei die Zahlung der Abfindung – im Gegensatz zur hier vorliegenden Pauschalabfindung – gerade an die Beendigung der Ehe geknüpft. Wie bereits das FG hat der BFH daneben auch den subjektiven Tatbestand des § 7 Abs. 1 Nr. 1 ErbStG als erfüllt angesehen, da selbst einem „juristischen Laien" bewusst sei, dass o. g. Ansprüche erst mit der Scheidung entstehen könnten. Bei Abschluss des Ehevertrags, also vor der Eheschließung, bestand ein Anspruch der (künftigen) Ehefrau folglich nicht. Auch das Motiv des Klägers, mittels der Grundstückszuwendung die Wirksamkeit der ehevertraglichen Vereinbarungen sicherzustellen und sich vor einem eventuellen langwierigen und teuren Scheidungsverfahren zu schützen, ändere hieran nichts.

c) Folgerungen und Fazit

Der BFH bestätigt seine bisherige Rechtsprechung zum Verzicht auf nacheheliche, noch nicht entstandene Ansprüche. Bereits mit Urteil v. 17.10.2007 (II R 53/05, NWB YAAAC-70830) qualifizierte der BFH einen Geldbetrag als Ausgleich für einen vor der Ehe vertraglich vereinbarten Teilverzicht auf nachehelichen Unterhalt als freigebige Zuwendung i. S. v. § 7 Abs. 1 Nr. 1 ErbStG. Auch den Tatbestand des § 7 Abs. 3 ErbStG sah der BFH bereits damals als erfüllt an.

In Abgrenzung dazu verweist der BFH auf seine Entscheidung v. 1.9.2021 (II R 40/19, NWB ZAAAI-02743), wonach im Falle einer Bedarfsabfindung keine unentgeltliche Zuwendung vorliegt. In diesem Fall werden gerade keine pauschalen Abfindungen erbracht, sondern die Rechte und Pflichten der künftigen Ehegatten durch Modifikation denkbarer gesetzlicher familienrechtlicher Ansprüche für den Fall der Scheidung neu austariert. Folglich ist der Betrag auch erst bei Beendigung der Ehe (bspw. durch Scheidung) – also im Bedarfsfall – fällig. Bei der Pauschalabfindung erfolgt die Zuwendung hingegen losgelöst von später eventuell entstehenden Ansprüchen (Morawitz, ZEV 2025 S. 695).

Eine differenzierende Rolle zwischen Bedarfs- und Pauschalabfindung spielt also der Zeitpunkt der Zahlungsverpflichtung (Kugelmüller-Pugh, DStR 2025 S. 2076), zu dem bei der Bedarfsabfindung Ansprüche auf Zugewinnausgleich etc. bereits entstanden sind, während dies bei der Pauschalabfindung gerade nicht der Fall ist. Zur Vermeidung schenkungsteuerlicher Konsequenzen sollte deshalb eine erst bei Beendigung der Ehe zu zahlende Bedarfsabfindung vereinbart werden oder – bei bereits bestehender Ehe und entsprechender Vermögensverhältnisse – die Güterstandsschaukel in Betracht gezogen werden (Carlè, NWB 2025 S. 2584). Zu beachten ist jedoch, dass die Finanzverwaltung zu der Entscheidung v. 1.9.2021 (II R 40/19, NWB ZAAAI-02743) bzgl. der Bedarfsabfindung einen Nichtanwendungserlass herausgegeben hat (BStBl 2023 I S. 203). Deshalb bleibt abzuwarten, ob sich die Finanzverwaltung angesichts der vorliegenden Entscheidung (erneut) äußern wird. Vor diesem Hintergrund könnte (auch) bei einer Bedarfsabfindung darüber nachgedacht werden, für den Fall der Festsetzung von Schenkungsteuern ein Rückforderungsrecht zu vereinbaren, was den Willen der Ehegatten und Sinn und Zweck der Bedarfsabfindung aber ad absurdum führen kann. Soweit möglich und gewollt, sollten deshalb zunächst bzw. primär Möglichkeiten der Modifikation des Güterstands der Zugewinngemeinschaft in Erwägung gezogen werden, die grundsätzlich keine schenkungsteuerlichen Risiken mit sich bringen, wie bspw. die betragliche Begrenzung der Zugewinnausgleichsforderung der Höhe nach oder deren Abhängigkeit von der Dauer der Ehe sowie – aufgrund der gem. § 5 Abs. 2 ErbStG fehlenden Steuerbarkeit – o. g. Güterstandsschaukel (Holler, ErbR 2026 S. 105).

3. Keine Ersatzerbschaftsteuerpflicht einer im Inland nichtrechtsfähigen ausländischen Familienstiftung

BFH, Urteil v. 4.6.2025 - II R 30/22, NWB IAAAK-03048

(*Iring Christopeit*)

a) Zusammenfassung der Entscheidung

Der BFH hat mit Urteil v. 4.6.2025 (II R 30/22) entschieden, dass eine nach schweizerischem Recht errichtete Familienstiftung mit Sitz in der Schweiz, deren tatsächlicher Verwaltungssitz sich seit Gründung in Deutschland befindet, in Deutschland als nichtrechtsfähige Stiftung nicht der Ersatzerbschaftsteuer nach § 1 Abs. 1 Nr. 4 ErbStG unterliegt. Auf die Revision der Stiftung hob der BFH sowohl das Urteil des FG Niedersachsen als auch den Ersatzerbschaftsteuerbescheid auf.

Die Klägerin ist eine Stiftung schweizerischen Rechts, die 1959 von einer privaten Stifterin als Familienstiftung im Sinne des schweizerischen Zivilgesetzbuches errichtet wurde. Satzungsmäßiger Zweck war die Finanzierung von Erziehung, Ausstattung, Unterstützung und ähnlichen Bedürfnissen der in der Satzung näher bezeichneten Abkömmlinge und Nachkommen der Stifterin. Der statutarische Sitz der Stiftung liegt in der Schweiz.

Die Stiftung wird satzungsgemäß durch einen Stiftungsrat vertreten. Sämtliche Mitglieder dieses Stiftungsrates waren seit Gründung in Deutschland ansässig und führten die Geschäfte der Stiftung von Deutschland aus; auch die Konten der Stiftung werden in Deutschland geführt. Das Stiftungskapital betrug ursprünglich wenige tausend Deutsche Mark und wurde nach dem Tod der Stifterin um deren Nachlass erweitert, der im Wesentlichen aus Grundbesitz bestand.

Im Jahr 2000 erklärte ein schweizerisches Kantonsgericht die Stiftung ex tunc für nichtig, weil sie tatsächlich nicht der Familienfürsorge, sondern der Sicherung des Grundbesitzes zugunsten der Nachkommen der Stifterin und dem Schutz vor Zugriffen der DDR und von Hypothekengläubigern dienen sollte; diese Entscheidung wurde infolge einer Verständigung der Beteiligten in der Berufungsinstanz allerdings nicht rechtskräftig.

Im Jahr 2020 teilte die Stiftung dem zuständigen deutschen Finanzamt vorsorglich die für ersatzerbschaftsteuerpflichtige Familienstiftungen vorgesehenen Angaben mit und reichte auf Anforderung eine Steuererklärung zur Ersatzerbschaftsteuer ein. Daraufhin setzte das Finanzamt Ersatzerbschaftsteuer gegen die Stiftung fest.

Die hiergegen erhobene Sprungklage zum FG Niedersachsen blieb erfolglos. Das FG ging davon aus, die Klägerin unterliege als Familienstiftung der Ersatzerbschaftsteuer nach § 1 Abs. 1 Nr. 4 ErbStG, obwohl sie nach deutscher zivilrechtlicher Beurteilung mangels Anerkennung durch die zuständige Landesbehörde gem. §§ 80 ff. BGB nicht rechtsfähig sei. Nach Auffassung des FG sei § 1 Abs. 1 Nr. 4 ErbStG nicht auf in Deutschland zivilrechtlich als rechtsfähig anerkannte Stiftungen oder in einem EU- oder EWR-Mitgliedstaat gegründete Stiftungen beschränkt, sondern erfasse Stiftungen weltweit; es genüge, dass aus der Sicht irgendeines Staates Rechtsfähigkeit bestehe.

b) Entscheidungsgründe

Mit der Revision rügte die Stiftung eine Verletzung von § 1 Abs. 1 Nr. 4 i. V. m. § 2 Abs. 1 Nr. 2 ErbStG sowie von Art. 20 Abs. 3 GG und beantragte die Aufhebung von FG-Urteil und Steuerbescheid. Der BFH gab der Revision statt.

§ 1 Abs. 1 Nr. 4 ErbStG ordnet an, dass das Vermögen einer Stiftung, die im Wesentlichen im Interesse einer Familie oder bestimmter Familien errichtet ist (Familienstiftung), in regelmäßigen Zeitabständen der Erbschaftsteuer unterliegt; die zeitliche Anknüpfung erfolgt an einen in § 9 Abs. 1 Nr. 4 ErbStG bezeichneten Zeitpunkt und sieht Intervalle von jeweils 30 Jahren vor.

Zweck dieser Regelung ist nach der BFH-Rechtsprechung, Besteuerungslücken zu schließen, die entstehen können, wenn Vermögen in Familienstiftungen langfristig „gebunden" wird und dadurch auf Generationen der Erbschaftsteuer entzogen bleibt. Die Ersatzerbschaftsteuer soll insoweit die bei natürlichen Personen regelmäßig anfallende Erbschaftsteuer in gewisser Weise „simulieren", wenn das Vermögen nicht mehr in deren Eigentum steht, sondern auf eine selbständige Stiftung übertragen wurde.

§ 2 Abs. 1 Nr. 2 ErbStG bestimmt, dass in Fällen des § 1 Abs. 1 Nr. 4 ErbStG die Steuerpflicht eintritt, wenn die Stiftung ihre Geschäftsleitung oder ihren Sitz im Inland hat; damit werden auch Stiftungen mit ausländischem Satzungssitz, aber inländischer Geschäftsleitung in den persönlichen Anwendungsbereich der Ersatzerbschaftsteuer einbezogen.

Internationalprivatrechtliche Einordnung:

Der BFH stellt zunächst klar, dass das FG, die für die Bestimmung der Rechtsfähigkeit maßgeblichen Regeln des internationalen Privatrechts verkannt hat. Nach diesen Grundsätzen richtet sich die Rechtsfähigkeit einer in der Schweiz errichteten Stiftung grundsätzlich nach dem Recht des Staates, in dem sie ihren tatsächlichen Verwaltungssitz hat. Im Streitfall lag dieser Verwaltungssitz im Inland, weil nach den bindenden Feststellungen des FG sämtliche Mitglieder des Stiftungsrates als leitendes Organ der Stiftung von Anfang an in Deutschland ansässig waren und die Verwaltung von Deutschland aus wahrnahmen.

Eine Anwendung der Gründungstheorie – also eine an das Gründungsrecht anknüpfende Anerkennung der Rechtsfähigkeit ungeachtet des Verwaltungssitzes – kommt nach Auffassung des BFH nicht in Betracht, da es im Verhältnis zur Schweiz, anders als zu EU- oder EWR-Mitgliedstaaten, keine völkerrechtlichen Verträge gibt, die eine Behandlung nach dem Gründungsrecht verlangen. Deshalb gelten die allgemeinen Grundsätze zur Rechtsfähigkeit ausländischer Gesellschaften, bei denen die europarechtliche Niederlassungsfreiheit keine Rolle spielt.

Nach der im deutschen Recht insoweit maßgeblichen Sitztheorie setzt sich eine im Ausland erworbene Rechtsfähigkeit bei Verlegung des tatsächlichen Verwaltungssitzes nach Deutschland nicht automatisch fort. Vielmehr ist ab diesem Zeitpunkt nach deutschem Recht zu beurteilen, ob die ausländische Gesellschaft oder Stiftung als rechtsfähig anzuerkennen ist. Für Stiftungen verlangt das deutsche Zivilrecht eine konstitutive Anerkennung durch die zuständige Landesbehörde nach § 80 Abs. 1 BGB; da eine solche Anerkennung der Klägerin nicht erteilt wurde, ist sie in Deutschland als nichtrechtsfähige Stiftung zu behandeln.

Erbschaft- und schenkungsteuerliche Einordnung:

Der BFH weist ausdrücklich die Ansicht des FG zurück, aus § 2 Abs. 1 Nr. 2 ErbStG ergebe sich, dass für die Ersatzerbschaftsteuerpflicht auf die Rechtsfähigkeit nach schweizerischem Recht abzustellen sei. § 2 Abs. 1 Nr. 2 ErbStG regelt lediglich, wann in Fällen des § 1 Abs. 1 Nr. 4 ErbStG die Steuerpflicht entsteht, nämlich wenn die Stiftung die Geschäftsleitung oder den Sitz im Inland hat, und erweitert damit den persönlichen Anwendungsbereich auf Stiftungen mit inländischer Geschäftsleitung und ausländischem Satzungssitz.

Ob es sich bei einem Gebilde überhaupt um eine „Stiftung" i. S. d. § 1 Abs. 1 Nr. 4 ErbStG handelt, bestimmt sich jedoch nach dem Verständnis dieser Norm selbst und nicht nach § 2 Abs. 1 Nr. 2 ErbStG. In der fachlichen Kommentierung wird hervorgehoben, dass die Ersatzerbschaftsteuer ihrem sachlichen Anwendungsbereich nach nur Stiftungen i. S. d. § 1 Abs. 1 Nr. 4 ErbStG erfasst; für Familienstiftungen mit ausländischem Satzungssitz und inländischer Geschäftsleitung folgt daraus, dass es sich um rechtsfähige Stiftungen handeln muss, weil nichtrechtsfähige Stiftungen von dem Stiftungsbegriff der Vorschrift nicht umfasst sind.

Der BFH gelangt vor diesem Hintergrund zu dem Ergebnis, dass die Klägerin als nichtrechtsfähige Stiftung keine Familienstiftung i. S. d. § 1 Abs. 1 Nr. 4 ErbStG ist und folglich nicht der Ersatzerbschaftsteuer unterliegt. Entscheidend ist damit das Erfordernis der Rechtsfähigkeit: Nur rechtsfähige Stiftungen fallen in den Anwendungsbereich dieser Vorschrift.

Zur Begründung stützt sich der BFH maßgeblich auf den Zweck der Ersatzerbschaftsteuerregelung. § 1 Abs. 1 Nr. 4 ErbStG soll Besteuerungslücken vermeiden, die dadurch entstehen, dass in Familienstiftungen gebundenes Vermögen über Generationen hinweg der Erbschaftsteuer entzogen wird. Eine solche Gefahr sieht der BFH im Streitfall jedoch nicht, weil das Vermögen einer nichtrechtsfähigen Stiftung nach zivilrechtlichen Grundsätzen den hinter ihr stehenden natürlichen Personen zuzurechnen ist. Das bedeutet, dass dieses Vermögen mindestens bei jedem Generationenwechsel der Erbschaft- oder Schenkungsteuer bei den jeweiligen natürlichen Personen unterliegt.

Gerade weil das Vermögen nicht einer rechtsfähigen Stiftung, sondern den beteiligten Personen zugeordnet wird, besteht nach Auffassung des BFH kein Anlass, den Tatbestand des § 1 Abs. 1 Nr. 4 ErbStG auf nichtrechtsfähige Stiftungen auszudehnen. Die Gefahr einer dauerhaften Steuervermeidung, die für rechtsfähige Familienstiftungen charakteristisch ist, stellt sich hier nicht in gleicher Weise, so der BFH.

c) Folgerungen und Fazit

Der zentrale Rechtssatz des Urteils lautet, dass eine in der Schweiz errichtete Familienstiftung mit Verwaltungssitz in Deutschland, die hier als nichtrechtsfähig gilt, in Deutschland nicht ersatzerbschaftsteuerpflichtig ist. Der BFH stellt damit klar: Nur eine rechtsfähige Stiftung unterliegt der Ersatzerbschaftsteuer.

Die Entscheidung kann steuerliches Gestaltungspotenzial eröffnen. Durch die Gründung einer nichtrechtsfähigen Familienstiftung im Ausland kann die Ersatzerbschaftsteuer in Deutschland selbst dann vermieden werden, wenn die Verwaltung der Stiftung aus dem Inland erfolgt. Gleiches gilt, wenn der Sitz im Ausland liegt, die Geschäftsleitung aber im Inland ausgeübt wird, da § 2 Abs. 1 Nr. 2 ErbStG nach dieser Sicht eine rechtsfähige Stiftung i. S. d. § 1 Abs. 1 Nr. 4 voraussetzt. Damit markiert das Urteil einen wichtigen dogmatischen Einschnitt: Die Ersatzerbschaftsteuer nach § 1 Abs. 1 Nr. 4 ErbStG knüpft – auch im grenzüberschreitenden Kontext – strikt an die Rechtsfähigkeit der Familienstiftung an; nichtrechtsfähige ausländische Familienstiftungen bleiben, trotz inländischer Geschäftsleitung, aus ihrem Anwendungsbereich ausgeschlossen.

Diese Gestaltungideen werden aber ein häufiges Ziel der Mandanten verfehlen, nämlich mit der Übertragung von Vermögen auf die Stiftung den Schenkungsvorgang auch steuerlich auszulösen, etwa um sachliche Steuerbefreiungen oder Bewertungsvorteile der Gegenwart zu nutzen. Alle „doppeltansässigen" Stiftungsstrukturen dürften infolgedessen zu hinterfragen sein.

4. Einlage eines Familienheims in eine Ehegatten-GbR

BFH, Urteil v. 4.6.2025 - II R 18/23, NWB QAAAK-02471

(Verena Drummer)

a) Zusammenfassung der Entscheidung

Der Kläger und Revisionsbeklagte gründete zusammen mit seiner Ehefrau mittels notariell beurkundeten Vertrags eine GbR, an der beide jeweils hälftig beteiligt waren. In dem Zuge brachte die Ehefrau das bislang in ihrem Alleineigentum stehende, zu eigenen Wohnzwecken genutzte bebaute Grundstück in die GbR ein. Die GbR wurde als neue Eigentümerin im Grundbuch eingetragen. In der daraufhin angeforderten Schenkungsteuererklärung deklarierte der Kläger das Grundstück als Familienheim i. S. v. § 13 Abs. 1 Nr. 4a ErbStG. Das Finanzamt gewährte die Befreiung wegen der Eigentumsübertragung auf die GbR jedoch nicht und setzte Schenkungsteuern fest.

Die nach erfolglosem Einspruchsverfahren beim FG München erhobene Klage hatte Erfolg (Urteil v. 21.6.2023 - 4 K 1639/21, NWB WAAAJ-46472). Als Begründung führt das FG an, dass zivilrechtlich zwar die GbR – und nicht die Gesellschafter in ihrer gesamthänderischen Verbundenheit – zur Empfängerin des Grundstücks bestimmt wurde, schenkungsteuerrechtlich – trotz (zivilrechtlicher) Teilrechts- und Grundbuchfähigkeit der GbR – aber die Gesellschafter als bereichert anzusehen seien. Das gem. § 13 Abs. 1 Nr. 4a ErbStG erforderliche „Eigentum" liege vor. Nach dem Begriffsverständnis des BGB erscheine das Eigentum an Sachen hauptsächlich in den Formen des Alleineigentums, des Miteigentums oder des hier vorliegenden Gesamthandseigentums.

b) Entscheidungsgründe

Der BFH wies die von der Finanzverwaltung eingelegte Revision als unbegründet zurück und bestätigte damit die Entscheidung des FG. Auch der BFH erkannte ein Auseinanderfallen zwischen dem zivilrechtlich Beschenkten (GbR) und dem schenkungsteuerrechtlichen Erwerber (Gesellschafter) an. Des Weiteren sieht auch der BFH die Tatbestandsvoraussetzung des „Eigentums" als erfüllt an, auch wenn der Begriff des Gesamthandseigentums im Gesetz nicht genannt werde. Der BFH zieht folgenden Schluss: wenn (entgegen der zivilrechtlichen Würdigung) schenkungsteuerrechtlich der Gesellschafter als Bedachter anzusehen ist, müsse auch für die Frage, wem Eigentum an dem Familienheim verschafft wird, auf den Gesellschafter abgestellt werden. Das über die Beteiligung am Gesamthandsvermögen zugerechnete Eigentum sei dabei ausreichend. Auch dem Sinn und Zweck der Norm – die schenkungsteuerrechtliche Privilegierung von den Kern der Lebens-/Wirtschaftsgemeinschaft berührenden Zuwendungen – werde dieses Ergebnis gerecht. Dass der Gesellschafter – im Gegensatz zum Alleineigentum und Miteigentum nach Bruchteilen – nur zusammen mit den anderen Gesellschaftern über das Grundstück verfügen kann, sah der BFH nicht als schädlich an.

c) Folgerungen und Fazit

Der BFH bestätigt zunächst seine Auffassung, dass zivilrechtlich zwar die Gesamthandsgemeinschaft die Bedachte darstellt, schenkungsteuerrechtlich jedoch die Gesellschafter als bereichert anzusehen sind (bspw. Urteil v. 5.2.2020 - II R 9/17, NWB OAAAH-55223). Demnach ist es nur folgerichtig, auch für Zwecke des § 13 Abs. 1 Nr. 4a ErbStG auf die Gesellschafter abzustellen und die Befreiung nicht mangels „unmittelbaren Eigentums" zu versagen (Beck/Doege, StuB 2026 S. 116). Auch, dass die in § 13 Abs. 1 Nr. 4a ErbStG genannten Begriffe des „Eigentums" und „Miteigentums" zivilrechtlich auszulegen sind, entspricht der ständigen BFH-Rechtsprechung (bspw. Urteil v. 29.11.2017 - II R 14/16, NWB IAAAG-80017). Und auch wenn das BGB keine Legaldefinition des Eigentums oder der Erscheinungsformen des Eigentums enthält, ist das Gesamthandseigentum hierbei nach der h. M. als eine mögliche Ausprägung miteinzubeziehen (das FG München bezeichnet dies als „völlig unumstritten").

HINWEIS:

Im Übrigen hatte der BFH bereits mit Urteil v. 23.6.2015 (II R 39/13, NWB CAAAF-01620) entschieden, dass die Befreiung des wortverwandten § 13 Abs. 1 Nr. 4c ErbStG auch beim Erwerb eines Familienheims durch einen Miterben im Rahmen einer Erbengemeinschaft (Gesamthandsgemeinschaft) zu gewähren ist.

Zu beachten ist, dass das Urteil zur Rechtslage vor Inkrafttreten des MoPeG ergangen ist (§§ 718 ff. BGB a. F). Aufgrund der Aufrechterhaltung des Gesamthandsprinzips für Zwecke der Schenkung-/Erbschaftsteuer (§ 2a ErbStG), dürfte die Entscheidung aber auch für die aktuelle Gesetzeslage relevant sein (Kugelmüller-Pugh, DStR 2025 S. 2483). Für Gestaltungsüberlegungen mittels Familiengesellschaften – bspw. zur Vermögensstrukturierung im Familienverbund oder der Vorbereitung der Vermögensnachfolge – besteht nun hinsichtlich der Befreiung des § 13 Abs. 1 Nr. 4a ErbStG erfreulicherweise Planungs- und Rechtssicherheit (Roth, RFam 2025 S. 613). So dürfte die Befreiung auch bei Übertragung von Anteilen an einer Familien-GbR, in deren Eigentum sich das Familienheim bereits befindet, gewährt werden (Uricher, MittBayNot 2026 S. 97; offen gelassen Dorn, ErbBstg 2025 S. 174).

5. Festsetzungsfrist für die Erbschaftsteuer bei Auffinden eines Testaments

BFH, Urteil v. 4.6.2025 - II R 28/22, NWB YAAAK-03047

(*Iring Christopeit*)

a) Zusammenfassung der Entscheidung

Das Urteil des BFH v. 4.6.2025 - II R 28/22 befasst sich mit dem Beginn der Festsetzungsfrist für die Erbschaftsteuer, wenn nach einer zunächst auf gesetzlicher Erbfolge beruhenden Besteuerung ein späteres, rechtsgültiges Testament aufgefunden wird. Der BFH stellt klar, dass für die „Kenntnis von dem Erwerb" i. S. d. § 170 Abs. 5 Nr. 1 AO der rechtsgültige Erwerb maßgeblich ist und dass die Anlaufhemmung für die Festsetzungsfrist jeweils an den konkreten Rechtsgrund des Erwerbs anknüpft; nur für diesen Rechtsgrund wird die Wirkung der Anlaufhemmung durch einmal erlangte Kenntnis verbraucht. Ein später aufgefundenes rechtsgültiges Testament i. S. v. § 2258 Abs. 1 BGB bildet einen neuen Rechtsgrund für den Erwerb des Erben und löst deshalb eine eigenständige Anlaufhemmung nach § 170 Abs. 5 Nr. 1 AO aus.

Die Erblasserin verstarb im Jahr 1988. Sie hatte den Kläger (Neffen) und dessen Schwester zunächst testamentarisch zu gleichen Teilen als Erben eingesetzt und mit weiterem Testament den Kläger zum Alleinerben bestimmt. Die Testamente waren beim Erbfall zunächst nicht bekannt. Der Erbschein wies den Kläger und seine Schwester aufgrund gesetzlicher Erbfolge zu je $^1/_2$ als Erben aus. Das zuständige Finanzamt setzte Erbschaftsteuer fest und ging dabei davon aus, der Kläger sei hälftiger Erbe aufgrund gesetzlicher Erbfolge geworden. Die Steuerfestsetzung beruhte damit nicht auf der testamentarischen Erbeinsetzung, sondern auf der gesetzlichen Erbfolge.

Der Kläger legte erst 2003 dem Nachlassgericht das von ihm nach der Erteilung des Erbscheins aufgefundene Testament der Erblasserin vor. Nach der Eröffnung des Testaments beantragte er einen ihn als Alleinerben ausweisenden Erbschein. Dem trat seine Schwester entgegen und machte insbesondere geltend, die Erblasserin sei bei der Errichtung des Testaments testierunfähig gewesen. Das Nachlassgericht kündigte an, den Erbschein wie vom Kläger beantragt zu erteilen. Die Beschwerde der Schwester wies das Landgericht zurück; die dagegen erhobene weitere Beschwerde blieb vor dem Oberlandesgericht ohne Erfolg. 2009 wurde dem Kläger ein Erbschein erteilt, der ihn als Alleinerben der Erblasserin ausweist.

2010 erließ das beklagte Finanzamt einen Änderungsbescheid nach § 173 Abs. 1 Nr. 1 AO und setzte nunmehr gegen den Kläger, den es als Alleinerben behandelte, Erbschaftsteuer fest. Mit seinem Einspruch machte der Kläger im Wesentlichen geltend, die Festsetzungsfrist sei abgelaufen. Das Finanzamt wies den Einspruch im Wesentlichen als unbegründet zurück. Die hiergegen gerichtete Klage vor dem FG Düsseldorf hatte keinen Erfolg; auch die Revision des Klägers blieb erfolglos und wurde vom BFH als unbegründet zurückgewiesen.

b) Entscheidungsgründe

Nach § 169 Abs. 1 AO ist die Änderung einer Steuerfestsetzung unzulässig, wenn die Festsetzungsfrist abgelaufen ist; für die Erbschaftsteuer beträgt diese Frist regelmäßig vier Jahre (§ 169 Abs. 2 Satz 1 Nr. 2 AO). Bei Erwerben von Todes wegen entsteht die Erbschaftsteuer mit dem Tod des Erblassers (§ 9 Abs. 1 Nr. 1 ErbStG).

Für die Erbschaftsteuer enthält § 170 Abs. 5 Nr. 1 AO eine besondere Anlaufhemmung: Abweichend von § 170 Abs. 1 AO beginnt die Festsetzungsfrist bei einem Erwerb von Todes wegen nicht vor Ablauf des Kalenderjahres, in dem der Erwerber Kenntnis von dem Erwerb erlangt hat. Diese Vorschrift dient nach der Rechtsprechung, auf die sich der BFH auch im Urteil bezieht, der Sicherung des Steueranspruchs und soll gewährleisten, dass der rechtsgültige Erwerb auch dann der Erbschaftsteuer unterworfen werden kann, wenn der Erbe erst nach Jahren Kenntnis von dem Erwerb erlangt.

Auf dieser Grundlage stellt der BFH heraus, dass der Kenntnisbegriff des § 170 Abs. 5 Nr. 1 AO dem des § 30 Abs. 1 ErbStG entspricht und nimmt seine frühere Entscheidung v. 27.4.2022 (II R 17/20, BFH/NV 2022 S. 901, NWB WAAAJ-16975) auf. Ein durch letztwillige Verfügung eingesetzter Erbe erlangt danach Kenntnis von dem Erwerb, wenn er zuverlässig erfahren und damit Gewissheit erlangt hat, dass der Erblasser ihn durch wirksame letztwillige Verfügung zum Erben eingesetzt hat. Angesichts der Testierfreiheit reicht es regelmäßig nicht aus, dass der Erbe das Vorhandensein und den Inhalt eines Testaments kennt; aufgrund der nicht ohne Weiteres auszuräumenden Ungewissheit, ob der Erblasser ein bekanntes Testament widerrufen oder geändert hat, ist im Regelfall davon auszugehen, dass die Kenntnis erst mit der Eröffnung des Testaments vorliegt.

Für die Konstellation, dass ein testamentarisch eingesetzter Erbe einen Erbschein (§ 2353 BGB) beantragt und ein anderer möglicher Erbe der Erteilung entgegentritt, konkretisiert der BFH den Zeitpunkt der Kenntnis weiter: Die Kenntnis i. S. d. § 170 Abs. 5 Nr. 1 AO ist erst mit der Entscheidung des Nachlassgerichts im Erbscheinverfahren über die Wirksamkeit der letztwilligen Verfügung gegeben. Wird durch gerichtliche Entscheidung die Wirksamkeit einer letztwilligen Verfügung festgestellt, hat der darin ausgewiesene Erbe bereits zu diesem Zeitpunkt ausreichend sichere Kenntnis von seiner Einsetzung als Erbe. Unerheblich ist aber, so der BFH, ob die Entscheidung des Gerichts mit Rechtsmitteln anfechtbar ist, ob Rechtsmittel eingelegt werden und wie die Rechtsmittelinstanzen entscheiden.

Zugleich betont der BFH die rechtsgrundbezogene Wirkung der Anlaufhemmung: Mit der einmal erlangten Kenntnis von dem Erwerb von Todes wegen ist die Wirkung dieser Vorschrift verbraucht und eine Verlängerung der Anlaufhemmung nicht mehr möglich; dies gilt jedoch nur im Hinblick auf den konkreten Rechtsgrund, auf dem der Erwerb beruht. Ist der Erwerber testamentarischer Erbe, ist Rechtsgrund des Erwerbs die Verfügung von Todes wegen. Für die Kenntnis von dem Erwerb i. S. d. § 170 Abs. 5 Nr. 1 AO genügt es daher nicht, dass der Erwerber weiß, dass er überhaupt Erbe geworden ist; er muss vielmehr Kenntnis von dem vollen, auf einen bestimmten Rechtsgrund zurückgehenden Erwerb haben.

Vor diesem Hintergrund qualifiziert der BFH ein aufgefundenes späteres rechtsgültiges Testament i. S. v. § 2258 Abs. 1 BGB als neuen Rechtsgrund für den Erwerb des Erben, der für die Anlaufhemmung nach § 170 Abs. 5 Nr. 1 AO maßgeblich ist. Diese Auslegung entspricht dem Sinn und Zweck des § 170 Abs. 5 Nr. 1 AO, den Steueranspruch zu sichern.

Schließlich stützt sich nach dem BFH die Änderungsmöglichkeit der Erbschaftsteuerfestsetzung auf § 173 Abs. 1 Nr. 1 AO. Nach dieser Vorschrift kann eine Steuerfestsetzung geändert werden, wenn nachträglich Tatsachen bekannt werden, die zu einer höheren Steuer führen. Der BFH sieht in dem nach Erlass des Steuerbescheids aufgefundenen Testament eine solche nachträglich bekannt gewordene Tatsache.

c) Folgerungen und Fazit

Insgesamt stärkt die Entscheidung die Sicherung des Steueranspruchs, indem sie eine klare, rechtsgrundbezogene Anknüpfung der Anlaufhemmung des § 170 Abs. 5 Nr. 1 AO an den Zeitpunkt der gesicherten Kenntnis des rechtsgültigen Erwerbs etabliert. Für den Steuerpflichtigen ist die Entscheidung nachteilig.

Für Steuerberater und andere Berater im Erbfall folgt daraus die Notwendigkeit, im Rahmen von Verjährungsprüfungen und Einspruchs- oder Änderungsverfahren die Entwicklung der erbrechtlichen Rechtsgrundlagen – von der gesetzlichen Erbfolge über frühere Testamente bis hin zu später aufgefundenen letztwilligen Verfügungen – genau nachzuvollziehen und die jeweiligen Kenntniszeitpunkte der Erwerber sorgfältig zu erfassen. Für die Beratungspraxis in Erbschaftsteuerfällen macht die Entscheidung deutlich, dass der Beginn der Festsetzungsfrist immer rechtsgrundbezogen zu bestimmen ist; ein Berufen auf Festsetzungsverjährung dürfte in den wenigsten gleichgelagerter Fälle noch funktionieren.

Beachtenswert ist auch, dass das Urteil bekräftigt, dass ein nach Erlass eines Erbschaftsteuerbescheids aufgefundenes Testament regelmäßig als nachträglich bekannt gewordene Tatsache zu qualifizieren ist, die eine Korrektur mit der Folge einer höheren Erbschaftsteuer ermöglicht. Da die Festsetzung der gem. § 9 Abs. 1 Nr. 1 ErbStG mit dem Tod des Erblassers entstehenden Erbschaftsteuer oft mit Unsicherheiten behaftet ist, weil die maßgebliche Erbfolge (und damit der Rechtsgrund des Erwerbs) wie im Urteilsfall erst viele Jahre nach dem Erbfall endgültig geklärt sein kann, sind auch bestandskräftige Erbschaftsteuerfestsetzungen im Lichte später aufgefundener Testamente und geänderter Erbfolgen mit Unsicherheiten behaftet.

6. Befreiung von der Schenkungsteuer bei Zuwendungen an Gebietskörperschaft

BFH, Urteil v. 30.7.2025 - II R 12/24, BStBl 2026 II S. 153, NWB EAAAK-06415

(*Iring Christopeit*)

a) Zusammenfassung der Entscheidung

Der BFH entscheidet im Urteil v. 30.7.2025 - II R 12/24, dass erhebliche Geldzuwendungen einer privaten Aktiengesellschaft (X-AG) an eine vom Land Mecklenburg-Vorpommern gegründete rechtsfähige Stiftung bürgerlichen Rechts der Schenkungsteuer unterliegen und weder nach § 13 Abs. 1 Nr. 15 ErbStG noch nach § 13 Abs. 1 Nr. 17 ErbStG steuerbefreit sind.

Für die Steuerbefreiung nach § 13 Abs. 1 Nr. 15 ErbStG konkretisiert der BFH, dass die Zuwendung ausschließlich, d. h. ausnahmslos und uneingeschränkt, Zwecken der begünstigten Gebietskörperschaft dienen muss; diese Ausschließlichkeit muss sich aus der rechtlichen Konstruktion (insbesondere der Satzung des Zuwendungsempfängers) im Zeitpunkt der Zuwendung eindeutig ergeben.

Für § 13 Abs. 1 Nr. 17 ErbStG überträgt der BFH den Rechtsgedanken des § 56 AO: Die in der Satzung geregelten Zwecke, denen die Zuwendung gewidmet ist, müssen ihrerseits ausschließlich steuerbegünstigte (kirchliche, gemeinnützige oder mildtätige) Zwecke sein; etwaige Unklarheiten gehen zulasten des Steuerpflichtigen.

Das Land Mecklenburg-Vorpommern gründete eine rechtsfähige Stiftung bürgerlichen Rechts (Klägerin), die nicht als gemeinnützig anerkannt war. Der Landtag stimmte der Errichtung und der Ausstattung mit einem Grundstockvermögen von 200.000 € zu; in der Begründung wurde in Aussicht gestellt, dass die X-AG die Stiftung mit Zustiftungen unterstützen werde. Die stiftungsrechtliche Anerkennung erfolgte später durch das Justizministerium Mecklenburg-Vorpommern.

§ 2 Abs. 1 Satz 1 der damaligen Stiftungssatzung bestimmte, dass die Stiftung „insbesondere" bestimmte Zwecke verfolge; im Anschluss wurden in elf Spiegelstrichen vor allem Zwecke des Klima-, Umwelt-, Natur-, Arten-, Gewässer- und Trinkwasserschutzes sowie hierzu gehörende Maßnahmen aufgeführt. § 2 Abs. 2 der Satzung sah die Errichtung eines wirtschaftlichen Geschäftsbetriebs vor, damit sich die Stiftung an der Fertigstellung eines Bauprojekts beteiligen konnte. Organe der Stiftung waren Stiftungsvorstand und Kuratorium, die jeweils von der Ministerpräsidentin oder dem Ministerpräsidenten des Landes bestellt wurden. Für den Fall der Auflösung oder Aufhebung der Stiftung bestimmte § 13 der Satzung, dass 200.000 € an das Land zurückfallen, während im Übrigen der Stiftungsvorstand bestimmen konnte, wer das verbleibende Stiftungsvermögen erhält.

Kurz nach der Gründung schloss die Klägerin mit der X-AG einen Kooperationsvertrag über die Fertigstellung eines Bauprojekts unter Beteiligung der Stiftung. Der Vertrag regelte allein das Bauprojekt und die Vergütung: Diese sollte sich nach dem Wert der von der Klägerin „gehandhabten, koordinierten und gemanagten" Waren und Dienstleistungen zuzüglich eines Aufschlags von 10 % dieses Werts richten; die X-AG hatte Abschlagszahlungen nach Zahlungsplan zu leisten, die Klägerin eine Schlussberechnung binnen sechs Wochen vorzulegen.

Unabhängig von dieser Vergütungsvereinbarung leistete die X-AG zunächst rund 10,2 Mio. € und später weitere 9,8 Mio. € an die Stiftung als Zuwendungen. Anschließend wurde ein Entwurf einer Zuwendungsvereinbarung erstellt, nach dem die X-AG sich zu weiteren jährlichen Zahlungen über 20 Jahre verpflichten sollte; die Zahlungen sollten ausschließlich für die Zwecke nach § 2 Abs. 1 der Satzung verwendet werden und nahmen auf die bereits geleisteten Beträge Bezug; die notarielle Beurkundung kam jedoch nicht mehr zustande.

Das Finanzamt erließ zwei Schenkungsteuerbescheide, mit denen es die Zahlungen der Schenkungsteuer unterwarf. Die Klägerin erhob mit Zustimmung des Finanzamts Sprungklage; das FG Mecklenburg-Vorpommern wies die Klage ab.

b) Rechtlicher Rahmen

Schenkungsteuerlicher Grundtatbestand:

Der BFH ordnet die Zahlungen als freigebige Zuwendungen i. S. d. § 1 Abs. 1 Nr. 2 i. V. m. § 7 Abs. 1 Nr. 1 ErbStG ein. Eine freigebige Zuwendung setzt nach der dargestellten ständigen Rechtsprechung voraus:

- eine Bereicherung des Bedachten durch eine Leistung des Zuwendenden,
- die objektive Unentgeltlichkeit der Zuwendung sowie
- den Willen zur Freigebigkeit beim Zuwendenden.

Unentgeltlichkeit liegt vor, soweit die Vermögensübertragung weder synallagmatisch noch konditional oder kausal mit einer Gegenleistung verknüpft ist. Eine die Unentgeltlichkeit ausschließende kausale Verknüpfung kann insbesondere bei einer rechtlichen Abhängigkeit über eine Zweckabrede bestehen.

Zweckzuwendungen (§ 8 ErbStG):

Zweckzuwendungen i. S. d. § 1 Abs. 1 Nr. 3 i. V. m. § 8 ErbStG sind nach der BFH-Darstellung solche Zuwendungen, die mit der Auflage verbunden sind, zugunsten eines bestimmten Zwecks verwendet zu werden, oder deren Gewährung von der Verwendung zugunsten eines bestimmten Zwecks abhängt, soweit hierdurch die Bereicherung des Erwerbers gemindert wird.

Steuerbefreiung nach § 13 Abs. 1 Nr. 15 ErbStG:

Der Tatbestand betrifft nach der Entscheidung des BFH Zuwendungen, die ausschließlich Zwecken bestimmter Gebietskörperschaften dienen. Der BFH stellt klar, dass „ausschließlich" in diesem Zusammenhang bedeutet, dass die Zuwendung ausnahmslos und uneingeschränkt Zwecken der jeweiligen Gebietskörperschaft dienen muss. Entscheidend ist dabei der Zuwendungszweck, wie ihn der Zuwendende bestimmt; der Wortlaut lässt keine einschränkende Auslegung dahingehend zu, dass etwa nur „abgekürzte Zahlungswege" oder vom Staat konkret vorgegebene Einzelprojekte begünstigt wären.

Die Voraussetzungen des Befreiungstatbestands müssen zum Zeitpunkt der Entstehung der Steuer vorliegen (§ 9 ErbStG); § 13 Abs. 1 Nr. 15 ErbStG enthält keine abweichende Regelung vom Stichtagsprinzip.

Steuerbefreiung nach § 13 Abs. 1 Nr. 17 ErbStG und Gemeinnützigkeitsrecht:

§ 13 Abs. 1 Nr. 17 ErbStG knüpft an Zuwendungen zugunsten bestimmter steuerbegünstigter Zwecke an; der BFH wendet hierzu den Rechtsgedanken des § 56 AO an. Danach müssen die Satzungszwecke und die Art ihrer Verwirklichung so genau bestimmt sein, dass auf Basis der Satzung geprüft werden kann, ob die Voraussetzungen für die Steuerbegünstigung vorliegen.

Es genügt, wenn sich diese Voraussetzungen aufgrund einer Auslegung der gesamten Satzung als gegeben darstellen; allerdings muss die Satzung zweifelsfrei erkennen lassen, dass bei satzungsmäßiger Verwendung der Zuwendungen ausschließlich kirchliche, gemeinnützige oder mildtätige Zwecke verfolgt werden.

Bedeutung der tatsächlichen Geschäftsführung:

In Anlehnung an die Grundsätze zur Gemeinnützigkeit stellt der BFH klar, dass Unklarheiten der Satzungsbestimmungen nicht durch die tatsächliche Geschäftsführung geheilt werden können. Für die Steuerbefreiung nach § 13 Abs. 1 Nr. 15 ErbStG kommt es auf die tatsächliche Verwendung der Zuwendung nicht an; eine nachträgliche Überprüfung ist nicht vorgesehen und würde das Stichtagsprinzip verletzen.

c) Entscheidungsgründe

Im Revisionsverfahren wandte sich die Klägerin gegen die aus ihrer Sicht zu enge Auslegung der Steuerbefreiungstatbestände des § 13 Abs. 1 Nr. 15 und Nr. 17 ErbStG. Der BFH beurteilte die

Revisionsbegründung als zulässig; in der Sache selbst wies der BFH die Revision als unbegründet zurück und bestätigte, dass die Zahlungen der X-AG schenkungsteuerpflichtig und nicht nach § 13 Abs. 1 Nr. 15 oder Nr. 17 ErbStG steuerfrei sind.

Der BFH bestätigt zunächst, dass die streitgegenständlichen Zahlungen der X-AG an die Stiftung nicht als Zweckzuwendungen i. S. d. § 1 Abs. 1 Nr. 3 i. V. m. § 8 ErbStG zu qualifizieren sind. Eine kausale Verknüpfung mit einer Gegenleistung der Stiftung – etwa aus dem Kooperationsvertrag über das Bauprojekt – verneint der BFH: Nach den Feststellungen des FG waren die Zuwendungen nicht rechtlich von einer konkreten Leistung der Klägerin abhängig. Sodann bejaht der BFH das Vorliegen freigebiger Zuwendungen i. S. d. § 1 Abs. 1 Nr. 2 i. V. m. § 7 Abs. 1 Nr. 1 ErbStG.

Der BFH betont zudem, dass für die Steuerbefreiung nach § 13 Abs. 1 Nr. 15 ErbStG erforderlich ist, dass der Zuwendende bestimmt, dass das Zugewendete ausschließlich für Zwecke der begünstigten Gebietskörperschaft verwendet wird, und zwar ausnahmslos und uneingeschränkt. Im Streitfall hat die X-AG bestimmt, dass die Stiftung die Zuwendungen satzungsgemäß zu verwenden hat. Damit kommt es darauf an, ob die in § 2 Abs. 1 der Stiftungssatzung geregelten Zwecke ausschließlich Zwecke des Landes Mecklenburg-Vorpommern sind. Der BFH verneint dies. Die Stiftung verfolgt die dort aufgeführten Zwecke nur „insbesondere"; diese Formulierung schließt nicht aus, dass darüber hinaus weitere, nicht benannte und nicht notwendigerweise landesbezogene Zwecke verfolgt werden.

§ 12 Abs. 1 der Satzung erlaubt eine Zweckänderung, bei der der neue Zweck lediglich „verwandt" mit dem ursprünglichen Zweck sein muss; § 12 Abs. 2 regelt eine Zusammenlegung mit einer anderen Stiftung, ohne Anforderungen an den Zweck der anderen Stiftung zu stellen.

Der BFH stellt ferner klar, dass Unklarheiten der Satzung wegen des strengen Stichtagsprinzips nicht durch eine tatsächlich landesbezogene Verwendung der Mittel korrigiert werden können.

Auch die Steuerbefreiung nach § 13 Abs. 1 Nr. 17 ErbStG verneint der BFH. Unter Rückgriff auf § 56 AO verlangt der BFH, dass die Satzung des Zuwendungsempfängers so gefasst ist, dass sich zweifelsfrei ergibt, dass die Zuwendungen bei satzungsmäßiger Verwendung ausschließlich kirchlichen, gemeinnützigen oder mildtätigen Zwecken dienen. Die Satzung der Klägerin genügt diesen Anforderungen aus denselben Gründen wie bei § 13 Abs. 1 Nr. 15 ErbStG nicht.

d) Folgerungen und Fazit

Das Urteil verdeutlicht, dass die Ausschließlichkeitsanforderung in § 13 Abs. 1 Nr. 15 und Nr. 17 ErbStG strikt zu verstehen ist: Zuwendungen müssen ausnahmslos und uneingeschränkt entweder Zwecken der betreffenden Gebietskörperschaft oder ausschließlich steuerbegünstigten Zwecken dienen. Bereits die abstrakte Möglichkeit, aufgrund der Satzung andere als diese Zwecke zu verfolgen oder Vermögen anderweitig zu verwenden, kann die Steuerbefreiung ausschließen.

Für die Steuerbefreiung ist die Satzung des Zuwendungsempfängers im Zeitpunkt der Zuwendung maßgeblich; auf die tatsächliche Geschäftsführung kommt es insoweit nicht an. Unklare oder zu weit gefasste Satzungsbestimmungen können später nicht durch eine „wohlverstandene" Praxis geheilt werden.

Für die Beratungspraxis bedeutet dies:

- Satzungszwecke sollten, wenn eine Befreiung nach § 13 Abs. 1 Nr. 15 ErbStG angestrebt wird, so gefasst sein, dass sie ausschließlich Zwecke der betreffenden Gebietskörperschaft abbilden und keine Öffnungsklauseln für weitere Zwecke enthalten.
- Bei § 13 Abs. 1 Nr. 17 ErbStG ist darauf zu achten, dass Satzungszwecke und die Art ihrer Verwirklichung zweifelsfrei nur steuerbegünstigte Zwecke im Sinne der AO erfassen.
- Regelungen zur Zweckänderung, Zusammenlegung und Vermögensverwendung im Auflösungsfall dürfen keine Verwendung für nicht begünstigte Zwecke zulassen.

Das Urteil zeigt, dass die bloße Gründung einer privatrechtlichen Stiftung durch eine Gebietskörperschaft und die Ausstattung mit staatlichen Organbesetzungsrechten nicht ausreichen, um Zuwendungen Dritter automatisch als „Staatszweckzuwendungen" i. S. d. § 13 Abs. 1 Nr. 15 ErbStG zu qualifizieren.

HINWEIS:

Fördermodelle, die auf die Einwerbung erheblicher privater Mittel für öffentliche Aufgaben mittels privatrechtlicher Stiftungen der öffentlichen Hand setzen, sollten daher bereits auf Satzungsebene so strukturiert werden, dass die steuerlichen Ausschließlichkeitsanforderungen eingehalten werden, wenn die Steuerbefreiung nach § 13 Abs. 1 Nr. 15 oder Nr. 17 ErbStG in Anspruch genommen werden soll.

7. Werterhöhung von Anteilen an einer Kapitalgesellschaft als Schenkung

BFH, Urteil v. 23.9.2025 - II R 19/24, NWB CAAAK-07700

(*Thomas Bruckbauer*)

a) Zusammenfassung der Entscheidung

Die Werterhöhung von Anteilen an einer Kapitalgesellschaft gilt nach § 7 Abs. 8 Satz 1 ErbStG als Schenkung, ohne dass ein subjektives Tatbestandsmerkmal – insbesondere ein Bewusstsein der Unentgeltlichkeit oder eine Bereicherungsabsicht – erforderlich ist. Maßgeblich für die steuerliche Beurteilung ist der Zeitpunkt, zu dem die zugrunde liegende Leistung zivilrechtlich wirksam wird.

Im Streitfall waren der Kläger, sein Bruder B sowie ihr Vater V Gesellschafter der A-GmbH. Der Kläger und B hielten jeweils 30 % der Anteile, V war mit 40 % beteiligt.

Mit notariellem Vertrag v. 15.1.2013 verpflichtete sich B, seinen Geschäftsanteil an der A-GmbH mit Wirkung zum 1.11.2017 an die Gesellschaft oder einen von ihr benannten Dritten zu verkaufen. Der Kaufpreis betrug 2,1 Mio. €. Gleichzeitig wurde vereinbart, dass Gewinnausschüttungen bis zum Vollzugszeitpunkt den Kaufpreis mindern sollten.

Der Vater verstarb noch im Jahr 2013.

Mit notariellem Vertrag vom 31.1.2018 erklärte der Kläger als vollmachtloser Vertreter des B die Abtretung des Geschäftsanteils an die A-GmbH und nahm diese zugleich als Geschäftsführer der Gesellschaft an. B genehmigte diese Erklärung am 29.5.2018 notariell.

Das Finanzamt ging von einer gemischten Schenkung des B an den Kläger aus und setzte Schenkungsteuer fest. Es nahm an, dass der vereinbarte Kaufpreis deutlich unter dem gemeinen Wert des Anteils gelegen habe und sich dadurch der Wert der Beteiligung des Klägers erhöht habe.

Der Kläger wandte dagegen ein, B habe keinen Schenkungswillen gehabt. Zudem seien die Wertsteigerungen der Gesellschaft auf seine eigene Tätigkeit zurückzuführen. Das FG Münster gab der Klage statt und hob den Schenkungsteuerbescheid auf. Hiergegen legte das Finanzamt Revision ein.

b) Entscheidungsgründe

Der BFH gab der Revision statt, hob das Urteil des Finanzgerichts auf und verwies die Sache zur erneuten Verhandlung und Entscheidung zurück.

Nach § 7 Abs. 8 Satz 1 ErbStG gilt als Schenkung auch die Werterhöhung von Anteilen an einer Kapitalgesellschaft, die ein Gesellschafter (Bedachter) durch eine Leistung eines Dritten (Zuwendender) an die Gesellschaft erlangt. Die Vorschrift fingiert damit eine Schenkung zwischen dem Leistenden und dem Gesellschafter, dessen Beteiligung durch die Leistung an Wert gewinnt.

Der BFH stellt klar, dass § 7 Abs. 8 Satz 1 ErbStG einen eigenständigen Erwerbstatbestand darstellt. Die Norm enthält kein subjektives Tatbestandsmerkmal. Weder ein Bewusstsein der Unentgeltlichkeit noch eine Bereicherungsabsicht sind erforderlich. Dies ergibt sich bereits aus dem Wortlaut („Als Schenkung gilt ...") sowie aus der systematischen Stellung der Vorschrift. Der Tatbestand knüpft nicht an die Voraussetzungen des § 7 Abs. 1 Nr. 1 ErbStG an, sondern fingiert eine Schenkung unabhängig von dessen subjektiven Merkmalen. Das Finanzgericht ist daher zu Unrecht davon ausgegangen, dass der Tatbestand nur erfüllt sei, wenn der Leistende in dem Bewusstsein gehandelt habe, keine gleichwertige Gegenleistung zu erhalten.

Weiter stellt der BFH fest, dass die Abtretung eines GmbH-Anteils an die Gesellschaft grundsätzlich eine Leistung i. S. d. § 7 Abs. 8 Satz 1 ErbStG darstellt. Maßgeblich ist dabei die Perspektive des Leistenden. Aus dessen Sicht gibt er einen verkehrsfähigen und werthaltigen Vermögensgegenstand auf.

Für die Bestimmung des maßgeblichen Bewertungszeitpunkts kommt es auf den Zeitpunkt der Ausführung der Zuwendung an (§ 9 Abs. 1 Nr. 2 ErbStG). Wird ein GmbH-Anteil übertragen, fällt dieser grundsätzlich mit dem Zeitpunkt zusammen, in dem die Abtretung zivilrechtlich wirksam wird. Im Streitfall war die Abtretung zunächst schwebend unwirksam, da der Kläger als vollmachtloser Vertreter des B gehandelt hatte (§ 177 Abs. 1 BGB). Die Abtretung wurde erst mit der Genehmigung des B am 29.5.2018 wirksam (§ 184 Abs. 1 BGB). Die zivilrechtliche Rückwirkung dieser Genehmigung ist schenkungsteuerrechtlich unbeachtlich. Maßgeblicher Zeitpunkt für die Steuerentstehung ist daher der Tag der Genehmigung. Das Finanzgericht hat zwar zutreffend diesen Zeitpunkt als Bewertungsstichtag angesehen. Es hat jedoch keine Feststellungen dazu getroffen, ob zum 29.5.2018 tatsächlich eine Werterhöhung der Anteile des Klägers eingetreten ist. Da diese Feststellungen fehlen, ist die Sache nicht spruchreif und an das Finanzgericht zurückzuverweisen.

c) Folgerungen und Fazit

Der BFH bestätigt zunächst seine bisherige Rechtsprechung zur Auslegung des § 7 Abs. 8 Satz 1 ErbStG. Die Vorschrift stellt einen eigenständigen Erwerbstatbestand dar, der eine Schenkung unabhängig vom subjektiven Tatbestand der freigebigen Zuwendung fingiert. Ein Bewusstsein der Unentgeltlichkeit ist daher nicht erforderlich.

Von besonderer praktischer Bedeutung ist zudem die Klarstellung zum maßgeblichen Bewertungszeitpunkt. Besteht die Leistung in der Abtretung eines GmbH-Anteils, ist grundsätzlich der Zeitpunkt maßgeblich, in dem die Abtretung zivilrechtlich wirksam wird. Wird die Abtretung – wie im Streitfall – durch einen vollmachtlosen Vertreter erklärt, entsteht die Schenkungsteuer erst mit der Genehmigung durch den Vertretenen.

Zugleich betont der BFH, dass eine steuerbare Werterhöhung stets konkret festzustellen ist. Maßgeblich ist, ob der gemeine Wert des Anteils des begünstigten Gesellschafters nach der Leistung höher ist als zuvor. Die Feststellungslast für diese steuerbegründende Tatsache trägt das Finanzamt.

d) Praxishinweise

Die Entscheidung verdeutlicht zunächst die eigenständige Bedeutung des § 7 Abs. 8 Satz 1 ErbStG im System der schenkungsteuerrechtlichen Erwerbstatbestände. Anders als beim Grundtatbestand der freigebigen Zuwendung nach § 7 Abs. 1 Nr. 1 ErbStG setzt die Vorschrift kein subjektives Element voraus. Insbesondere kommt es weder auf ein Bewusstsein der Unentgeltlichkeit noch auf eine Bereicherungsabsicht des Leistenden an. Für die Praxis bedeutet dies, dass eine steuerbare Schenkung auch dann vorliegen kann, wenn die Beteiligten subjektiv davon ausgehen, eine ausgewogene Gegenleistung vereinbart zu haben.

Von besonderer Bedeutung ist zudem die Klarstellung des BFH zum maßgeblichen Bewertungsstichtag. Besteht die Leistung i. S. d. § 7 Abs. 8 Satz 1 ErbStG in der Abtretung eines GmbH-Anteils, ist grundsätzlich der Zeitpunkt maßgeblich, zu dem die Abtretung zivilrechtlich wirksam wird. Wird die Abtretung – wie im Streitfall – durch einen vollmachtlosen Vertreter erklärt, entsteht die Schenkungsteuer erst mit der Genehmigung durch den Vertretenen. Die zivilrechtliche Rückwirkung der Genehmigung nach § 184 Abs. 1 BGB bleibt für Zwecke der Schenkungsteuer außer Betracht.

Darüber hinaus hebt der BFH hervor, dass eine steuerbare Werterhöhung von Gesellschaftsanteilen stets konkret festzustellen ist. Maßgeblich ist, ob der gemeine Wert des Anteils des begünstigten Gesellschafters nach der Leistung höher ist als zuvor. Die Feststellungslast für diese steuerbegründende Tatsache trägt das Finanzamt. Gegebenenfalls kann zur Bestimmung des maßgeblichen Werts eine gesonderte Feststellung nach § 151 Abs. 1 Satz 1 Nr. 3 BewG erforderlich sein.

Schließlich unterstreicht die Entscheidung die schenkungsteuerlichen Risiken bei gesellschaftsrechtlichen Gestaltungen, bei denen Vermögenswerte an eine Kapitalgesellschaft übertragen werden und dadurch mittelbar Wertverschiebungen zwischen den Gesellschaftern entstehen. Dies kann insbesondere bei Rückerwerben eigener Anteile oder vergleichbaren Maßnahmen relevant werden. In solchen Fällen ist daher sorgfältig zu prüfen, ob durch die Leistung eines Gesellschafters an die Gesellschaft eine steuerlich relevante Werterhöhung der Anteile anderer Gesellschafter eintritt.

F. Verfahrensrecht

I. Gesetzesänderungen

1. Bekanntmachung der Neufassung der Abgabenordnung v. 23.1.2025, BGBl 2025 I Nr. 24

(*Christoph Schmidt*)

a) Konsolidierende Neufassung

Die Bekanntmachung v. 23.1.2025 ist eine konsolidierende Neufassung: Auf Grundlage von Art. 54 JStG 2024 wird der Wortlaut der Abgabenordnung in der seit dem 1.1.2025 geltenden Fassung neu bekannt gemacht. Die Neufassung bündelt die Entwicklung seit der letzten großen Neubekanntmachung und berücksichtigt dabei eine sehr lange Kette vorheriger Änderungsgesetze. In der Bekanntmachung sind diese fortlaufend bis Nr. 119 dokumentiert.

Die Neufassung selbst ist vor allem redaktionell-konsolidierend; der praktische Mehrwert liegt darin, dass der Normbestand ab 1.1.2025 in einer lesbaren Fassung vorliegt. Materiell-rechtlich entscheidend sind die zugrunde liegenden Änderungsgesetze rund um den Jahreswechsel 2024/2025. Diese beinhalteten viele, teils eher punktuelle, teils deutlich praxisrelevantere Anpassungen. Die amtliche Änderungsübersicht zeigt genau diese Verdichtung: Postrechtsmodernisierungsgesetz, Viertes Bürokratieentlastungsgesetz und JStG 2024 griffen in kurzer Folge in die Abgabenordnung ein.

HINWEIS:

Daher ist herauszustellen, dass die AO-Neufassung 2025 zwar formal lediglich bekanntmacht, inhaltlich aber einen Rechtsstand abbildet, der durch viele, mitunter kleinteilige Änderungen geprägt ist. Gerade in der Beratung und Veranlagungspraxis ist das zentral: Nicht ein einzelner großer Wurf, sondern zahlreiche Detailänderungen verschieben Prüfungs- und Bearbeitungsroutinen.

b) Inhaltliche Änderungen durch das JStG 2024

Ein besonders anschauliches Beispiel ist das JStG 2024. Bereits Art. 16 (Inkrafttreten im Wesentlichen am 6.12.2024) ändert eine breite Palette von AO-Vorschriften: von Verfahrens- und Datenthemen bis in Vollzug und Sanktionsrecht hinein. Art. 17 JStG 2024 (Inkrafttreten 1.1.2025) ist zwar normativ schmaler, aber inhaltlich präzise und praxisnah:

- § 52 Abs. 2 AO: Einführung der Förderung wohngemeinnütziger Zwecke als neuer gemeinnütziger Zweck (Nr. 27) mit konkreter sozialer Zugangsschwelle,
- § 62 Abs. 1 Nr. 1 AO: Neufassung der Rücklagenregelung mit stärkerem Bezug auf die nachhaltige Zweckverwirklichung „nach dem Stand der Planung“,
- § 141 AO: punktuelle Korrektur eines Verweises (Abs. 3 → Abs. 2).

Gerade diese Mischung aus materieller Öffnung (Gemeinnützigkeit), steuerlicher Organisationspraxis (Rücklagen) und technischer Korrektur (Verweis) zeigt den Charakter der Reformlage 2025 sehr treffend.

c) Inhaltliche Änderungen durch das Postmodernisierungsgesetz

Für den verfahrensrechtlichen Alltag besonders bedeutsam bleibt daneben der Bereich Bekanntgabe: Mit dem Postrechtsmodernisierungsgesetz wurde die Bekanntgabefiktion in § 122 AO (sowie korrespondierend § 122a Abs. 4 und § 123 AO) von drei auf vier Tage verlängert; maßgeblich ist dies für Verwaltungsakte, die nach dem 31.12.2024 zur Post gegeben, elektronisch übermittelt oder zum Abruf bereitgestellt wurden.

HINWEIS:

Dies ist hier knapp, aber deutlich einzuordnen, weil hiervon Fristenläufe, Einspruchsmanagement und Zugangsbestreitungen praktisch unmittelbar abhängen.

d) Zusammenfassung und Kernaussage

Die AO-Neufassung 2025 ist kein isoliertes Änderungsgesetz, sondern die arbeitsfähige Klammer eines hochdynamischen Änderungszeitraums. Sie integriert sowohl große Reformlinien als auch zahlreiche Detailanpassungen. Für die Praxis bedeutet das: Wer nur die Neubekanntmachung liest, aber die zugrunde liegenden Einzeländerungen nicht mitdenkt, verfehlt den eigentlichen Regelungsgehalt.

2. Gesetz zur Anpassung des Mindeststeuergesetzes und zur Umsetzung weiterer Maßnahmen v. 23.12.2025, BGBl 2025 I Nr. 353

(*Christoph Schmidt*)

a) § 122a AO n. F. im Überblick

Die Neufassung des § 122a AO markiert den Systemwechsel von der einwilligungsbasierten zur grundsätzlich abrufbasierten digitalen Bekanntgabe. Künftig können Verwaltungsakte durch Bereitstellung zum Datenabruf bekannt gegeben werden; die frühere zwingende Einwilligung des Empfängers ist im Grundansatz aufgegeben. Damit wird der Anwendungsbereich der digitalen Bekanntgabe deutlich ausgeweitet.

Inhaltlich strukturiert sich § 122a AO n. F. in fünf Absätze:

Abs. 1 regelt den Grundmechanismus der Abrufbereitstellung. Besonders wichtig ist Satz 2 mit einer ermessenslenkenden „Soll"-Orientierung für typische Massenfälle (insb. Steuer-, Steuermess- und Feststellungsbescheide auf Basis elektronisch übermittelter Erklärungen). Satz 3 verpflichtet die Finanzbehörde zudem, am Tag der Bereitstellung elektronisch über Abrufmöglichkeit und Rechtswirkungen zu informieren; diese Benachrichtigung hat nach der Neukonzeption vor allem Hinweisfunktion.

Abs. 2 enthält die zentrale Opt-out-Regelung: Beteiligte können eine einmalige oder dauerhafte postalische Bekanntgabe beantragen; Antrag und Widerruf wirken nur für die Zukunft und erst ab Zugang bei der Behörde. Das macht den Zugangsnachweis praktisch höchstrelevant.

Abs. 3 verknüpft den Abruf mit der Authentisierung nach § 87a Abs. 8 AO und sichert damit den Zugang technisch-prozedural ab.

Abs. 4 verlagert den Fristenanker auf die Bereitstellung: Ein zum Abruf bereitgestellter Verwaltungsakt gilt grundsätzlich am vierten Tag nach Bereitstellung als bekanntgegeben (Vier-Tages-Vermutung). Bei Zweifeln trägt die Behörde die Nachweislast für den Zeitpunkt der Bereitstellung. Damit gewinnt die technische Dokumentation (Zeitstempel/Logs) zentrale verfahrensrechtliche Bedeutung.

Abs. 5 sichert die medienübergreifende Einheitlichkeit der Bekanntgaberegeln bei Nutzung unterschiedlicher Postfächer (insb. ELSTER/OZG), so dass für den Bekanntgabezeitpunkt keine divergierenden Fristenregime entstehen.

b) Zeitliche Anwendung und Resümee

Für die zeitliche Anwendung ist zwischen Normbestand und behördlicher Lenkung zu unterscheiden: Die Reform des § 122a AO gilt grundsätzlich ab 1.1.2026 (einschließlich des Wechsels auf das Opt-out-Modell). Durch die spätere Änderung des Art. 97 § 28 Abs. 2 EGAO (BT-Drucks. 21/2751) wurde jedoch speziell die Anwendung von § 122a Abs. 1 Satz 2 AO verschoben: Diese ermessenslenkende Soll-Vorgabe greift erstmals für Verwaltungsakte, die nach dem 31.12.2026 erlassen werden, also faktisch ab 2027. Damit ergibt sich für 2026 eine Übergangsphase: Das Einwilligungserfordernis entfällt zwar bereits, die Verpflichtungswirkung des Satzes 2 ist aber auf 2027 verschoben. In den Gesetzesmaterialien wird dies als Entschärfung der kurzen Umsetzungsfrist verstanden.

HINWEIS:

§ 122a AO n. F. ist seit 2026 materiell der neue Rahmen der digitalen Bekanntgabe; die verstärkte praktische Durchsteuerung über Abs. 1 Satz 2 startet aber erst für Bescheide ab 2027. Für Praxis und Beratung folgt daraus: 2026/2027 müssen beide Bekanntgabewege (digital/postalisch) parallel prozesssicher beherrscht und dokumentiert werden.

II. Verwaltungsanweisungen

1. Änderung des Anwendungserlasses zur Abgabenordnung (AEAO)

BMF, Schreiben v. 13.8.2025 - IV D 1 - S 0062/00119/001/001, BStBl 2025 I S. 1596

(Christoph Schmidt)

a) Zeitlicher Geltungsbereich

Das BMF-Schreiben v. 13.8.2025 ändert den AEAO mit sofortiger Wirkung; es enthält zahlreiche, teils sehr kleinteilige Präzisierungen in Terminologie, Zuständigkeit, Bekanntgabe- und Verfahrensfragen.

b) AEAO zu § 87d (Neufassung)

Die „Datenübermittlungen an Finanzbehörden im Auftrag" wurde mit detaillierten Identifizierungsanforderungen für

- natürliche Personen,
- juristische Personen/rechtsfähige Personenvereinigungen,
- nicht rechtsfähige Personenvereinigungen, plus Regeln zu Identifizierungsmitteln, Aufzeichnungs- und Aufbewahrungspflichten sowie Auskunftsbereitschaft

vollständig neu strukturiert.

c) AEAO zu § 197 (Neufassung) – Bekanntgabe der Prüfungsanordnung

aa) Allgemeines

Die Bekanntgabegrundsätze des AEAO zu § 122 gelten entsprechend, soweit § 197 spezielle Abweichungen enthält.

bb) Bekanntgabe von Prüfungsanordnungen

Zentrale Dreiteilung:

- **Inhaltsadressat** (Prüfungssubjekt: „Prüfung bei ..."),
- **Bekanntgabeadressat** (Person, der bekanntzugeben ist),
- **Empfänger** (Person, der tatsächlich zugehen soll); bei fehlender Personenidentität sind erläuternde Zusätze in der Prüfungsanordnung erforderlich; dies gilt auch bei elektronischer Bekanntgabe.

cc) Bekanntgabe an Ehegatten/Lebenspartner

Die Zusammenfassung in einer Verfügung ist möglich, aber mit klarer Zuordnung je Steuerart/Prüfungssubjekt. Aus Gründen der Klarheit sind regelmäßig getrennte Anordnungen erforderlich. Dies gilt insbesondere bei getrennter unternehmerischer Tätigkeit.

dd) Bekanntgabe an gesetzliche Vertreter natürlicher Personen

Hierzu wird auf AEAO zu § 122, Nr. 2.2 verwiesen. Die Bekanntgabe an einen Vertreter muss mit klarem Zusatz „für ... als gesetzliche Vertreter“ erfolgen.

ee) Personenvereinigungen

Es ist zwischen rechtsfähigen und nicht rechtsfähigen Personenvereinigungen zu differenzieren. Dabei von besonderer Relevanz für die Praxis sind:

- Prüfungssubjekt- und Bekanntgabelogik bei gesonderter und einheitlicher Feststellung,
- Benennung/Vertretung nach § 34 AO bzw. § 183/§ 183a AO,
- Sonderfälle (u. a. atypisch stille Gesellschaft, ARGE, Liquidation, Gesellschafterwechsel).

ff) Juristische Personen

Für Adressierungs-/Bekanngabesystematik wird auf AEAO zu § 122, Nr. 2.8 verwiesen.

gg) Insolvenzfälle

Bei Übergang der Verwaltungs- und Verfügungsbefugnis ist der (vorläufige) Insolvenzverwalter der Bekanntgabeadressat.

hh) Gesamtrechtsnachfolge in Erbfällen

Für Zeiträume bis zum Todesfall sind regelmäßig die Erben Prüfungssubjekte. Bei mehreren Erben gelten besondere Bekanntgaberegeln (ggf. Einzelbekanntgabe oder gemeinsamer Empfangsbevollmächtigter). Die Duldungspflicht der Außenprüfung folgt der Gesamtrechtsnachfolge.

ii) Umwandlungen

Hierbei erfolgt eine nach UmwG-Fallgruppen differenzierte Betrachtung:

- Verschmelzung (sinngemäße Anwendung),
- Abspaltung/Ausgliederung/Teilübertragung (grundsätzlich keine Gesamtrechtsnachfolge i. S. d. § 45 Abs. 1 AO),
- Aufspaltung (sinngemäße Anwendung § 45 Abs. 1 AO),
- Formwechsel (Identität des Prüfungssubjekts; nur Bezeichnung ändert sich).

d) Aufzählung weiterer Anpassungen des AEAO

- AEAO zu § 30 (Nr. 7): Ergänzung eines weiteren Spiegelstrichs: § 43 Abs. 2 Waffengesetz.
- AEAO zu § 87a: Präzisierung des Verhältnisses von Schriftform, elektronischer Form, qualifizierter elektronischer Signatur, Verfahren nach § 87a Abs. 3 Satz 4 bis 8/Abs. 4 Satz 3 AO und Zugangsbeschränkung nach § 87a Abs. 1 Satz 2 AO.
- AEAO zu § 12 (Nr. 1.7.6 und 2.16): Änderungen zur Bekanntgabe an Bevollmächtigte, Wirksamkeit trotz späterem Widerruf, und maßgeblich letzten Behördenhandlung und zur formwechselnden Umwandlung und Adressierung/Bekanntgabe je nach Steuersubjektkonstellation.

- AEAO zu § 154 (Nr. 7.1.1): Präzisierte Identitätsfeststellung bei natürlicher Person als Verfügungsberechtigter (inkl. Datenkatalog und Anforderungen an Anschrift/Legitimation).
- AEAO zu § 165 (Nr. 3 und 4): Klarstellung zu Voraussetzungen vorläufiger Steuerfestsetzungen: Bezug auf bereits ergangene Entscheidungen, Einbeziehung von EuGH/EuG-Konstellationen, sowie hohe Anforderungen bei bloßen Zweifeln an höherrangigem Recht (Musterverfahren erforderlich; einstweiliger Rechtsschutz genügt nicht).
- AEAO zu § 172 (Nr. 8, neu): Verweis auf Erledigung von Massenanträgen/Masseneinsprüchen per Allgemeinverfügung nach Leitentscheidungen (EuGH/EuG, BVerfG, BFH) nach § 172 Abs. 3 und § 367 Abs. 2b AO.
- AEAO zu § 219 (Nr. 1): Schärfere Trennung zwischen Entstehung der Haftungsschuld, Erlass des Haftungsbescheids und Zahlungsaufforderung (Leistungsgebot); § 219 betrifft nur letztere.
- AEAO zu § 235: Mehrere Detailänderungen (Inhaltsübersicht, Zinslauf bei hinterzogenen Vorauszahlungen, Anrechnungslogik § 233a/§ 235, überarbeitete Beispiele für Veranlagungs- und Fälligkeitssteuern). Materiell wichtig ist die konsistente Zinslauf- und Anrechnungsmechanik zur Vermeidung von Doppelverzinsung.
- AEAO zu § 363 (Nr. 2): Präzisierung der Voraussetzungen der Verfahrensruhe nach § 363 Abs. 2 Satz 2 AO (konkrete Darlegung, Bezug auf anhängiges Leitverfahren; Einbeziehung EuG-Vorabentscheidungsfälle; Regeln zum Ende der Verfahrensruhe).
- AEAO zu § 367 (Nr. 6.1, 6.4 und 7.1): Anpassungen zur Behandlung strittiger Rechtsfragen, Teil-Einspruchsentscheidungen/Verfahrensruhe und Massenverfahren (inkl. EuG-Bezug).

2. Allgemeinverfügung der obersten Finanzbehörden der Länder zum Solidaritätszuschlag

Oberste Finanzbehörden der Länder, Allgemeinverfügung v. 4.8.2025 - S 0625- 000001 - 2023 - 0020453 - V A 2

(Christoph Schmidt)

a) Überblick

Die Allgemeinverfügung der obersten Finanzbehörden der Länder v. 4.8.2025 stützt sich ausdrücklich auf § 367 Abs. 2b AO und § 172 Abs. 3 AO sowie auf eine gefestigte höchstrichterliche Rechtsprechungslinie. Ihr Regelungsgehalt ist prozessual klar zugeschnitten: Zurückgewiesen werden alle am 4.8.2025 anhängigen und zulässigen Einsprüche gegen SolZ-Festsetzungen für Veranlagungszeiträume vor 2020, soweit ausschließlich geltend gemacht wird, dass SolZG 1995 gegen das Grundgesetz verstoße. Dasselbe gilt für am Stichtag anhängige zulässige Anträge auf Aufhebung außerhalb von Einspruchs- oder Klageverfahren.

Damit verfolgt die Verfügung erkennbar das Ziel, eine Vielzahl gleichgelagerter Verfahren mit identischer Rechtsfrage einheitlich zu erledigen. Das ist für Massenrechtsbehelfe im Steuerverfahrensrecht typisch: Die Rechtsfrage wird nicht einzelfallbezogen neu „offengehalten“, sondern im Lichte der bereits vorliegenden Leitentscheidungen gebündelt abgeschlossen.

HINWEIS:

Verfahrensrechtlich besonders wichtig ist die Rechtsbehelfsbelehrung: Gegen die Allgemeinverfügung ist Klage zulässig; ein Einspruch ist ausgeschlossen. Die Klagefrist beträgt ein Jahr und beginnt am Tag nach der Herausgabe des Bundessteuerblatts, in dem die Verfügung veröffentlicht wird. Örtlich zuständig ist das Finanzgericht im Bezirk desjenigen Finanzamts, das den betroffenen Verwaltungsakt erlassen hat. Für die Beratungspraxis bedeutet das: Die „zweite Runde" läuft nicht mehr über das Einspruchsverfahren, sondern unmittelbar über das finanzgerichtliche Verfahren.

b) Hintergrund zur Verfassungsmäßigkeit des SolZ

Der Hintergrund zur Verfassungsmäßigkeit des SolZ ergibt sich vor allem aus dem Beschluss des BVerfG v. 7.6.2023 (2 BvL 6/14, NWB NAAAJ-43617), der in der Allgemeinverfügung ausdrücklich genannt wird. Wichtig für die dogmatische Einordnung ist: Das BVerfG hat die Vorlage des Niedersächsischen FG als unzulässig verworfen. Es handelt sich also nicht um eine materielle Verwerfung des SolZG 1995, sondern um eine prozessuale Unzulässigkeitsentscheidung im konkreten Normenkontrollverfahren nach Art. 100 Abs. 1 GG.

Das BVerfG betont die hohen Darlegungsanforderungen des § 80 Abs. 2 Satz 1 BVerfGG: Das vorlegende Gericht muss Entscheidungserheblichkeit und Verfassungswidrigkeit substantiiert und erschöpfend begründen, sich mit naheliegenden Gegenauffassungen auseinandersetzen und die einschlägige höchstrichterliche Rechtsprechung tragfähig einarbeiten. Genau daran fehlte es nach Auffassung des BVerfG.

Inhaltlich hatte das vorlegende Finanzgericht insbesondere zwei Linien verfolgt:

1. eine gleichheitsrechtliche Kritik an der Bemessungsgrundlage des SolZ (Zusammenspiel v. a. mit § 35 EStG sowie § 34c EStG/§ 26 KStG)

2. und die These, die Ergänzungsabgabe sei wegen Dauer und Umfang nicht mehr von der Kompetenz des Bundes gedeckt.

Das BVerfG monierte hierzu u. a., dass schon die behauptete Ungleichbehandlung nicht hinreichend tragfähig herausgearbeitet und vor allem nicht ausreichend auf Rechtfertigungsgründe geprüft worden sei. Zudem fehle eine tragfähige Darlegung der Entscheidungserheblichkeit.

Besonders gewichtig war aus Sicht des BVerfG die fehlende argumentative Auseinandersetzung mit einschlägiger BFH-Rechtsprechung (insb. BFH v. 21.7.2011 - II R 52/10, BStBl 2012 II S. 43 zum Streitjahr 2007), die die Verfassungskonformität des SolZG 1995 für den damaligen Zeitraum bejaht hatte. Gerade diese unterbliebene Einordnung trägt die Unzulässigkeitsentscheidung mit. Damit wird auch verständlich, weshalb die Allgemeinverfügung zusätzlich auf BFH-Urteile von 2018 (II R 64/15, BStBl 2019 II S. 289) und 2024 (IX R 27/23 [II R 27/15], BStBl 2024 II S. 244) Bezug nimmt: Sie dokumentiert eine fortgeführte höchstrichterliche Linie, auf deren Grundlage die Länder den Massenbestand alter Einsprüche (VZ vor 2020) verfahrensrechtlich bereinigen.

c) Fazit

Die Allgemeinverfügung ist kein „neues materielles SolZ-Recht“, sondern ein verfahrensrechtliches Steuerungsinstrument: Sie kanalisiert verfassungsrechtliche Standardangriffe in ein einheitliches gerichtliches Anschlussverfahren und beendet parallel anhängige außergerichtliche Massenverfahren zu Altfällen.

HINWEIS:

Für die Praxis lässt sich das Vorgehen in drei Punkten verdichten:

- Sachlicher Zuschnitt: Erfasst ist nur der Einwand „SolZG 1995 verfassungswidrig“ bei SolZ-Festsetzungen vor 2020; andere Einwendungen bleiben davon unberührt.
- Zeitlicher Zuschnitt: Maßgeblich ist der Bestand am 4.8.2025 (anhängig und zulässig).
- Rechtschutzarchitektur: Kein Einspruch, sondern Klage binnen Jahresfrist ab Veröffentlichung im Bundessteuerblatt.

3. Änderung des Anwendungserlasses zur Abgabenordnung (AEAO)

BMF, Schreiben v. 1.9.2025 - IV D 2 - S 0316/00090/019/030, BStBl 2025 I S. 1650

(Christoph Schmidt)

a) Einführung

Das BMF nimmt mit sofortiger Wirkung zahlreiche, teils rein redaktionelle und insgesamt vielfach kleinteilige Änderungen am AEAO vor. Schwerpunkt ist die Aktualisierung von Fundstellen (insb. Verweis auf die BMF-Schreiben v. 28.11.2019, zuletzt geändert durch BMF-Schreiben v. 14.7.2025, BStBl 2025 I S. 1502).

b) Überblick über die relevanten Änderungen

- Der AEAO zu § 146 wird wie folgt geändert:
  - Nr. 1.2: Fundstellenverweis aktualisiert.
  - Nr. 2.1.1: Fundstellenverweis aktualisiert.
  - Nr. 2.1.5: Fundstellenverweis aktualisiert.
  - Nr. 2.1.6 (letzter Satz): inhaltliche Präzisierung bei Ausfall der zertifizierten technischen Sicherheitseinrichtung (TSE) elektronischer Aufzeichnungssysteme; Verweis auf AEAO zu § 146a, Nr. 1.14, 2.7, 3.6 und 4.6.
  - Nr. 2.1.7: Fundstellenverweis aktualisiert.
  - Nr. 5: Fundstellenverweis aktualisiert.
- Der AEAO zu § 146a wird wie folgt geändert:
  - Nr. 1.1: Fundstellenverweis aktualisiert.
  - Nr. 1.10.1: Fundstellenverweis aktualisiert.

- Der AEAO zu § 147 wird wie folgt geändert:
  - Nr. 3: Fundstellenverweis aktualisiert.
  - Nr. 5: Fundstellenverweis aktualisiert.
- In der Nummer 4 des AEAO zu § 147a erfolgt eine reine Aktualisierung des Fundstellenverweises.

II. Rechtsprechungen

1. Verfassungsmäßigkeit von Säumniszuschlägen

BFH, Urteil v. 19.2.2025 - XI R 18/23, NWB BAAAJ-59838

(Christoph Schmidt)

a) Zusammenfassung der Entscheidung

Der BFH bestätigt für Zeiträume auch nach dem 31.12.2018 die Verfassungsmäßigkeit der gesetzlichen Höhe der Säumniszuschläge nach § 240 Abs. 1 Satz 1 AO. Zudem sieht er weder unionsrechtliche Bedenken noch einen Verstoß gegen Art. 6 Abs. 2 EMRK.

Der Kläger (Steuerberater) wandte sich gegen Säumniszuschläge aus Umsatzsteuerfestsetzungen 2012 bis 2014 sowie aus Umsatzsteuervoranmeldungen 2017/2018 (insgesamt 59,50 €). Er begehrte per Abrechnungsbescheid nach § 218 Abs. 2 AO die Feststellung, dass die Zuschläge nicht geschuldet seien. Finanzamt und FG Hannover wiesen ihn ab; die vom FG zugelassene Revision blieb vor dem XI. Senat erfolglos. Streitkern war die Frage, ob die vom BVerfG zur Vollverzinsung (§§ 233a, 238 AO) entwickelten Maßstäbe auf § 240 AO zu übertragen sind.

b) Entscheidungsgründe

Der XI. Senat weist die Revision als unbegründet zurück. Er knüpft ausdrücklich an die bereits ergangene Hauptsacherechtsprechung des VII. und X. Senats an und hält daran fest, dass § 240 AO einen eigenständigen Regelungszweck verfolgt: Der Liquiditätsvorteil ist nur Nebenzweck; die Norm dient vor allem der rechtzeitigen Zahlungserfüllung und der verfahrensrechtlichen Funktionssicherung. Damit scheidet eine schematische Übertragung der Zinsrechtsprechung des BVerfG aus.

Zugleich stellt der BFH klar, dass frühere ernstliche Zweifel einzelner Senate in AdV-Verfahren durch die späteren Hauptsacheurteile überholt sind. Praktisch bedeutet das: die Diskussion hat sich von der „offenen Zweifel-Lage“ hin zu einer gefestigten Linie verschoben.

Unionsrechtlich sieht der Senat ebenfalls keinen Verstoß und verweist auf einschlägige EuGH-/BFH-Rechtsprechung. Auch die Berufung auf Art. 6 Abs. 2 EMRK greift nicht durch: Säumniszuschläge sind nach den vom EGMR entwickelten Kriterien keine „Straftat“. Zwar erkennt der BFH einen repressiven/pönalen Einschlag, verneint aber einen strafrechtlichen Charakter im Sinne der Konvention, weil es im Kern um die Sanktionierung einer objektiven verfahrensrechtlichen Pflichtverletzung geht, nicht um strafrechtliche Schuldzuweisung.

HINWEIS:

Ergänzend ist wichtig für die Einordnung: Laut Orientierungssatz wurde die gegen das Urteil erhobene Verfassungsbeschwerde (1 BvR 1297/25) nicht zur Entscheidung angenommen. Das verstärkt die praktische Endgültigkeit der BFH-Linie.

c) Folgerungen und Fazit

Die Entscheidung bringt vor allem eines: Rechtssicherheit zulasten der bisherigen Angriffslinie „Verzinsungsrecht = Säumniszuschläge". Für reine Verfassungsangriffe gegen die Höhe des § 240 AO ist der prozessuale Korridor nach dieser Rechtsprechung äußerst eng.

Kritisch bleibt dennoch: Dogmatisch ist die Grenzziehung zwischen „Druckmittel eigener Art" und pönalem Charakter nicht spannungsfrei. Wenn der BFH einerseits eine pönale Funktion anerkennt, andererseits aber strafrechtliche Gewährleistungen strikt fernhält, wirkt das aus Beratersicht nicht in jedem Fall überzeugend: insbesondere bei langen Säumniszeiträumen mit hoher kumulierter Belastung. Diese Kritik ändert aktuell aber nichts daran, dass die gerichtliche Linie gefestigt ist.

HINWEIS:

Die große Grundsatzdebatte ist weitgehend entschieden; entscheidend werden wieder Einzelfallfragen der Erhebung, Verwirkung, Zahlungslage und Billigkeit.

d) Praxishinweise

Für die Beratungspraxis sollten Verfahren, die ausschließlich auf die generelle Verfassungswidrigkeit der Zuschlagshöhe gestützt sind, nüchtern auf Erfolgsaussicht und Kostenrisiko überprüft werden. Die Chancen sind nach XI R 18/23 regelmäßig gering.

Der sinnvollere Ansatz liegt nun in fallbezogenen Angriffspunkten: War die Steuer tatsächlich fällig? Liegt eine zutreffende Verbuchung vor? Gab es Zahlungen/Verrechnungen, die säumnismindernd wirken? Ist der konkrete Säumniszeitraum korrekt ermittelt? Diese Punkte können – anders als die abstrakte Normkritik – weiterhin entscheidend sein.

Daneben gewinnt der Billigkeitsweg wieder an Gewicht. In atypischen Härtefällen kann ein Erlass aus sachlichen oder persönlichen Gründen der realistischere Weg sein als eine erneute Grundsatzklage. Wer Billigkeit begehrt, sollte aber umfassend zur Ursache der Säumnis, zur wirtschaftlichen Lage und zum Zahlungsverhalten vortragen.

Schließlich ist die Entscheidung ein klares Signal für Compliance. Fristenmanagement, belastbare Liquiditätsplanung und frühzeitige Reaktion auf Zahlungsengpässe sind der beste Schutz vor Säumniszuschlägen. Prozessual gilt: Nicht der „große Verfassungsweg", sondern die präzise Arbeit am Einzelfall entscheidet.

2. Auskunftsrecht nach Art. 15 DSGVO: Einsicht in interne Vermerke und Stellungnahmen

BFH, Urteil v. 11.3.2025 - IX R 24/22, NWB MAAAJ-35980

(Christoph Schmidt)

a) Zusammenfassung der Entscheidung

Der BFH zieht eine klare Linie, indem er konstatiert, dass der Auskunftsanspruch aus Art. 15 DSGVO auch personenbezogene Daten in internen Vermerken, Aktennotizen, Bearbeitungs- und Geschäftsgangvermerken sowie interner Kommunikation umfasst. Gleichzeitig bleibt es dabei, dass Art. 15 DSGVO kein allgemeines Akteneinsichtsrecht in die vollständige (Verwaltungs-)Akte vermittelt.

Der Kläger verlangte von einer Landesfinanzbehörde als Mittelbehörde umfassende Auskunft nach Art. 15 DSGVO, einschließlich interner Vermerke, interner Kommunikation und Kopien. Die Behörde erteilte zunächst nur teilweise Auskunft (u. a. mit ausdrücklicher Ausklammerung interner Inhalte) und ergänzte später im Klageverfahren ihre Angaben. Das FG München wies die Klage ab: es sah den DSGVO-Anwendungsbereich im Kern nicht eröffnet und verneinte weitergehende Ansprüche. Auf Revision hob der BFH das Urteil auf und verwies zurück.

b) Entscheidungsgründe

Der BFH korrigiert die Vorinstanz in mehreren zentralen Punkten. Erstens sei der sachliche Anwendungsbereich der DSGVO eröffnet: Bei elektronisch geführten, strukturierten Akten (mit Metadaten wie Name, Steuernummer, Zeitstempel) liegt keine bloß „manuelle" Verarbeitung außerhalb der DSGVO vor. Das vom FG herangezogene Kriterium eines „Hebens" personenbezogener Daten kennt die DSGVO nicht.

Zweitens konkretisiert der BFH den Umfang des Anspruchs nach Art. 15 DSGVO: Der weite Begriff personenbezogener Daten umfasst auch subjektive Einschätzungen und interne Vorgänge, soweit sie einen Personenbezug aufweisen. Deshalb dürfen interne Vermerke, Notizen und interner Schriftverkehr nicht pauschal ausgenommen werden.

Drittens trennt der BFH sauber zwischen „Auskunft/Kopie von Daten" und „Akteneinsicht". Art. 15 Abs. 3 DSGVO gibt keinen eigenständigen Anspruch auf vollständige Dokumentenherausgabe. Ein Anspruch auf Kopien von Quellen (Auszüge/ganze Dokumente) kommt nur ausnahmsweise in Betracht, wenn das für die effektive Ausübung der DSGVO-Rechte **unerlässlich** ist; dies muss der Betroffene darlegen.

Viertens folgt ein Akteneinsichtsrecht nicht aus Art. 15 DSGVO, kann aber außerhalb der DSGVO über den Anspruch auf ermessensfehlerfreie Entscheidung im Verwaltungsverfahren relevant werden. Genau diese Prüfung hat das FG nach Auffassung des BFH nicht ausreichend vorgenommen.

Fünftens stellt der BFH für die Praxis sehr wichtig klar: Für Akten anderer Stellen (hier insbesondere Staatsanwaltschaft/Steuerfahndung) ist die beklagte Behörde nicht „Verantwortlicher" i. S. d. Art. 4 Nr. 7 DSGVO und insoweit nicht auskunftspflichtig.

Sechstens verschärft der BFH die Anforderungen bei Schwärzungen und Ausschlussgründen (§ 32c AO). Werden Daten geschwärzt oder Auskünfte teilweise verweigert, muss die Behörde nachvollziehbar darlegen, warum. Für die Frage der Erfüllung des Auskunftsanspruchs genügt eine (auch konkludente) Vollständigkeitserklärung nur dann, wenn keine erheblichen Zweifel an der Sorgfalt und Vollständigkeit verbleiben.

c) Folgerungen und Fazit

Für die Praxis ist das Urteil ein deutlicher Hinweis, dass Art. 15 DSGVO im Besteuerungsverfahren kein Nischenrecht ist, sondern ein substanzielles Transparenzinstrument. Die Verwaltung muss interne Datenbestände stärker mitdenken; pauschale Abwehrformeln („intern", „nicht gehoben" oder „kein Dateisystem") tragen nicht mehr.

Kritisch bleibt die doppelte Spannung der Entscheidung: Einerseits erweitert der BFH den inhaltlichen Zugriff auf personenbezogene Daten in internen Vorgängen; andererseits hält er die Tür zur vollständigen Akteneinsicht bewusst geschlossen. Das ist dogmatisch nachvollziehbar, erzeugt aber im Alltag Abgrenzungsaufwand: Was ist noch „Datenkopie", was schon „Quellenkopie", was erst „Akteneinsicht"? Gerade in konfliktbelasteten Verfahren wird diese Dreiteilung zusätzliches Konfliktpotenzial produzieren.

Ebenfalls kritisch-praktisch: Die vom BFH geforderte Begründungstiefe bei Schwärzungen ist richtig, erhöht die operative Last der Behörden. Wer keine belastbaren Redaktions- und Dokumentationsstandards hat, wird in Folgeverfahren schnell in Begründungsdefizite laufen. Das Urteil ist damit weniger ein Einzelfall, sondern ein Compliance-Weckruf für die gesamte Auskunftspraxis der Finanzverwaltung.

d) Praxishinweise

Für Berater empfiehlt sich ein zweistufiges Vorgehen. Zunächst sollte der Antrag klar als Auskunft nach Art. 15 DSGVO formuliert werden (Datenkategorien, Zeitraum, konkrete Verfahrenskomplexe, interne Vermerke/Kommunikation ausdrücklich benennen). Zusätzlich kann – getrennt – Akteneinsicht beantragt werden, mit eigenständiger Begründung zur Ermessensausübung. Wer beides vermischt, riskiert unnötige Ablehnungsgründe.

Wenn Kopien ganzer Dokumente oder Auszüge begehrt werden, sollte konkret begründet werden, warum die reine Datenauskunft zur Rechtsausübung nicht ausreicht (z. B. Berichtigungs-, Löschungs- oder Rechtsmäßigkeitskontrolle). Ohne diese Unerlässlichkeitsdarlegung bleibt es regelmäßig bei der Datenkopie, nicht bei der Dokumentenkopie.

Für die Finanzverwaltung empfiehlt sich ein belastbarer Standardprozess: klare Vollständigkeitserklärung, dokumentierte Prüfung von § 32c AO, begründete Schwärzungen (inkl. Schutzrichtung, etwa wegen des Steuergeheimnisses), sowie eine saubere Zuständigkeitsabgrenzung nach Art. 4 Nr. 7 DSGVO. Das reduziert Anfechtungsrisiken erheblich.

Schließlich sollte in laufenden Mandaten früh geklärt werden, ob das zugrunde liegende Besteuerungsverfahren noch offen ist. Denn der verfassungsrechtlich fundierte Anspruch auf ermessensfehlerfreie Akteneinsichtsentscheidung ist prozessual im offenen Verfahren deutlich schärfer als im nachgelagerten Stadium. Auch das kann strategisch über Erfolg oder Misserfolg entscheiden.

3. Keine Änderung zu Lasten des Steuerpflichtigen bei Vorläufigkeit nach § 165 Abs. 1 Satz 2 Nr. 3 AO

BFH, Urteil v. 29.4.2025 - VI R 14/23, NWB RAAAJ-97152

(Verena Drummer)

a) Zusammenfassung der Entscheidung

Die Klägerin und Revisionbeklagte machte Aufwendungen für ihr – nach einer dreimonatigen Rettungssanitäterinnenausbildung begonnenes – Medizinstudium als (vorab entstandene) Werbungskosten gem. § 9 Abs. 6 EStG geltend. Das Finanzamt veranlagte erklärungsgemäß unter Anerkennung der Ausgaben als Werbungskosten für eine Zweitausbildung. Aufgrund der Zweifel an der Verfassungsmäßigkeit von § 4 Abs. 9 i. V. m. § 9 Abs. 6 EStG wurde die Abziehbarkeit der Aufwendungen gem. § 165 Abs. 1 Satz 2 Nr. 3 AO für vorläufig erklärt. Nach der Bestätigung der Verfassungsmäßigkeit durch das BVerfG (Beschluss v. 19.11.2019 - 2 BvL 22/14 u. a., NWB HAAAH-39556) änderte das Finanzamt die Bescheide auf Grundlage von § 165 Abs. 1 Satz 2 Nr. 3, Abs. 2 AO und behandelte die Ausgaben – aufgrund der weniger als ein Jahr dauernden Ausbildung zur Rettungssanitäterin – zu Lasten der Steuerpflichtigen (nur) als Sonderausgaben. Der von der Steuerpflichtigen nach erfolglosem Einspruchsverfahren erhobenen Klage gab das FG Köln mit Entscheidung v. 12.7.2023 (3 K 1356/2022, NWB DAAAJ-63899) statt. Demnach sei Ausgangspunkt einer Vorläufigkeitserklärung gem. § 165 Abs. 1 Satz 2 Nr. 3 AO gerade eine für den Steuerpflichtigen (auf verfassungsrechtlichem Prüfstand stehende) belastende Regelung, da nur dann mit massenhaften Rechtsbehelfen seitens der Steuerpflichtigen zu rechnen ist, denen der Vorläufigkeitsvermerk zuvorkommen soll (Entlastung von Steuerpflichtigen, Finanzbehörden und Gerichten). Eine Änderung zum Nachteil der Steuerpflichtigen sei folglich – anders als bspw. im Falle von § 165 Abs. 1 Satz 1 AO – nicht möglich. Die Ausbildungskosten seien vorliegend rechtsfehlerhaft zu Gunsten der Steuerpflichtigen anerkannt worden. § 165 Abs. 1 Satz 2 Nr. 3 AO konnte seinen Sinn und Zweck – die Vermeidung der Einlegung eines Rechtsbehelfs – gar nicht mehr erfüllen. Das Finanzamt legte Revision gegen die Entscheidung ein.

b) Entscheidungsgründe

Der BFH wies die Revision als unbegründet zurück. § 165 Abs. 2 Satz 1, 2 AO erlaube die Änderung einer rechtswidrigen, auf Grundlage von § 165 Abs. 1 Satz 2 Nr. 3 AO für vorläufig erklärten Steuerfestsetzung – weder zu Ungunsten noch zu Gunsten des Steuerpflichtigen – nicht (so bereits BFH, Urteil v. 30.11.2023 - IV R 13/21, NWB BAAAJ-58224). Wenn das BVerfG zu dem Schluss kommt, dass die betreffende Norm mit dem Verfassungsrecht vereinbar ist, sei die Steuerfestsetzung zu Gunsten des Steuerpflichtigen zu ändern, andernfalls – auf Antrag – für endgültig zu erklären. Es gehe dagegen nicht um die Frage, ob die bisherige Steuerfestsetzung materiell richtig sei. § 165 Abs. 1 Satz 2 Nr. 3 AO diene einer vorläufigen – in Hinblick auf die mögliche Unvereinbarkeit mit dem Verfassungsrecht – von der geltenden Rechtslage abweichenden Steuerfestsetzung ausdrücklich nicht. Nur wenn das BVerfG die zu Lasten des Steuerpflichtigen wirkende Regelung für verfassungswidrig erklärt, sei eine Änderung zu Gunsten des Steuerpflichtigen vorzunehmen. Eine Änderung sei allenfalls auf Grundlage der §§ 129, 172 ff. AO möglich.

c) Folgerungen und Fazit

Der BFH bestätigt seine Entscheidung v. 31.11.2023 (IV R 13/21, NWB BAAAJ-58224), wonach § 165 Abs. 1 Satz 2 Nr. 3, Abs. 2 AO nicht der Korrektur einer rechtsfehlerhaften Steuerfestsetzung dient. Dies entspricht auch der Rechtsprechung mehrerer Finanzgerichte (bspw. FG Münster, Urteil v. 14.9.2006 - 3 K 4376/04 Erb, NWB UAAAC-31762) sowie der h. M. im Schrifttum. Es handelt sich damit gerade nicht um eine allgemeine Korrekturvorschrift bzgl. Der Rechtmäßigkeit der Steuerfestsetzung, sondern erlaubt Änderungen nur innerhalb des durch den Vorläufigkeitsvermerk gesteckten Änderungsrahmens (StuB 2025 S. 760, NWB IAAAK-00696). Im Übrigen wird die Steuerfestsetzung bestandskräftig. Dies ergibt sich sowohl aus dem Wortlaut der Norm („soweit"), wie auch aus o. g. Sinn und Zweck der Norm, nämlich der Vermeidung massenhafter Einspruchsverfahren. Wenn das BverfG die betreffende Norm für verfassungsgemäß erklärt, ergibt sich kein Korrekturbedarf (vgl. Eisenreich, NWB 2025 S. 2314, NWB FAAAJ-99794).

4. Anforderungen an die Aufzeichnungen bei Gewinnermittlung durch Betriebsvermögensvergleich und Verwendung einer offenen Ladenkasse; Auswahl zwischen mehreren in Betracht kommenden Schätzungsmethoden; Zulässigkeit einer Schätzung nach der amtlichen Richtsatzsammlung

BFH, Urteil v. 18.6.2025 - X R 19/21, NWB WAAAK-00473

(Julian Stettner)

a) Zusammenfassung der Entscheidung

Diskotheken sind in ihrem Betriebskonzept keinem klassischen Gastronomiebetrieb gleichzusetzen. Die amtlichen Richtsatzsammlungen der allgemeinen Gastronomie sind daher als Grundlage für die Hinzuschätzung nicht für Diskotheken anwendbar. Als Grundlage der Hinzuschätzung ist der innere dem äußeren Betriebsvergleich vorzuziehen. Darüber hinaus stellte der BFH grundsätzlich fest, dass die Qualität der Richtsatzsammlung mangels Repräsentativität anzuzweifeln ist.

Ein Diskothekbetrieb wies erhebliche Mängel in der Kassenführung einer offenen Ladenkasse auf. Das Finanzamt legte die Richtsatzsammlung der allgemeinen Gastronomie für die Hinzuschätzung zugrunde. Ohne vorangegangene Prüfung der tatsächlichen betrieblichen Umstände ist dies nicht zulässig.

b) Entscheidungsgünde

Der BFH wies die Sache an die Vorinstanz, das FG Hamburg, zurück. Im Streitfall wurde einer Hinzuschätzung durch das FA und das FG Recht gegeben, die Form der Hinzuschätzung sowie der Zuschlagssatz sei dem BFH nach jedoch nicht ausreichend begründet worden.

Das gewöhnliche Betriebskonzept einer Diskothek ist keiner Gewerbeklasse eindeutig zuzuordnen, der eine amtliche Richtsatzsammlung zugrunde liegt. Die Abgrenzung zur Gastronomie begründet sich durch die Umsatzerzielung mittels Getränkeverkaufs, Eintritts und Garderobengeldes. Zudem kann bei Diskotheken mangels Nennung in den stark differenzierten gastronomischen Gewerbeklassen der Richtsatzsammlung nicht von einem Gastronomiebetrieb ausgegangen werden.

Nach Auffassung des BFH ist zudem die Maßgabe des inneren Betriebsvergleichs dem äußeren Betriebsvergleich vorzuziehen, anders als von der Vorinstanz ausgeübt. Die Anwendung der Rohgewinnaufschlagsätze für Gastronomiebetriebe auf Getränkeumsätze eines Diskothekenbetriebs ist – unter der Voraussetzung, dass der Klagende die notwendigen Daten zur Ermittlung eines wahrheitsgetreuen Gewinnaufschlagsatzes vorweisen kann – daher nicht zulässig.

Der BFH zweifelte die Anwendbarkeit der Richtsatzsammlung zudem mangels Repräsentativität der zugrundeliegenden Vergleichswerte sowie der verzerrten Datengrundlagen durch den kategorischen Ausschluss bestimmter Gruppen aus der Grundgesamtheit grundlegend an. Zudem ist die Nachvollziehbarkeit der Datenerhebung und -auswertung mangels Transparenz stark eingeschränkt. Die Beweiskraft der Richtsatzsammlung ist somit für Zwecke finanzgerichtlicher Verfahren anzuzweifeln.

c) Folgerungen und Fazit

Das Urteil des BFH v. 18.6.2025 ist hinsichtlich der Repräsentativität der Richtsatzsammlung sowie der fehlenden Transparenz in Anbetracht des Urteils des IX. Senats v. 9.5.2025 (BFH, Urteil v. 9.5.2025 - IX R 1/24, NWB SAAAJ-94992) bemerkenswert. Steuerpflichtigen sei dem Urteil v. 9.5.2025 zufolge kein Anspruch auf Zugang zu den zugrunde liegenden Daten der amtlichen Richtsatzsammlung zu gewähren, da die Vertraulichkeit Vorrang hat. Letztlich bleibt die weitere Entwicklung abzuwarten, insbesondere im Hinblick darauf, welche Auswirkungen die Entscheidung des BFH auf zukünftige vergleichbare Fallgestaltungen entfalten wird.

5. Akteneinsicht und Auskunft über den Inhalt einer anonymen Anzeige

BFH, Urteil v. 15.7.2025 - IX R 25/24, NWB EAAAK-00479

(*Thomas Egner*)

a) Zusammenfassung der Entscheidung

Wird anonym gegen einen Steuerpflichtigen wegen möglicher steuerlicher Verstöße Anzeige erstattet, hat das Finanzamt im Rahmen einer Ermessensentscheidung zwischen dem Informationsanspruch des Steuerpflichtigen nach Art. 4 Nr. 1 DSGVO und dem Identitätsschutz des Anzeigeerstatters bzw. dem Geheimhaltungsinteresse der Behörde abzuwägen, wenn der Beschuldigte Auskunft über den Anzeigenerstatter begehrt. Die Einschränkungen des Auskunftsanspruchs nach § 32c Abs. 1 Nr. 1 AO werden insofern als mit dem Unionsrecht vereinbar angesehen.

Die Betreiber eines Gastronomiebetriebes wurden anonym wegen möglicher Steuervergehen angezeigt. Eine durch die Finanzverwaltung durchgeführte Kassen-Nachschau (§ 146b AO) erbrachte keine steuerrelevanten Tatbestände. Es kam weder zu steuerstrafrechtlichen noch zu ordnungsrechtlichen Verfahren, auch Nachzahlungen sind nicht entstanden. Allerdings wurden formale Kassenführungs- und Aufzeichnungsmängel festgestellt. Die Betreiber des Gastronomiebetriebs begehrten Auskunft über die anonyme Anzeige, weil bereits mehrfach solche Anzeigen gegen den Betrieb erfolgt sind, jeweils ohne Ergebnis.

Die Finanzverwaltung lehnte in Abwägung der Interessen im Rahmen einer Ermessensentscheidung das Auskunftsersuchen ab. Begründet wurde dies mit dem Steuergeheimnis nach § 30 AO sowie mit den datenschutzrechtlichen Einschränkungen des Auskunftsanspruchs nach Art. 23 DSGVO i. V. m. § 32c Abs. 1 Nr. 1 AO.

b) Entscheidungsgründe

Die Entscheidung der Finanzverwaltung wurde vom IX. Senat als ermessensfehlerfrei bewertet. Zur Abwägung wurde ausgeführt, dass das Steuergeheimnis nach § 30 AO zu wahren sei. Nach der Rechtsprechung des BFH umfasst dies auch die Identität des Anzeigeerstatters. Würde die Finanzverwaltung die Identität nennen, würde dies die Bereitschaft der Hinweisgebung einschränken und somit die möglichst umfangreiche Erschließung der Steuerquellen beschränken. Obwohl im vorliegenden Fall eine anonyme Anzeige gegeben war, bestünde bei einer Weitergabe an die Beschuldigten das Risiko, dass der Anzeigeerstatter identifiziert werden könnte. Dementsprechend seien die Grundsätze zur Preisgabe eines (namentlich bekannten) Anzeigeerstatters anzuwenden. Im Rahmen der Abwägung ist zudem das Interesse des Beschuldigten zu berücksichtigen, insbesondere, wenn dieser zu Unrecht strafrechtlichen Ermittlungen ausgesetzt war. Unstreitig ist, dass im Falle zutreffender Anschuldigungen keine Preisgabe des Anzeigeerstatters zu erfolgen hat.

Im vorliegenden Fall sei jedoch „nur“ eine Kassen-Nachschau nach § 146b AO vorgenommen worden. Der IX. Senat kommt insofern zu dem Ergebnis, dass der Beschuldigte „keinen unmittelbaren Nachteil oder steuerlichen Schaden“ hatte, weil die Vorwürfe zu keinen weitergehenden Ermittlungen geführt haben (Rz. 51). Eine Kassen-Nachschau bedarf auch (jenseits der Auslösung durch eine anonyme Anzeige) keiner Begründung. Das Interesse der Beschuldigten, gegen die (bereits mehrfach erfolgten) unwahren Behauptungen vorzugehen, ist insofern nicht ausreichend, um die entgegenstehenden Schutzinteressen des Anzeigeerstatters bzw. der Finanzbehörde zu überwiegen.

Dementsprechend treten die Auskunftsansprüche nach Art. 15 DSGVO zurück, wie insbesondere aus Art. 23 i. V. m. § 32c Abs. 1 Nr. 1 AO abzuleiten ist. Eine Kollision mit Unionsrecht wird nicht gesehen (Rz. 94).

Die Entscheidung des IX. Senats steht in der Tradition der Rechtsprechung zum Schutz der Informationsgeber der Finanzverwaltung. Hinweise auf mögliche steuerliche Vergehen sind eine wichtige Informationsquelle für die Finanzverwaltung zur Aufdeckung von Steuervergehen. Insofern erscheint die Entscheidung zunächst unstrittig und im Rahmen der getroffenen Ermessensentscheidung zumindest vertretbar. Zwei Aspekte erscheinen jedoch diskussionswürdig:

- es lagen bereits mehrfach, offenbar unberechtigte, anonyme Anzeigen gegen den Gastronomiebetrieb vor;
- es kam zu einer Kassen-Nachschau, die zwar grundsätzlich ohne Anlass möglich ist, jedoch im konkreten Fall aus der anonymen Anzeige resultierte.

Gerade vor der gesellschaftlichen Diskussion der anonymen Diskreditierung von Personen in den sozialen Medien sind die Forderungen nach Transparenz und Schutz vor solchen Anschuldigungen neu zu bewerten, insbesondere, wenn entsprechende Anschuldigungen mehrfach anonym vorgebracht werden und sich als nicht tragfähig herausstellen. Dies gilt umso mehr, als der Einschätzung des fehlenden Nachteils durch eine Kassen-Nachschau nicht pauschal gefolgt werden kann. Wie diese im konkreten Fall durchgeführt wurde, ist nicht ersichtlich, jedoch kann eine Kassen-Nachschau auch ohne steuerliche Folgen im Rahmen des Geschäftsprozesses durchaus Öffentlichkeitswirkung hervorrufen. Der Imageschaden dadurch, dass Kunden hiervon im Rahmen des Besuches des Gastronomiebetriebs Kenntnis erlangen, kann erheblich sein, da dem Kunden nicht bekannt wird, ob sich Steuerfolgen ergeben haben.

Infolgedessen wäre es geboten, im Rahmen der Ermessensentscheidung zu berücksichtigen, ob es Hinweise für die Kenntnis des Anzeigeerstatters über das Nichtzutreffen der Vorwürfe gibt. Inwieweit dies im Rahmen des vorliegenden Falles gegeben war, mag dahingestellt sein, auf jeden Fall fehlen Ausführungen des IX. Senats zu diesem Erwägungsgrund, so dass dies offensichtlich nicht als ermessenserheblich beurteilt wurde. Bedenklich ist in diesem Kontext, dass im Rahmen der Beurteilung der unionsrechtlichen Relevanz der Einschränkung des Auskunftsanspruchs „eine rechtswidrige Behauptung falscher personenbezogener Informationen“, auch soweit dies willentlich erfolgt, keine Bedeutung zu haben scheint.

c) Folgerungen und Fazit

Die Finanzverwaltung hat ein berechtigtes Interesse ihre Informationsgeber zu schützen, um so mögliche Steuervergehen aufzudecken und Steuersubstrat zu sichern. Fraglich erscheint, wann dieses Schutzinteresse hinter die Grundwerte des Rechtsstaates zurücktritt, indem willentlich Steuerpflichtige bei der Finanzverwaltung, ohne Konsequenzen befürchten zu müssen, zu Unrecht angeschwärzt werden dürfen. Insofern ist die Schlussfolgerung des IX. Senats, gerade dann, wenn sich aus der Anzeige keine unmittelbaren Nachteile ergeben, ein Auskunftsrecht zu verneinen problematisch. Umgekehrt müsste genau in diesen Fällen die Frage gestellt werden, ob eine missbräuchliche Zielsetzung des Informationsgebers gegeben war. Dies wird in den allermeisten Fällen zu verneinen sein und kann für den vorliegenden Fall auch nicht abschließend beurteilt werden, jedoch können die offensichtlich mehrfachen ergebnislosen anonymen Anzeigen durchaus ein Indiz in diese Richtung sein.

6. Entkräftung der Bekanntgabevermutung des § 122 Abs. 2 Nr. 1 AO bei einem strukturellen Zustellungsdefizit innerhalb der Drei-Tages-Frist

BFH, Urteil v. 29.7.2025 - VI R 6/23, NWB LAAAJ-48745

(Christoph Schmidt)

a) Zusammenfassung der Entscheidung

Der BFH stellt klar, dass die Bekanntgabevermutung des § 122 Abs. 2 Nr. 1 AO (im Streitjahr noch Drei-Tages-Fiktion) entkräftet ist, wenn ein strukturelles Zustellungsdefizit vorliegt (hier: innerhalb der Drei-Tages-Frist an zwei Tagen planmäßig keine Zustellung und am dritten Tag nur Nachlieferung der „Samstagspost"). Dann kann die Klagefrist nicht auf die Fiktion gestützt als abgelaufen behandelt werden.

Der Kläger stritt über die Einkommensteuer 2020 (u. a. Arbeitszimmer/Firmenwagen). Seine Einspruchsentscheidung vom Freitag, 28.1.2022, wurde vom Finanzamt per einfachem Brief über einen privaten Postdienstleister versandt. Im betroffenen Gewerbegebiet erfolgt die Zustellung regulär nur Dienstag bis Freitag; die „Samstagspost" wurde erst am Montag zugestellt. In der Kanzlei des Prozessbevollmächtigten trug das Schreiben den Eingangsstempel 3.2.2022 (Donnerstag). Das FG Münster wies die am 3.3.2022 erhobene Klage als verfristet ab; der BFH hob diese Entscheidung auf und verwies zurück.

b) Entscheidungsgründe

Der BFH arbeitet zunächst die bekannten Grundsätze sauber heraus: Die Monatsfrist des § 47 Abs. 1 FGO beginnt mit Bekanntgabe der Einspruchsentscheidung; die Übermittlung kann nach § 366 AO i. V. m. § 122 Abs. 2 AO auch durch private Postdienstleister erfolgen. Die gesetzliche Zugangsvermutung greift aber nur, wenn die Aufgabe zur Post als Anknüpfungspunkt feststeht. Ein bloßes Bestreiten des Steuerpflichtigen reicht nicht; erforderlich ist ein substantiierter Vortrag, der einen atypischen Geschehensablauf ernstlich möglich erscheinen lässt. Gleichzeitig darf das nicht in eine verdeckte Beweislastumkehr zulasten des Steuerpflichtigen kippen: die objektive Beweislast bleibt bei der Behörde.

Genau hier setzt die Korrektur des BFH am FG-Urteil an: Zwar durfte das FG davon ausgehen, dass die Einspruchsentscheidung am 28.1.2022 zur Post gegeben wurde. Für den Zugang innerhalb von drei Tagen trug diese Feststellung aber nicht. Nach den bindenden Feststellungen gab es im Zustellbezirk ein systematisches Muster: Samstag und Sonntag keine Zustellung; am Montag nur Nachlieferung der „Samstagspost". Damit war gerade nicht gesichert, dass ein am Freitag eingeliefertes Schreiben typischerweise bis Montag mit der gesetzlichen Wahrscheinlichkeit zugestellt wird. Der BFH qualifiziert dies als strukturelles Zustellungsdefizit und entkräftet die Bekanntgabevermutung „ohne Weiteres".

Verstärkend kommt hinzu: Der Posteingangsstempel v. 3.2.2022 wurde als ernsthaftes Indiz akzeptiert; konkrete Umstände, die dessen Richtigkeit erschüttern, waren nicht festgestellt. Dass kein Posteingangsbuch geführt und der Umschlag nicht aufbewahrt wurde, wertet der BFH im konkreten Fall nicht als durchgreifend nachteilig.

HINWEIS:

Im Ergebnis war die Klage fristgerecht; zur materiellen Steuerfrage musste das Finanzgericht im zweiten Rechtsgang erst noch Feststellungen treffen.

c) Folgerungen und Fazit

Die Entscheidung ist für die Praxis wichtiger als der „kleine" prozessuale Anlass vermuten lässt. Sie begrenzt die Tendenz, § 122 Abs. 2 AO als automatische Fristengrundlage zu verwenden, obwohl der reale Zustellprozess im Einzelfall atypisch organisiert sein kann. Wer mit nicht flächendeckend arbeitenden privaten Zustellnetzen versendet, trägt ein strukturelles Risiko bei der Fristanknüpfung.

Kritisch-praktisch ist die Entscheidung deshalb überzeugend: Der BFH schützt das Fristenregime vor Formalismus, ohne die Darlegungsanforderungen aufzugeben. Steuerpflichtige müssen weiterhin konkret vortragen; zugleich bleibt die Behörde im Zweifel für Zugang und Zugangszeitpunkt beweispflichtig. Diese Balance ist praxisgerecht.

Offen bleibt gleichwohl ein Unsicherheitsfaktor: Die Grenze zwischen „normaler Postlaufverzögerung" und „strukturellem Zustellungsdefizit" ist stark tatrichterlich geprägt (§ 96 Abs. 1 FGO). Das erhöht die Einzelfallabhängigkeit und damit die Prognoseunsicherheit in Beraterverfahren. Genau deshalb lohnt künftig ein deutlich stärkerer Fokus auf belastbare Tatsachen zum konkreten Zustellregime (Tourentage, Nachlieferlogik, regionale Besonderheiten).

HINWEIS:

Der BFH grenzt den Fall selbst vom Urteil v. 20.2.2025 (VI R 18/22, NWB YAAAJ-90570) ab; hier lag gerade die zusätzliche strukturelle Besonderheit vor, die die Vermutung kippen ließ. Damit ist das aktuelle Urteil kein Freifahrtschein gegen jede Bekanntgabefiktion, sondern ein präzises Korrektiv bei nachweisbar atypischer Zustellorganisation.

d) Praxishinweise

1. Bei Fristsstreitigkeiten sollte nicht nur „verspäteter Zugang" behauptet werden, sondern das Zustellsystem konkret aufgeklärt und vorgetragen werden (regelmäßige Zustelltage, bekannte zustellfreie Tage, Nachlieferpraxis, ggf. regionale Tourenbesonderheiten). Je genauer der Tatsachenvortrag, desto eher entstehen „berechtigte Zweifel" im Sinne der BFH-Rechtsprechung.
2. Eingangsstempel bleiben ein relevantes Indiz. Auch ohne Posteingangsbuch kann der Vortrag tragfähig sein, wenn keine Anhaltspunkte für Unrichtigkeit bestehen. Gleichwohl ist aus Kanzleisicht eine robuste Dokumentation weiterhin sinnvoll (Eingangsstempel standardisieren, Fristenvermerk, bei Auffälligkeiten interne Notiz zum tatsächlichen Zugang). Das schafft prozessuale Stabilität.

3. Für Finanzämter und Verwaltungspraxis folgt ein Organisationshinweis. Wer sich auf § 122 Abs. 2 AO stützen will, sollte nicht nur die Aufgabe zur Post, sondern auch die Eignung des gewählten Zustellwegs für den typischen Fristlauf im Blick haben. Bei bekannten Zustelllücken kann die Fiktion angreifbar sein; dann steigt der Aufwand für den konkreten Zugangsnachweis erheblich.

4. Nach aktueller Rechtslage gilt seit 1.1.2025 für Inlandsfälle grundsätzlich die Vier-Tages-Fiktion. Die Entscheidung bleibt trotzdem hochrelevant, weil ihr Kerngedanke zeitneutral ist: Wo die typisierte Postlaufannahme strukturell nicht trägt, kann die gesetzliche Bekanntgabevermutung entkräftet werden.

7. Formeller Buchführungsmangel bei fehlendem Ausweis von Stornobuchungen; Auswahl zwischen mehreren in Betracht kommenden Schätzungsmethoden

BFH, Urteil v. 29.7.2025 - X R 23-24/21, NWB EAAAK-03888

(*Julian Stettner*)

a) Zusammenfassung der Entscheidung

Ein fehlender Ausweis von Stornobuchungen auf den Tagesabschlüssen von elektronischen Aufzeichnungssystemen (eAS) begründet als formeller Buchführungsmangel bereits eine Schätzungsbefugnis nach § 162 AO, soweit durch das eAS Stornobuchungen technisch möglich sind. Als Grundlage der Hinzuschätzung ist dann der innere Betriebsvergleich dem äußeren Betriebsvergleich vorzuziehen. Eine nicht nachvollziehbare Begründung der Hinzuschätzung führt zu einem sachlich-rechtlichen Mangel.

Die Kläger, zur Einkommensteuer zusammen veranlagte Eheleute, betrieben ein gastronomisches Gewerbe. Hierzu führten die Kläger eine EDV-Kasse. Das Finanzamt nahm im Rahmen einer Außenprüfung bei dem Gastronomiebetrieb Hinzuschätzungen vor. Das FA begründete die Hinzuschätzung durch die formell nicht ordnungsmäßige Buchführung aufgrund eines fehlenden Ausweises von Stornobuchungen auf den Belegen der Tagesabschlüsse, welche grundsätzlich durch die Kasse ermöglicht werden. Zudem fehlte eine fortlaufende Nummerierung der Tagesabschlüsse und die Kläger konnten keine Bedienungsanleitung oder Organisationsunterlagen vorweisen. Die Hinzuschätzung erfolgte auf der Grundlage der amtlichen Richtsatzsammlungen für Gastronomiebetriebe mit einem Abschlag.

Die Vorinstanz gab der Hinzuschätzungsbefugnis gem. § 162 AO dem Grunde nach Recht, verwarf diese jedoch der Höhe nach. Da das FG eine höhere Hinzuschätzung nach eigener Aufschlagkalkulation ermittelte, wurde der Hinzuschätzung des FA unter Berufung auf das Verböserungsverbot stattgegeben.

b) Entscheidungsgründe

Der BFH hob das Urteil des ersten Rechtsgangs auf und wies die Sache an die Vorinstanz, das FG Rheinland-Pfalz, zurück.

Der BFH folgte der Auffassung des FG und des FA und sah den Tatbestand des § 162 AO, der zur Schätzung der Grundlagen der Besteuerung verpflichtet, als eröffnet. Eine Schätzung der Grundlagen der Besteuerung nach § 162 Abs. 1 AO kommt in Betracht, wenn eine eindeutige Feststellung oder Berechnung nicht zu gewährleisten ist. Insbesondere begründet eine nicht ausreichende Auskunft durch Steuerpflichtige über die der Besteuerung zugrundliegenden Tatbestände nach § 162 Abs. 2 Satz 1 AO die Schätzungsbefugnis.

Hinsichtlich der Unvollständigkeit der aufzuzeichnenden Geschäftsvorfälle sind das FG und das FA zutreffend zu dem Ergebnis gekommen, dass die Buchführung der Kläger aufgrund des fehlenden Ausweises von Stornobuchungen auf den Tagesabschlüssen durch das eAS formelle Mängel aufweist und dadurch die Beweiskraft gem. § 158 AO a. F. zu versagen ist.

Nach pflichtgemäßem Ermessen sind FG und FA bei der Ausübung der Schätzungsmethoden jedoch gem. § 5 AO eingeschränkt. Dem BFH nach erfolgte die Hinzuschätzung im zugrundeliegenden Streit ohne nachvollziehbare Begründung, was zu einem sachlich-rechtlichen Mangel führt. Der BFH betonte, dass genauere Schätzungsmethoden tendenziell ungenaueren Schätzungsmethoden vorzuziehen sind und demnach der innere Betriebsvergleich vorrangig dem äußeren Betriebsvergleich heranzuziehen ist. Da der BFH über keine eigene Hinzuschätzungsbefugnis verfügt, wurde die Sache an die Vorinstanz zurückgewiesen.

c) Folgerungen und Fazit

Der BFH zweifelte mit dem Urteil v. 29.7.2025, neben dem Urteil v. 18.6.2025 (X R 19/21), die Repräsentativität der Richtsatzsammlung ein weiteres Mal an. Der BFH betonte wiederholt, dass bei der Hinzuschätzungskalkulation vorrangig die tatsächlichen Gegenseiten des Betriebs einzubeziehen sind. Es ist daher fraglich, inwiefern die Anwendbarkeit der Richtsatzsammlungen in zukünftigen Verfahren durch die Rechtsprechung stattgegeben wird.

Bemerkenswert ist, dass der BFH das Fehlen einer Bedienungsanleitung oder von Organisationsunterlagen als Mangel bergründete, die regelmäßig Bezugsdokumente einer Verfahrensdokumentation nach GoBD darstellen. Zwar bezog sich der BFH nicht im Wortlaut auf eine Verfahrensdokumentation nach GoBD, jedoch kann angenommen werden, dass diese zugunsten der Klagenden in das Verfahren einbezogen wäre.

G. Digitalisierung

I. Verwaltungsanweisungen

1. Digitale Steuerbescheide ab 2026

FinMin Schleswig-Holstein v. 7.1.2026, NWB NAAAK-07650; LfSt Rheinland-Pfalz v. 26.1.2026, NWB TAAAK-08886

(*Thomas Egner*)

a) Hintergrund

Nach § 122a AO i. V. m. Art. 97 § 28 Abs. 2 EGAO war geplant, Verwaltungsakte ab dem 1.1.2026 nach § 87a Abs. 8 AO zum Datenabruf bereit zu stellen (zur digitalen Bereitstellung siehe Giels, Beilage zu NWB Nr. 29/2025, S. 14 ff.). Dies sollte insbesondere dann gelten, wenn die Steuererklärung über Elster durch den Steuerpflichtigen selbst oder durch einen empfangsbevollmächtigten Dritten bei der Finanzverwaltung eingegangen ist. Damit wäre der bis zum 31.12.2026 geltende Einwilligungsvorbehalt nach § 122a Abs. 1 AO a. F. entfallen.

Durch das Gesetz zur Anpassung des Mindeststeuergesetzes und zur Umsetzung weiterer Maßnahmen v. 22.12.2025 (BGBl 2025 I Nr. 353) wurde Art. 97 § 28 Abs. 2 EGAO dahingehend angepasst, dass § 122a Abs. 1 Satz 2 AO i. d. F. des Vierten Bürokratieentlastungsgesetzes v. 23.10.2024 (BGBl 2024 I Nr. 323) erst auf Verwaltungsakte anzuwenden ist, die nach dem 31.12.2026 erlassen werden. Dies betrifft die mittels Elster oder durch einen empfangsbevollmächtigten Dritten i. S. d. § 80 Abs. 2 AO abgegebenen Steuererklärungen. Die Finanzbehörde trifft insoweit eine Ermessensentscheidung über die Bekanntgabe.

Diese zeitliche Verschiebung hat mehrere Fragen aufgeworfen, zu diesen die Finanzverwaltung inzwischen Stellung genommen hat:

- Besteht auch nach der Anpassung die Möglichkeit des empfangsberechtigten Bevollmächtigten, der Bereitstellung der Steuerbescheide zum Datenabruf aktiv zuzustimmen?
- Ist für eine postalische Bekanntgabe zwingend ein Antrag durch den Steuerpflichtigen zu stellen?

b) Stellungnahme der Finanzverwaltung

Die Finanzverwaltung sieht weiterhin die Möglichkeit als gegeben an, proaktiv die digitale Bekanntgabe von Verwaltungsakten herbeizuführen. In der Vollmachtsdatenbank wird deshalb auch 2026 die Möglichkeit zur Einwilligung für den Bevollmächtigten gegeben sein.

Darüber hinaus ist erst 2027 ein Antrag auf postalische Bekanntgabe notwendig. Eine Möglichkeit der elektronischen Antragstellung (!) auf postalische Bekanntgabe soll noch 2026 geschaffen werden. Ansonsten wird ab 2027 davon ausgegangen, dass bei Nutzung von Elster auch eine elektronische Bereitstellung des Bescheids gewünscht ist.

c) Fazit

Die Digitalisierung des Besteuerungsverfahrens erfährt eine erneute Verzögerung. Durch die zeitliche Aufschiebung um ein Jahr erfolgt 2026 wohl nur bei aktiver Zustimmung des Steuerpflichtigen bzw. seines Bevollmächtigten eine digitale Bekanntgabe der Verwaltungsakte. Ab dem Jahr 2027 wird durch die Finanzbehörde demgegenüber bei elektronischen Erklärungen eine digitale Bekanntgabe vorgenommen. Der Weg der Erklärung bestimmt dann auch den Weg der Bekanntgabe des Steuerbescheids. Dies wird bei Steuerpflichtigen ohne Bevollmächtigte eine erhöhte Aufmerksamkeit erfordern, insbesondere wenn die Elster-Nutzerkonten nur unregelmäßig genutzt werden und somit auch Fälle des Ablaufens des Nutzerkontos zu „verschollenen" Bescheiden führen können. Zu kritisieren bleibt die wiederum nur kurzfristig erfolgte Anpassung der Rechtslage durch Gesetz v. 22.12.2025 mit Wirkung zum 1.1.2026.

2. Aktualisierung der FAQ zum Kassengesetz

(Christoph Schmidt)

a) Ausgangspunkt und Einordnung

Die vom BMF veröffentlichte FAQ-Seite zum Kassengesetz (https://www.bundesfinanzministerium.de/Content/DE/FAQ/FAQ-steuergerechtigkeit-belegpflicht.html) ist mit 2.2.2026 datiert und enthält den Hinweis „Stand: 19.1.2026". Inhaltlich stellt sie zwei Ebenen bereit: (1) allgemeine Fragen zur Belegausgabepflicht und (2) eine „Orientierungshilfe für die Anwendung des § 146a AO und der KassenSichV". Das BMF stellt ausdrücklich klar, dass es sich um einen FAQ-Katalog ohne Rechtsbindung handelt; die Entscheidung im Einzelfall bleibt dem zuständigen Finanzamt vorbehalten.

b) Hintergrund: Kassengesetz als Reaktion auf Manipulationsrisiken

Das „Gesetz zum Schutz vor Manipulationen an digitalen Grundaufzeichnungen" v. 22.12.2016 (BGBl 2016 I S. 3152) ist der gesetzgeberische Ausgangspunkt. Es hat u. a. § 146 AO angepasst, § 146a AO (Ordnungsvorschriften für Aufzeichnungen mit elektronischen Aufzeichnungssystemen) und § 146b AO (Kassen-Nachschau) eingeführt sowie Sanktionsnormen in § 379 AO verschärft. Zielrichtung ist die Sicherung der Integrität von Kassenaufzeichnungen und die bessere Aufdeckbarkeit von Manipulationen.

Der Kernmechanismus in § 146a AO ist dreistufig:

1. Nutzung eines Systems, das Geschäftsvorfälle einzeln, vollständig, richtig, zeitgerecht und geordnet aufzeichnet,
2. Schutz dieses Systems und der digitalen Aufzeichnungen durch eine zertifizierte technische Sicherheitseinrichtung (TSE),
3. Vorhaltung der Daten für Kassen-Nachschau und Außenprüfung.

Hinzu kommen Belegausgabepflicht (Abs. 2) und Mitteilungspflicht gegenüber dem Finanzamt (Abs. 4).

c) Systematische Leistung der aktualisierten FAQ

Die aktualisierten FAQ sind keine neue Rechtsquelle, aber eine praxisorientierte Auslegungshilfe zu § 146a AO/KassenSichV. Der Themenkatalog ist breit und umfasst u. a.:

- Anwendungsbereich,
- Übergangsvorschrift,
- Aufzeichnungssystem,
- EU-Taxameter und Wegstreckenzähler,
- Vorgang,
- TSE,
- DSFinV-K,
- Beleg und Belegausgabepflicht,
- Kassen-Nachschau und Datenspeicherung,
- Ausfall der TSE,
- Mitteilungspflicht nach § 146a Abs. 4 AO,
- Verbot des In-Verkehr-Bringens und Rechtsfolgen bei Verstößen.

Damit wird die Anwendungspraxis über nahezu die gesamte „Kassen-Compliance-Kette" abgedeckt.

d) Praxisrelevante und verdichtete inhaltliche Kernaussagen der FAQ-Aktualisierung

aa) Keine Registrierkassenpflicht, aber strenge Pflichten bei Einsatz elektronischer Systeme

Die FAQ betonen: Der Gesetzgeber hat keine allgemeine Pflicht eingeführt, zwingend eine elektronische Kasse zu nutzen. Wer jedoch ein elektronisches Aufzeichnungssystem einsetzt, unterliegt dem Schutzkonzept des § 146a AO inklusive TSE-Pflichten. Für offene Ladenkassen gelten die allgemeinen Aufzeichnungsanforderungen, eine Belegausgabepflicht nach § 146a Abs. 2 AO besteht dort nicht.

bb) Belegausgabepflicht: „Ausgabe ja, Mitnahme nein"

Die Belegausgabepflicht ist als Transparenzinstrument konzipiert. Die FAQ stellen klar: Es gibt die Pflicht zur Ausgabe und zum unmittelbaren Zur-Verfügung-Stellen, aber keine Pflicht zur Mitnahme durch den Kunden. Zudem bleibt der Beleg technologieneutral (Papier oder elektronisch).

cc) Sanktionsbezug und Schätzungsrisiko bei Verstößen

Die FAQ verknüpfen Verstöße gegen das Schutzkonzept mit verfahrensrechtlichen Folgen: Sie können als Indiz für Pflichtverletzungen gewertet werden und Schätzungen der Besteuerungsgrundlagen sowie Ordnungswidrigkeitenfolgen nach sich ziehen. Diese Linie passt zur Sanktionsarchitektur des Kassengesetzes.

dd) Mitteilungspflicht § 146a Abs. 4 AO – organisatorisch zentral

Rechtsdogmatisch ist die Mitteilungspflicht in § 146a Abs. 4 AO mit einem Monatszeitfenster nach Anschaffung/Außerbetriebnahme ausgestaltet. Flankierend hat das BMF den Start des Mitteilungsverfahrens konkretisiert: Das Verfahren steht seit 1.1.2025 zur Verfügung; für vor dem 1.7.2025 angeschaffte Systeme galt eine Frist bis 31.7.2025. Außerdem wurde die Mitteilungspflicht für EU-Taxameter/Wegstreckenzähler adressiert.

e) Technischer Unterbau

Die FAQ-Aktualisierung bestätigt erneut das bekannte Zusammenspiel zwischen § 146 AO und der KassenSichV:

- § 146a AO formuliert die materiellen Grundpflichten (TSE-Schutz, Belegausgabe, Mitteilung),
- die KassenSichV konkretisiert die technischen Mindeststandards (Transaktionsbeginn/-ende, fortlaufende Transaktionsnummer, Prüfwert, Speichermedium, Schnittstelle usw.).

Gerade für Betriebsprüfungs- und Nachschaukontexte ist die einheitliche digitale Struktur (DSFinV-K-Kontext) zentral, weil sie Datenzugriff, Auswertung und Plausibilisierung standardisiert.

f) Bewertung für die Praxis

1. Die Aktualisierung erhöht die Anwendungssicherheit, ohne den Normrahmen zu ändern: Sie ist als administrative Auslegungshilfe zu lesen, nicht als „neues Recht“.
2. Kassen-Compliance bleibt ein Prozess aus Technik + Organisation + Verfahrensrecht: TSE-Einsatz, korrekte Belegprozesse, saubere Meldeprozesse und belastbare Datenhaltung müssen zusammenpassen.
3. Risikotreiber liegen weniger in der Grundsatzfrage als im Detailvollzug (z. B. fehlerhafte Systemzuordnung, unvollständige Meldedaten, Prozessbrüche bei Ausfällen). Die FAQ sind hier als Feinjustierung besonders hilfreich.
4. Für Berater und Unternehmen empfiehlt sich ein turnusmäßiger Kassen-Check: Rechtsstand, Systemkonfiguration, Melde- und Dokumentationslage sowie Nachschaufähigkeit sollten periodisch überprüft werden. (Diese Empfehlung ist eine fachliche Schlussfolgerung aus den dokumentierten Pflichten.)

g) Resümee

Die aktualisierten FAQ zum Kassengesetz (Stand: 19.1.2026) machen das bestehende Schutzkonzept um § 146a AO in der praktischen Anwendung greifbarer: TSE-Sicherung, Belegausgabe, Mitteilungspflichten und Prüfungszugriff werden konsistent erläutert. Für die Fachpraxis ist die Aktualisierung vor allem deshalb wertvoll, weil sie die zunehmend detailintensiven Vollzugsfragen in einem einheitlichen Referenzrahmen bündelt, ohne die gesetzliche Kompetenzordnung zu verschieben.

II. Rechtsprechung

1. Zulässige Einreichung elektronischer Dokumente über das besondere elektronische Steuerberaterpostfach (beSt) einer Berufsausübungsgesellschaft nur bei Identität zwischen der signierenden Person und der aus dem besonderen elektronischen Steuerberaterpostfach den Schriftsatz versendenden Person

FG München, Urteil v. 2.9.2025 - 1 K 816/25, NWB CAAAK-07068

(Pia Müller-Schmitt)

a) Zusammenfassung der Entscheidung

Mit Urteil v. 2.9.2025 (1 K 816/25) konkretisiert das FG München die formellen Anforderungen an die elektronische Klageerhebung durch Steuerberater und Berufsausübungsgesellschaften unter Geltung der seit dem 1.1.2023 bestehenden aktiven Nutzungspflicht des beSt.

Im Besprechungsfall erhob der Kläger durch seine Prozessbevollmächtigte, die S-GmbH (Steuerberatungsgesellschaft), mit Schriftsatz v. 15.4.2025 Klage gegen die Einkommensteuerbescheide der Jahre 2014 bis 2016. Die Klage ging elektronisch über das beSt der S-GmbH beim FG ein. Der Schriftsatz war von Steuerberater R lediglich einfach – mittels eingescannter Unterschrift und maschinenschriftlichem Namenszug – signiert, eine qualifizierte elektronische Signatur lag nicht vor. Mit Hinweis v. 15.7.2025 beanstandete das Gericht die formgerechte Einreichung nach § 52a Abs. 3 FGO. Zwar sei die Klage über einen sicheren Übermittlungsweg eingereicht worden, es fehle jedoch an der erforderlichen Identität zwischen der signierenden und der versendenden Person, da die Klageschrift von R unterzeichnet, jedoch aus dem beSt der S-GmbH übermittelt worden sei. Daraufhin wurde die Klageschrift am 17.7.2025 erneut eingereicht, diesmal über das beSt des R. Laut Prüfvermerk stimmte die SAFE-ID des Absenders mit derjenigen des R überein. Mit einem ergänzenden Schriftsatz v. 21.7.2025 erläuterte der Kläger zudem, dass die Voraussetzungen des § 52a Abs. 3 FGO bereits bei der ursprünglichen Einreichung erfüllt gewesen seien. R habe als vertretungsberechtigter Berufsträger der S-GmbH gehandelt, nach § 86e Abs. 2 StBerG seien vertretungsberechtigte Steuerberater befugt, für eine Berufsausübungsgesellschaft Dokumente mit einfacher Signatur über einen sicheren Übermittlungsweg zu versenden. Die erforderliche Identität sei daher gegeben gewesen. Die erneute Übermittlung sei lediglich vorsorglich erfolgt.

Das Gericht forderte daraufhin nähere Darlegungen zum internen Ablauf der Erstellung, Zeichnung und Versendung des Schriftsatzes sowie zur Person, die die Übermittlung tatsächlich vorgenommen habe. In der Stellungnahme v. 14.8.2025 schilderte R die Kanzleiorganisation. Nach der Erstellung und Bearbeitung der Dokumente durch einen Sachbearbeiter und anschließender interner Freigabe des zuständigen Partners sowie des Mandanten werde das Dokument vom zuständigen Partner eigenhändig gezeichnet, im DATEV-DMS als versandbereit abgelegt und anschließend aus dem beSt der Gesellschaft versandt. Im Streitfall habe R selbst die Übermittlung am 15.4.2025 um 16:04 Uhr vorgenommen. Hierzu wurden Revisionsprotokolle, ein Screen-shot mit dem Vermerk „beSt-Nachricht zugestellt" sowie eine Auskunft der DATEV eG vorgelegt. Aus Letzterer ging hervor, dass im vertrauenswürdigen Herkunftsnachweis neben der SAFE-ID des

Postfachs auch die SAFE-ID der tatsächlich versendenden Person im Feld „Organisationszusatz" ausgewiesen werde.

Aus dem vom EGVP-System erzeugten Transfervermerk ergab sich jedoch, dass im Feld „Organisationszusatz" eine andere SAFE-ID ausgewiesen war als diejenige des R. Der Abgleich mit dem amtlichen Steuerberaterverzeichnis ergab, dass die im Transfervermerk ausgewiesene SAFE-ID dem ebenfalls bei der S-GmbH tätigen Steuerberater und Geschäftsführer K zugeordnet war. Danach wurde die Klageschrift am 15.4.2025 tatsächlich nicht von R, sondern von K aus dem beSt der S-GmbH versandt. Im Übrigen wird hinsichtlich der weiteren Einzelheiten des Sach- und Streitstands auf die Gerichtsakten und die gewechselten Schriftsätze nebst Anlagen Bezug genommen (§ 105 Abs. 3 Satz 2 FGO).

b) Entscheidungsgründe

Die Klage wurde als unzulässig abgewiesen, da sie nicht innerhalb der Klagefrist in der gesetzlich vorgeschriebenen Form des § 52a Abs. 3 Satz 1 FGO erhoben wurde und daher als nicht wirksam eingereicht gilt. Eine Wiedereinsetzung in den vorigen Stand komme nicht in Betracht. Zunächst stellt das Gericht klar, dass die Prozessbevollmächtigte, eine als GmbH organisierte Steuerberatungsgesellschaft, als Berufsausübungsgesellschaft i. S. d. §§ 3 Satz 1 Nr. 2, 49 StBerG gem. § 52d FGO zur Nutzung des elektronischen Rechtsverkehrs verpflichtet war. Seit dem 1.1.2023 sind sowohl Steuerberater als auch im Steuerberaterverzeichnis eingetragene Berufsausübungsgesellschaften verpflichtet, bestimmende Schriftsätze, insbesondere Klagen, als elektronische Dokumente nach Maßgabe des § 52a FGO einzureichen. Die elektronische Form verdrängt insoweit die Schriftform und die Einhaltung der Anforderungen des § 52a FGO ist damit als Wirksamkeitsvoraussetzung anzusehen.

Da die streitgegenständliche Klageschrift nicht mit einer qualifizierten elektronischen Signatur versehen war, konnte eine wirksame Einreichung nur nach § 52a Abs. 3 Satz 1 Alt. 2 FGO erfolgen. Danach muss das Dokument von der verantwortenden Person einfach signiert und von dieser selbst auf einem sicheren Übermittlungsweg eingereicht werden. Das Gericht stützt sich hierbei auf die gefestigte höchstrichterliche Rechtsprechung (vgl. BFH, Urteil v. 8.4.2025 - VII R 4/24, NWB ZAAAJ-96066, Anmerkungen Müller-Schmitt, Steuerrecht aktuell 2/2025, S. 187; BFH, Beschluss v. 5.11.2024 - IX R 10/22, BStBl 2025 II S. 129, m. w. N.) wonach bei lediglich einfacher Signatur die versendende und die signierende Person identisch sein müssen. Diese Grundsätze, die sich zunächst für das beA ergaben, seien auf das beSt übertragbar. Zweck der Regelung sei die Sicherung von Authentizität und Verantwortungszurechnung. Demnach sei die Übernahme der inhaltlichen Verantwortung nur gewährleistet, wenn die signierende Person selbst das Dokument versendet.

Im Streitfall fehlte es an dieser Identität. Zwar wurde die Klage über das beSt der Berufsausübungsgesellschaft und damit über einen sicheren Übermittlungsweg eingereicht. Allerdings ergab sich aus dem Transfervermerk, dass nicht der die Klageschrift einfach signierende Steuerberater R, sondern ein anderer Berufsträger der Gesellschaft (K) die Übermittlung vorgenommen hatte. Maßgeblich sei insoweit nicht die Identität zwischen der signierenden natürlichen Person und der Berufsausübungsgesellschaft als Postfachinhaberin, sondern die Identität zwischen der signierenden Person und derjenigen natürlichen Person, die den Versand tatsächlich bewirkt habe. Die Klage hätte daher zur Wahrung der Form entweder mit qualifizierter elektronischer Signatur versehen oder von R selbst – sei es aus seinem persönlichen beSt oder aus dem beSt der Gesellschaft – versendet werden müssen.

Mit dieser Auslegung grenzt sich das Gericht von der Auffassung ab, wonach bei Versand aus dem beSt einer Berufsausübungsgesellschaft eine Identitätsprüfung entbehrlich sei (vgl. hierzu FG Köln, Urteil v. 11.6.2024 - 12 K 1356/23, NWB EAAAJ-75165). Die Berufsausübungsgesellschaft könne zwar nutzungspflichtig und vertretungsbefugt sein, sei jedoch nicht selbst „verantwortende Person“ i. S. d. § 52a Abs. 3 FGO. Entscheidend bleibe die handelnde natürliche Person. Eine Gleichstellung mit dem besonderen elektronischen Behördenpostfach (beBPo) lehnt das Gericht ab, da das beSt – anders als das beBPo – eine personengebundene Authentifizierung ermöglicht. Andernfalls würde zudem die Alternative der qualifizierten elektronischen Signatur weitgehend leerlaufen.

Mangels formwirksamer Einreichung innerhalb der Klagefrist sei die Klage unzulässig. Eine Wiedereinsetzung in den vorigen Stand nach § 56 FGO scheide aus, da die Prozessbevollmächtigte ein Verschulden treffe, das sich der Kläger gem. § 85 Abs. 2 ZPO i. V. m. § 155 FGO zurechnen lassen müsse. Bereits einfache Fahrlässigkeit stehe der Wiedereinsetzung entgegen. Angesichts der seit 2023 geltenden Neuregelung und der hierzu ergangenen höchstrichterlichen Rechtsprechung habe erhöhte Sorgfalt bestanden. Ein unvermeidbarer Rechtsirrtum sei weder substantiiert dargelegt noch ersichtlich.

Auch eine Verletzung der gerichtlichen Fürsorgepflicht verneint das Gericht. Zwar könne in Ausnahmefällen ein unterlassener rechtzeitiger Hinweis auf offenkundige Formmängel eine Wiedereinsetzung rechtfertigen. Der hier streitige Mangel sei jedoch nicht ohne Weiteres erkennbar gewesen, da zur Feststellung der fehlenden Identität eine Auswertung der Transfervermerke sowie ein Abgleich der SAFE-ID mit dem Steuerberaterverzeichnis erforderlich gewesen sei. Eine generelle Pflicht des Gerichts, elektronisch eingehende Schriftsätze unverzüglich umfassend auf formelle Mängel zu prüfen, bestehe nicht. Zudem habe das Gericht erst nach weiterem Sachvortrag sichere Kenntnis von der fehlenden Identität erlangt, so dass kein offenkundiger, allein der Gerichtssphäre zuzurechnender, Fehler vorgelegen habe.

Die Kostenentscheidung beruht auf § 135 Abs. 1 FGO. Das Gericht hat durch Gerichtsbescheid gem. § 90a FGO entschieden und die Revision nach § 115 Abs. 2 Nr. 1 FGO zugelassen, da zur Auslegung des § 52a Abs. 3 Satz 1 Alt. 2 FGO im Zusammenhang mit dem Versand aus dem beSt einer Berufsausübungsgesellschaft bislang keine höchstrichterliche Rechtsprechung vorliegt. Das Verfahren ist nunmehr beim BFH anhängig (Az.: IX R 19/25, NWB OAAAK-02395).

c) Folgerungen und Fazit

Der vorliegende Besprechungsfall betrifft im Gegensatz zum BFH-Urteil v. 8.4.2025 (VII R 4/24, NWB ZAAAJ-96066, Müller-Schmitt, Steuerrecht aktuell 2/2025, NWB EAAAK-05362, S. 187) nicht die Übermittlung aus dem persönlichen beSt eines anderen Steuerberaters, sondern aus dem beSt einer Berufsausübungsgesellschaft, im Streitfall, einer Steuerberatungsgesellschaft. Mit der Entscheidung bestätigt das Gericht eine strikt personenbezogene Auslegung des § 52a Abs. 3 Satz 1 Alt. 2 FGO. Bei Verwendung einer einfachen elektronischen Signatur ist die Identität zwischen der signierenden und der tatsächlich versendenden natürlichen Person zwingende Wirksamkeitsvoraussetzung. Die Nutzung des beSt einer Berufsausübungsgesellschaft ersetzt diese Identitätsanforderung nicht. Maßgeblich ist nicht die Vertretungsbefugnis innerhalb der Gesellschaft, sondern die tatsächliche technische Versenderidentität, wie sie sich aus dem Transfervermerk (SAFE-ID im Organisationszusatz) ergibt. Weiterhin verdeutlicht die Entscheidung, dass die Organisationsstruktur einer Berufsausübungsgesellschaft haftungsrechtlich risikobehaftet ist, wenn interne Arbeitsabläufe nicht strikt an die formellen Anforderungen des § 52a FGO angepasst sind. Hier ist allerdings nicht abschließend geklärt wie zu verfahren ist, wenn das FG aufgrund eines fehlenden Transfervermerks die Identität der übermittelnden Person nicht überprüfen kann. Hier ist u. a. der Frage nachzugehen, ob das Versäumnis eines Nachweises beim Steuerberater liegt und zu einer Klageabweisung führen kann (vgl. Brenner, EFG 2026 S. 122).

Außerdem wird hervorgehoben, dass Gerichte nicht verpflichtet sind, elektronische Schriftsätze unverzüglich auf formelle Mängel zu überprüfen. Die Verantwortung für die formwirksame Einreichung verbleibt vollständig bei den Verfahrensbeteiligten. Fehler im elektronischen Übermittlungsprozess werden dem Berufsträger zugerechnet. Dabei scheidet eine Wiedereinsetzung in den vorigen Stand aus, wenn der Fehler auf organisatorischen Versäumnissen beruht (vgl. hierzu auch Müller-Schmitt, Steuerrecht aktuell 2/2025, NWB EAAAK-05362, S. 190).

Das Urteil markiert eine konsequente Fortführung der formal strengen Rechtsprechung zum elektronischen Rechtsverkehr und überträgt die zum beA entwickelten Grundsätze uneingeschränkt auf das beSt.

d) Praxishinweise

Bei einfacher Signatur muss der signierende Berufsträger selbst versenden – auch bei Nutzung des Gesellschaftspostfachs. Andernfalls ist eine qualifizierte elektronische Signatur zu verwenden. Kanzleien sind dazu angehalten, ihre internen Strukturen technisch und organisatorisch so auszugestalten, dass die Identität zwischen Signatur und Versand zweifelsfrei gewährleistet ist und im Streitfall anhand der SAFE-ID nachgewiesen werden kann.

Die Entscheidung erhöht die formellen Anforderungen an Berufsausübungsgesellschaften, schafft jedoch zugleich Rechtssicherheit, indem klargestellt wird, dass die Verantwortungszurechnung im elektronischen Rechtsverkehr strikt personenbezogen erfolgt.

2. Nutzungspflicht des besonderen elektronischen Steuerberaterpostfachs vor Zugang des Registrierungsbriefs

BFH, Urteil v. 1.10.2025 - X R 31/23, NWB LAAAK-04421

(Anna-Lena Kalb)

a) Zusammenfassung der Entscheidung

Der X. Senat des BFH stellt klar, dass Steuerberater bereits seit dem 1.1.2023 zur Nutzung des besonderen elektronischen Steuerberaterpostfachs (beSt) verpflichtet sind, auch wenn ihnen der für die Erstanmeldung erforderliche Registrierungsbrief noch nicht zugegangen ist. Erhebt ein Steuerberater vor Zugang dieses Registrierungsbriefs eine Klage nicht über das beSt, liegt grundsätzlich ein Wiedereinsetzungsgrund i. S. d. § 56 FGO vor. Die Gewährung der Wiedereinsetzung setzt jedoch auch in einem solchen Fall voraus, dass die versäumte Rechtshandlung innerhalb der geltenden Frist nachgeholt wird.

Der Entscheidung des BFH ging eine am 19.2.2023 erhobene Klage per Telefax voraus. Nachdem das FG am 1.3.2023 auf die Vorschrift des § 52d Satz 2 FGO hingewiesen hat, erklärte die prozessbevollmächtige Steuerberatungs-GmbH erneut mit einem per Telefax übermittelten Schreiben v. 9.3.2023, dass ihr noch kein Registrierungsbrief für die Erstanmeldung zum beSt von der BStBK übersandt worden sei. Am selben Tag wies das FG die Prozessbevollmächtigte telefonisch auf die Möglichkeit der „Fast Lane" hin und vertrat die Auffassung, dass nicht unverzüglich mitgeteilt wurde, weshalb die Klage per Telefax erhoben wurde. Der Registrierungsbrief der BStBK, datiert auf den 6.4.2023, ging am 12.4.2023 bei der Steuerberatungs-GmbH ein. Ungeachtet dessen, übermittelte diese am 19.4.2023 nochmals per Telefax ein Schreiben an das FG und nahm zur Zulässigkeit der Klage Stellung.

b) Entscheidungsgründe

Der BFH weist die Revision gegen den Gerichtsbescheid des Niedersächsischen FG v. 25.4.2023 - 3 K 22/23 als unbegründet zurück, weil die Klage nicht formgerecht erhoben wurde und die Voraussetzungen für eine Wiedereinsetzung in den vorigen Stand trotz Vorliegens eines Wiedereinsetzungsgrundes nicht erfüllt sind.

Die mittlerweile gefestigte Rechtsprechungslinie mehrerer BFH-Senate besagt, dass allen Steuerberatern, unabhängig von einem späteren Datum des Zugangs des für sie bestimmten Registrierungsbriefs, bereits seit dem 1.1.2023 ein sicherer Übermittlungsweg nach § 52a Abs. 4 Satz 1 Nr. 2 FGO „zur Verfügung" gestanden habe. Die BStBK sei ihrer gesetzlichen Verpflichtung durch Einrichtung der Steuerberaterplattform und der beSt-Infrastruktur fristgerecht nachgekommen. Als Reaktion auf die technischen Anlaufschwierigkeiten habe die BStBK ein sog. „Fast Lane"-Verfahren eingerichtet und damit jedenfalls denjenigen Steuerberatern, die finanzgerichtliche Verfahren führten, auch tatsächlich den rechtzeitigen Zugang zum beSt eröffnet.

Der verspätete Versand der Registrierungsbriefe durch die BStBK stelle nach der bereits etablierten BFH-Rechtsprechung keine vorübergehende technische Störung, sondern einen strukturellen Organisationsmangel dar. Ein solcher Mangel rechtfertige keinen Rückgriff auf alternative Übermittlungswege wie Telefax oder Post. Insoweit negiert der X. Senat des BFH mit diesem Urteil einen Rückgriff auf § 52d Satz 3 FGO.

Hinsichtlich der Wiedereinsetzung in den vorigen Stand nach § 56 FGO stellte der BFH mit dieser Entscheidung klar, dass nach der Rechtsprechung des BVerfG (Beschluss v. 23.6.2025 - 1 BvR 1718/24, NWB YAAAJ-95628, DStR 2025 S. 1698) sowie des erkennenden Senats (Urteil v. 6.8.2025 - X R 13/23, BStBl 2025 II S. 942; siehe dazu auch Egner, Steuerrecht aktuell 2/2025, S. 192 f.) ein hinreichender Wiedereinsetzungsgrund vorliege. Allerdings wurde die versäumte Rechtshandlung – die Klageerhebung in wirksamer Form über das beSt – nicht innerhalb der zweiwöchigen Antragsfrist gem. § 56 Abs. 2 Satz 3 FGO nach Zugang des Registrierungsbriefes nachgeholt.

Das Urteil des BFH setzt sich zudem auch mit drei Kammerentscheidungen des BVerfG auseinander, welche die verfassungsrechtlichen Anforderungen an die Nutzungspflicht des beSt präzisiert haben:

In dem Nichtannahmebeschluss v. 20.8.2024 (1 BvR 1409/24, NWB QAAAJ-86670) äußerte das BVerfG erste deutliche Bedenken gegen die bisherige Rechtsprechung des BFH. Das BVerfG hält es für nicht ausgeschlossen, dass das Recht auf effektiven Rechtsschutz (Art. 19 Abs. 4 GG) verletzt wird, wenn ein Gericht einen sicheren Übermittlungsweg bereits ab dem 1.1.2023 bejaht, obwohl der betroffene Steuerberater noch keine individuelle Nutzungsmöglichkeit (mangels Registrierungsbrief) hatte. Ebenfalls äußert das BVerfG seine Bedenken, Wiedereinsetzungsgründe allein mit dem Hinweis auf das sog. Fast-Lane-Verfahren zu verneinen. In einer weiteren Entscheidung v. 23.6.2025 (1 BvR 2218/23, NWB LAAAJ-95735) wählte das BVerfG eine vorsichtige Formulierung und ließ die Frage nach einer Verletzung von Art. 19 Abs. 4 GG ausdrücklich offen, da die Verfassungsbeschwerde bereits aus anderen formalen Gründen unzulässig war.

Mit dem stattgegebenen Beschluss v. 23.6.2025 (1 BvR 1718/24, NWB YAAAJ-95628; siehe ausführlich auch Egner, Steuerrecht aktuell, 2/2025, S. 192 ff.) konstatiert das BVerfG eine Verletzung des Anspruchs auf effektiven Rechtsschutz (Art. 19 Abs. 4 GG). Mit dieser Entscheidung stellt das BVerfG klar, dass ein Antrag auf Wiedereinsetzung in den vorigen Stand nicht mit der Begründung abgelehnt werden darf, der Steuerberater hätte die „Fast Lane" nutzen müssen, wenn er noch keinen Registrierungsbrief erhalten hatte. Offengelassen mit diesem Beschluss wurde die Frage, ob die vom FG vertretene Auslegung des § 52d Satz 2 FGO, wonach eine beSt-Nutzungspflicht trotz fehlender flächendeckender Einrichtung allein aufgrund einer möglichen „Fast-Lane"-Einrichtung bestehen soll, mit Art. 19 Abs. 4 GG vereinbar ist.

c) Folgerungen und Fazit

Das Urteil des BFH v. 1.10.2025 (X R 31/23) bestätigt die inzwischen gefestigte höchstrichterliche Rechtsprechung zur aktiven Nutzungspflicht des beSt ab dem 1.1.2023. Der BFH hält daran fest, dass das beSt i. S. d. § 52d Satz 2 FGO bereits ab diesem Zeitpunkt „zur Verfügung" stand, unabhängig davon, ob der einzelne Steuerberater den für die Erstanmeldung erforderlichen Registrierungsbrief tatsächlich erhalten hatte. Eine abweichende, am individuellen Zugang orientierte Auslegung verfolgt der X. Senat ausdrücklich nicht weiter.

Infolge BVerfG-Rechtsprechung hat der BFH seine bisherige, strengere Linie teilweise aufgegeben und erkennt nun an, dass mit dem Vertrauen der Berufsträger auf die Hinweise der BStBK, dass die Nutzungspflicht erst mit Erhalt des Registrierungsbriefes beginne, ein hinreichender Wiedereinsetzungsgrund vorliege. Damit wird dem Anspruch auf effektiven Rechtsschutz aus Art. 19 Abs. 4 GG Rechnung getragen, ohne die gesetzlich angeordnete Nutzungspflicht des beSt ab dem 1.1.2023 infrage zu stellen.

3. Pflicht zur elektronischen Kommunikation auch bei Klageanbringung beim Finanzamt

BFH, Urteil v. 7.10.2025 - IX R 7/24, NWB PAAAK-04424

(Pia Müller-Schmitt)

a) Zusammenfassung der Entscheidung

Mit Urteil v. 7.10.2025 (IX R 7/24) stellt der BFH klar, dass die in § 47 Abs. 2 Satz 1 FGO eröffnete Möglichkeit, eine Klage zur Fristwahrung auch bei der Finanzbehörde anzubringen, sog. professionelle Einreicher nicht von der Pflicht entbindet, die in § 52d i. V. m. § 52a FGO normierten Formanforderungen des elektronischen Rechtsverkehrs einzuhalten. Auch bei Einreichung bei der Finanzbehörde sind die gesetzlichen Vorgaben zur elektronischen Übermittlung zu wahren.

Im Streitfall geht es um die Frage, ob die Nutzungspflicht des besonderen elektronischen Steuerberaterpostfachs (beSt) auch dann gilt, wenn die Klage nach § 47 Abs. 2 Satz 1 FGO zunächst bei der Finanzbehörde eingereicht wird. Der Kläger legte gegen seinen Einkommensteuerbescheid für das Jahr 2018 Einspruch ein, woraufhin die Einspruchsentscheidung des Finanzamts am 2.6.2023 der Prozessbevollmächtigten, einer in der Rechtsform einer Kapitalgesellschaft geführten Steuerberatungsgesellschaft (S), zugestellt wurde. Die Klage reichte S am 28.6.2023 per Telefax beim Finanzamt ein, das diese dann per Post an das FG München weiterleitete, wo sie am 12.7.2023 einging. Das FG wies S am 17.7.2023 darauf hin, dass der Klageschriftsatz nicht elektronisch übermittelt wurde und verwies auf die Vorgaben des § 52d Satz 2 i. V. m. § 52a Abs. 4 Satz 1 Nr. 2 FGO. Daraufhin beantragte S am 25.10.2023 Wiedereinsetzung in den vorigen Stand mit der Begründung, dass die Telefaxeinreichung nur eine Ersatzeinreichung aufgrund eines ausgefallenen Kartenlesegeräts gewesen sei, und übermittelte gleichzeitig die Klageschrift über das beSt. Das FG erklärte die Klage als unzulässig, da sie nicht innerhalb der Frist in der seit dem 1.1.2023 vorgeschriebenen elektronischen Form eingereicht worden sei.

In der Revision argumentiert der Kläger, dass bei der Anbringung der Klage nach § 47 Abs. 2 Satz 1 FGO keine Pflicht zur Nutzung des beSt bestehe, und verweist darauf, dass die Rechtsbehelfsbelehrung hierzu keine ausdrücklichen Informationen enthalte. Zudem beantragt er, die Wiedereinsetzung in den vorigen Stand zu gewähren. Das Finanzamt beantragt hingegen die Zurückweisung der Revision.

b) Entscheidungsgründe

Der BFH hat die Revision des Klägers gegen das Urteil des FG München zurückgewiesen. Der BFH konstatiert zunächst, dass der Wortlaut der einschlägigen Vorschriften keine eindeutige Antwort auf die Frage gebe, ob bei einer nach § 47 Abs. 2 Satz 1 FGO bei der Finanzbehörde angebrachten Klage die Pflicht zur elektronischen Übermittlung nach § 52d i. V. m. § 52a FGO gilt. § 47 Abs. 2 FGO enthält keine formellen Anforderungen an die Klageanbringung und verweist insbesondere nicht auf die Regelungen zum elektronischen Rechtsverkehr. Ebenso lässt sich aus § 52a FGO, welcher primär die Kommunikation zwischen Verfahrensbeteiligten und Gericht regelt und lediglich „sichere Übermittlungswege" verankert sind, keine eindeutige Aussage ableiten. Allerdings enthält auch § 52d FGO keine ausdrückliche Einschränkung, dass die Pflicht zur elektronischen Übermittlung nur für unmittelbar bei Gericht eingereichte Klagen gelten soll.

Entscheidend sind nach Auffassung des BFH jedoch Sinn und Zweck der Vorschriften sowie ihr systematischer Zusammenhang. § 47 Abs. 2 FGO dient ausschließlich der Fristwahrung und soll dem Kläger den Zugang zum Gericht erleichtern, indem die Klage fristwahrend auch bei der Finanzbehörde eingereicht werden kann. Die Behörde übernimmt dabei lediglich die Funktion einer Art Empfangsbevollmächtigten für das FG. Der Regelungsgehalt der Norm betrifft daher nicht die Form der Klageerhebung selbst, sondern lediglich die Wahrung der Klagefrist. Daraus folgert der BFH, dass die Vorschrift keine eigenständigen oder abweichenden Formanforderungen begründet. Vielmehr gelten für beide Wege der Klageerhebung – die unmittelbare Einreichung beim FG sowie die Anbringung bei der Finanzbehörde – grundsätzlich identische formelle Anforderungen. Vor diesem Hintergrund kommt der BFH zu dem Ergebnis, dass die seit dem 1.1.2023 geltende Verpflichtung professioneller Verfahrensbeteiligter zur Nutzung des elektronischen Rechtsverkehrs, insbesondere des beSt, auch dann gilt, wenn die Klage nach § 47 Abs. 2 FGO bei der Finanzbehörde angebracht wird. Der Zweck der Vorschrift, dem Kläger die Fristwahrung zu erleichtern, rechtfertigt keine Ausnahme von der elektronischen Übermittlungspflicht, zumal Berufsträger über die hierfür erforderliche technische Infrastruktur verfügen und daher nicht mehr auf die mit § 47 Abs. 2 FGO bezweckte Verkürzung der Postlaufzeiten angewiesen sind.

Diese Auslegung entspricht zudem dem gesetzgeberischen Ziel, mit den Regelungen der §§ 52a, 52d FGO eine umfassende verpflichtende elektronische Kommunikation für professionelle Verfahrensbeteiligte einzuführen. Würde bei der Klageanbringung bei der Finanzbehörde auf die Einhaltung der elektronischen Form verzichten werden, ließe sich die Nutzungspflicht des elektronischen Rechtsverkehrs leicht umgehen. Zudem würde die mit der Digitalisierung des Gerichtsverfahrens angestrebte Verfahrensvereinfachung und -beschleunigung beeinträchtigt, da der beim FG eingehende Schriftsatz folglich nicht den strukturierten, maschinenlesbaren Datensatz des elektronischen Rechtsverkehrs enthalten würde und zusätzliche Medienbrüche entstünden. Schließlich steht auch § 11 Abs. 2 Satz 2 der Steuerberaterplattform- und -postfachverordnung (StBPPV) diesem Ergebnis nicht entgegen. Die Vorschrift betrifft lediglich die elektronische Kommunikation im Steuerverwaltungsverfahren zwischen Steuerberater und Finanzverwaltung und hat keine Auswirkungen auf die formellen Anforderungen des finanzgerichtlichen Verfahrens. Auf dieser Grundlage gelangt der BFH zu dem abschließenden Ergebnis, dass die Übermittlung der Klage im Besprechungsfall per Telefax an das Finanzamt gegen die Formvorgaben des § 52d Satz 1 und 2 FGO verstieß. Die Klage wurde daher nicht in der vorgeschriebenen Form erhoben. Außerdem war die Rechtsbehelfsbelehrung des Finanzamts vollständig und nicht missverständlich. Die Rechtsbehelfsbelehrung musste keinen ausdrücklichen Hinweis auf die Pflicht zur Nutzung des beSt enthalten.

Eine Wiedereinsetzung in den vorigen Stand gem. § 56 Abs. 1 FGO kam im Streitfall nicht in Betracht. Der Kläger hat die hierfür maßgeblichen gesetzlichen Anforderungen nicht innerhalb der Zwei-Wochen-Frist nach Wegfall des Hindernisses i. S. d. § 56 Abs. 2 Satz 1 FGO erfüllt. Spätestens mit Zugang des Hinweisschreibens des FG v. 17.7.2023 musste der Prozessbevollmächtigten (S) des Klägers, deren Verschulden dem Kläger zuzurechnen ist (vgl. BFH, Beschluss v. 15.5.2019 - XI R 14/17, NWB XAAAH-23030, Rz. 7) bewusst sein, dass die Klage elektronisch einzureichen war. Gleichwohl wurde der Antrag auf Wiedereinsetzung erst am 25.10.2023 und damit deutlich nach Ablauf der Zwei-Wochen-Frist gestellt. Entsprechend erfolgte auch die erstmalige elektronische Übermittlung der Klageschrift erst zu diesem Zeitpunkt, so dass die Voraussetzungen für eine Wiedereinsetzung nicht erfüllt waren.

c) Folgerungen und Fazit

Der BFH stellt klar, dass die seit dem 1.1.2023 bestehende Pflicht zur Nutzung des elektronischen Rechtsverkehrs auch dann uneingeschränkt gilt, wenn eine Klage nach § 47 Abs. 2 Satz 1 FGO bei der Finanzbehörde angebracht wird. Die Vorschrift dient nach der Auslegung des BFH ausschließlich der Fristwahrung und begründet keine eigenständigen oder erleichternden Formanforderungen für die Klageerhebung. Die Finanzbehörde fungiert in diesen Fällen lediglich als eine Art „Empfangsbevollmächtigte" beziehungsweise als „Quasi-Briefkasten" des Finanzgerichts, so dass für die bei der Behörde eingereichte Klage dieselben formellen Anforderungen gelten wie für eine unmittelbar beim Finanzgericht erhobene Klage.

Der BFH schließt damit eine bislang diskutierte Auslegungsfrage und stellt klar, dass § 47 Abs. 2 FGO nicht als Umgehungsmöglichkeit der in § 52d i. V. m. § 52a FGO normierten Nutzungspflicht des elektronischen Rechtsverkehrs verstanden werden kann. Die Entscheidung steht im Einklang mit dem gesetzgeberischen Ziel, den elektronischen Rechtsverkehr für professionelle Verfahrensbeteiligte flächendeckend verbindlich zu gestalten und Medienbrüche im gerichtlichen Verfahren zu vermeiden. Eine formfreie Einreichung bei der Finanzbehörde würde dieses Ziel unterlaufen und die Effizienzgewinne des elektronischen Rechtsverkehrs – insbesondere durch strukturierte Datensätze und automatisierte Verfahrensabläufe – erheblich beeinträchtigen (so auch Trossen, DStR 2025 S. 2740). Zugleich verdeutlicht das Urteil abermals die strengen Anforderungen an die Gewährung einer Wiedereinsetzung in den vorigen Stand (siehe hierzu z. B. auch Müller-Schmitt, Steuerrecht aktuell 2/2025, NWB EAAAK-05362, S. 190).

Insgesamt stärkt die Entscheidung die Rechtssicherheit im Umgang mit den Formvorschriften des elektronischen Rechtsverkehrs im finanzgerichtlichen Verfahren (siehe hierzu auch Trossen, DStR 2025 S. 2740, m. w. N.). Sie verdeutlicht, dass die Digitalisierung der Verfahrenskommunikation nicht nur eine technische Option, sondern eine verbindliche prozessuale Obliegenheit professioneller Verfahrensbeteiligter darstellt. Das Urteil zeigt eindrücklich, dass der BFH die systematische Einführung des elektronischen Rechtsverkehrs konsequent durchsetzt und keine Ausnahmen aufgrund der Fristwahrungsregel des § 47 Abs. 2 FGO zulässt. Das Urteil unterstreicht erneut die Notwendigkeit, dass Steuerberater und Berufsausübungsgesellschaften ihre technischen Systeme für den elektronischen Rechtsverkehr jederzeit betriebsbereit halten müssen (vgl. hierzu auch Müller-Schmitt, Steuerrecht aktuell 2/2025, S. 190).

d) Praxishinweise

Für Steuerberater und Berufsausübungsgesellschaften bedeutet die Entscheidung, dass die Verpflichtung zur Nutzung des beSt in allen Konstellationen der Klageerhebung zu beachten ist. Dies gilt auch dann, wenn die Klage zur Fristwahrung bei der Finanzbehörde eingereicht wird. Eine Übermittlung per Telefax oder in Papierform wahrt die Klagefrist in diesen Fällen nicht, sofern keine wirksame Ersatzeinreichung nach § 52d Satz 3 FGO vorliegt. In der Praxis sollten daher interne Kanzleiprozesse sicherstellen, dass Klageschriften grundsätzlich über das beSt an das zuständige FG übermittelt werden. Zudem ist im Fall technischer Störungen eine unverzügliche elektronische Nachreichung erforderlich, um mögliche Fristversäumnisse zu vermeiden und die Voraussetzungen einer Wiedereinsetzung nicht zu gefährden.

STICHWORTVERZEICHNIS

Die Zahlen verweisen auf die Seiten.